泾川县博物馆 编

魏海峰 编著

泾川金石录

甘肃教育出版社

甘肃·兰州

图书在版编目（CIP）数据

泾川金石录 / 泾川县博物馆编；魏海峰编著. -- 兰州：甘肃教育出版社，2025.4. -- ISBN 978-7-5423-5850-9

Ⅰ. K877.24

中国国家版本馆CIP数据核字第2025YH3124号

泾川金石录
JINGCHUAN JINSHILU

泾川县博物馆　编
魏海峰　编著

责任编辑　杨增贵
封面题字　钱松君
封面设计　石　璞

出　版　甘肃教育出版社
社　址　兰州市读者大道568号　730030
电　话　0931-8436489（编辑部）　0931-8773056（发行部）
传　真　0931-8435009

发　行　甘肃教育出版社　印　刷　兰州银声印务有限公司
开　本　880毫米×1230毫米　1/16　印　张　23.5　插　页　2　字　数　440千
版　次　2025年4月第1版
印　次　2025年4月第1次印刷
书　号　ISBN 978-7-5423-5850-9　　定　价　88.00元

图书若有破损、缺页可随时与印厂联系：0931-8581137
本书所有内容经作者同意授权，并许可使用
未经同意，不得以任何形式复制转载

魏海峰：从突围中穿越平庸
——《泾川金石录》序一

> 一个人，一个地方，一个地区落后，并非贫穷的围剿，而是平庸让人愚昧无知，既使饱读诗书，理念和思维还是平庸不堪。尤其是能力上走不出平庸，就长久走不出落后。在丝绸之路大泾州文化圈的历史背景下，作为地域内年轻一代文化人的代表，魏海峰做成了许多个第一或者唯一，持续、专注地发挥着全天候的作用，不仅让自己突围，也和团队影响着一个地方突围。
>
> ——题记

多才多艺、无师自通的文化弄潮儿

30多年前，初见海峰，他文弱腼腆，感觉彼此间有一种默契存在。岁月匆匆，确实证明我们心有灵犀。我的十几本书的封面设计，我的创意成果的平面设计，计算机全套实用技术都出自于他；我们一同去包括台湾在内的南方多省交流西王母文化、阮姓文化、大泾州遗产；协同致力于丝绸之路大泾州段遗产之文旅资源的转化。我们是几十年的合作伙伴。

海峰从学写字时就能写出不俗的字，绘画、平面设计等禀赋自带。弱冠之后，他以文学爱好为根基，有200多篇文章在《人民日报》《甘肃日报》等报刊发表，并在《书法报》《陇右文博》等报纸期刊上发表专业论文多篇。在独立或合作编著《丝绸之路上的世界遗产·泾川文化遗产录》《泾川佛教瑰宝》《泾川馆藏文物精华》等书籍之外，还编辑了若干地域文化报刊。其社科论文，摄影、剪纸等作品及文化产品开发多次获得市级以上奖项。书法上刚一开始投稿，一年余入展国家部委和省内外文化部门及书协组织的专业赛事逾三十项，让圈内朋友"点赞点到手软"，被誉为"获奖专业户"。他还是西王母信俗、泾川民间文学、花灯制作工艺等十余项市、县级"非遗"传承人和世行贷款泾川百里石窟长廊遗产保护项目文化顾问，泾川完颜民俗文化馆陈展项目总设计师。

他在二十出头刚参加工作时，就与王喜焕先生创立了泾川县书协，是20世纪九十年代初泾川"泾河龙""高原风"等文学社的核心成员，主导创立了泾川青年书画家协会、泾川县民间文艺家协会。频频组织各类书画展和书画交流沙龙等活动，牵头策划的"泾川十秀""泾川风"等书画展在全市形成团队品牌，成员多在地域有名。近年推动民间文艺传承和非遗保护，人才队伍和成果规模都渐成气候。海峰为人谦和，在社科、文学、书法、摄影、民间文艺等圈内均有极佳的口碑。

数字传播泾川文化遗产的第一代推手

大数据时代的信息海洋汹涌澎湃，当代人整个被淹没在海量的精俗夹杂的信息中，天赋被过载的信息裹挟，微信强迫着双目疲于奔命地阅读，导致阅读等于未阅读。还有不玩微信的人，则沦为创新的局外人。大众正在呛水的当口，潮流已把我们推进智能化时代，不断更新的科技正在改变着我们的生活。潮头上，只有具备超凡脱俗能力和思维的人才能捷足先登，历史性地胜任弄潮儿的使命。

海峰如此多才多艺，突然间遇到互联网这个魔幻般的工具，他得心应手如插上了翅膀。由于是现成的人才，20世纪末，我创办《今日泾川》报并被作为中共泾川县委机关报之后，海峰随之顺利进入编辑部工作，采访写作、版式设计、报纸美编只能用去他灵性的零头。他随即登上了互联网的高速公路，更是如鱼得水，不断地往网上搬运内容，自觉地在互联网上传播大泾州文化遗产的各种信息，使得泾川互联网传播频率和规模在全国并不落后，甚至比普及的时间早了许多年。当我们已向世界传播出几千万字的海量文化遗产信息，要休整之际，微信才问世。

海峰是泾川第一批使用家庭座机、家庭影院、电脑、BP机、模拟手机、数码相机者。在相当多的人还不知163邮箱、QQ空间、新浪博客为何物时，他已经受益良多，于是自然而然地创办"西王母原地网"，这是全市文化系统第一个文化传播网站，三年里点击量达到百万，在当时网络并不普及的年代可谓传奇。创建不容易，维护更不容易。泾川西王母祖祠，台湾泾川西王母朝圣之旅，大云寺，泾川百里石窟长廊，泾川完颜、中华阮姓起源地，柳毅传书原地在泾川，李商隐与泾州古城，"泾川人"化石，汉临泾县出于泾川，泾川发现佛舍利等文化遗产变成文本资源、数字照片后，都在西王母原地网初次发表，接着他又创办了纸质的《西王母原地》杂志再传播。

西王母原地网不仅呼应了一大批国内外的泾川游子，更为20多年前由我策划的百里石窟长廊、泾川完颜等地域文化推介活动产生第一个高峰起到了关键性技术支撑作用。这个高峰的表现是，第一次用数码相机拍摄泾川百里石窟长廊核心照片和泾川完颜遗产等经典照片。高清照片在互联网上亮相后，采访泾川文化遗产的记者蜂拥而至，每一天都有报纸发表对泾川的采访图文，各种纸质媒体的报道更是不胜枚举。

海峰是泾川最早创建自媒体的人，博客、微博、QQ空间的主要功能是自己娱乐、社交，但是泾川最早的自媒体发表的却是丝绸之路大泾州段文化旅游资源。可以说，泾川的所有文化遗产转化成文旅资源，第一步是传播创造的神奇，传播不出去，仅仅是记录家底，而不能转化成可持续资源。一个人能影响一个人，一个人也能领跑一群人，这是魏海峰的历史贡献。

从平面到立体创意和制作的力行者

海峰早期在县乡镇企业局工作时，正是乡镇企业异军突起的年代，每年召开全县经济工作会议时，大量的中小微乡镇企业需要制作展牌以宣传自己，因为其书画特长，海峰会主动承担数家甚至更多企业的宣传策划和展示制作。在电脑还不普及时，他会利用最新的技术手段让无名的企业精彩亮相，将企业宣传展做成了个人书画展和视觉艺术探索的实验展。

2004年大云寺要复原，因为招商需要做介绍文本，我说了一下封面创意，他就做出了泾川南石窟寺的七佛以侧面的形式从天而降或横空出世，佛塔殿宇从地涌出，天际站立着大佛，泾汭交汇处的地气、人气、灵气勃勃的作品。大气磅礴、人杰地灵、人与大自然和谐共生这些要素都在一个封面萦绕，把这个地方的大美展现得一览无余，这是他用半个夜晚设计出来的。

十多年前，他在偶尔接触到元宵节大型灯雕、游行彩车的制作后，便一发不可收拾，边创作、边制作，最多的一次在春节前二十多天的时间内制作大型灯雕、彩车等十多组，他的不平庸处是把文字记载的泾州遗产变成泾川花灯的立体故事，表现出了其中唯美的形象内涵，巧妙地把工厂化生产灯雕技术、光电效果与以绑扎、机关、丝绸遮罩为主的传统技术融合，让夜社火、彩门、火树银花、大型灯雕、花灯铺就了泾川灯光秀的光彩，成为盛世的时代标志，形成了一个产业，提高了制造技术。他成为花灯制作市、县级非遗传承人。

博物馆的"明星馆长"

在海峰主持县博物馆工作两年多期间，至少创新性地做到了八个唯一或第一，每一条业务链都在县博物馆的发展过程中具有建设性。这从当时的社会舆论、博物馆的公众号和他主编的《泾川文博》一书记载中不难看得出。

一是结合安全隐患排查工作，短期内解决了馆内建筑屋顶渗水、明火采暖隐患、消防供水不足、线路老化等一系列长期存在的突出问题，单位面貌及安全状况为之一新。二是上任后一个月内按照行业标准，设立了正式展厅一个，临时展厅一个，解决了县博物馆长期以来展出和收藏空间共用的问题。三是启动了民间流散文物调查工作，短期内征集到流散于民间的历代铜镜、汉代铜钫、北周天和二年造像碑、宋会仙亭碑、元代铜炉、明韩恭王圹志盖及夫人李氏圹志碑、清重葺水会碑、史节妇完颜氏之碑、戒赌碑等珍贵文物二十余件，使全社会形成了关注流散文物的新潮，民众主动捐赠文物、主动报告民间文保动向成为常态。四是配合县上及文体局，从省博物馆协调迎回唐大云寺遗址出土的佛祖真身舍利4枚。五是通过培训、选题、指导等活动带动馆内正式职工和聘用人员掀起学习、研究之风。同时通过邀请西北大学、陕西省考古研究院等的专家学者对泾川文博资源开展定向研究，汇集成县博物馆首册学术刊物《泾川文博》。这期间他还先后担任《泾川佛教瑰宝》的总撰稿，主编了《泾川馆藏文物精华》等书籍。六是在全省（甚至全国）县级馆中，率先建成可利用手机进行三维参观的AR在线展厅。七是推动了对全县上百处县级以上野外文物点的规范化管理，启动了县级以上野外文物点的立碑保护工作，首创的县、主管局、乡镇、博物馆、文保员多级联防的文物管理责任体系在全省文物系统中得到推广。八是丰富博物馆免费开放活动，首创的"美术生眼里的泾川瑰宝"等社教活动品牌在省内外得以推广应用,"流动博物馆"的展览实现了常态化。在省文物局严格的年终综合考核中,泾川县博物馆由长期的"合格"首次提升到"优良"等次。

做好一项工作或许不难,难的是在短暂的时段里做好若干项工作并能样样出彩,他的工作受到上级主管部门和省内兄弟馆的肯定和关注,被同行称赞为"明星馆长"。

体制内文艺圈少有的市场经营探索者

大多数体制内的文化、文艺圈的人市场经营意识较为淡薄,而海峰在这方面嗅觉相当敏锐,能很好地利用个人的爱好和特长,用文化创意和市场手段解决发展问题。

其一,在《今日泾川》报社期间,由于财政差额拨款,单位鼓励以文养文。报社的突破点只能在广告业,魏海峰主动申请负责广告部的经营,并变"等广告商"和"找广告商"的经营模式为主动策划主题、活动后"选择广告商"。以2002年《今日泾川·国庆特刊》为例,通过企业及个体经营者的申报和县工商局推荐选拔,遴选了近百名市场弄潮儿做了一次大型宣传推介,得到了各界的关注好评。他为商业、服务业、餐饮业等设计了不同特点的全年性经营推广服务,赢得市场和老板认可,吸引了一批稳定的常年投放广告的客户。

其二,他在任县文体局产业办主任期间,将文化产品的开发任务与县内大型文化活动紧密结合,和我一起策划并开发的《西王母传》《历代名人咏泾川》剪纸纪念册不仅成为泾川具有代表性的地方文化产品,而且不乏县外市场,获得首届"平凉市十大文化旅游纪念品"荣誉,中国剪纸网年度总结中称其"在全国剪纸产品市场创造了以主题制胜的营销佳话"。

其三,他在元宵节广场灯雕、彩门和彩车制作当中,既能传承和改进老一辈艺人传统的铁扎等工艺,又能发挥个人的电脑平面设计和动手造型能力。又因对地方文化的熟稔于心,策划、设计、制作的大云寺、西王母、泾州古城等主题花灯,在人人都是发布者的自媒体时代,能从铺天盖地的传播内容中一眼辨识出来。他制作的花灯合理地平衡了传统与创新、特色与个性,尤其是市场与艺术之间的关系。

以深入研究金石学为新起点,
向海内外有效推介泾川的年轻一代文化觉醒者

泾川文化遗产的富矿已经转化成了文化资源的富矿,取之不尽,愈取愈盛,永久不竭。魏海峰认为，泾川文化遗产的富矿，只要按照既定的点去挖，挖浅了是井，能出甘泉；挖深了是"田"，能出石油、天然气。因此，海峰是年轻一代中唯一坚持系统化学习，并不断深入研究、挖掘富矿的代表。他在南石窟寺碑、镇海之碑、元重修王母宫碑、赵刚碑和王母宫系列诗碑等金石文献和历史问题的研究上，较前人有所突破。

金石这个冷门学问，也是他的悟性和天分引他而进。在调到县文联后下乡驻村的工作间隙和无数个深夜里，他将二十余年来积累的资料进行了梳理。以收集、整理、编辑、校对、考证、注解的这本新著《泾川金石录》为例，一是金石收集数量较前人实现了翻番，如宋重修回山王母宫颂碑，大多金石著作按照正文、题跋、题记共21篇收录，海峰则按照1件收录。若以此为统计标准，目前正式出版的有关泾川金石的著作，最多收录数量不足100件（通），海峰则收集了260多件。这与其长期用心积累资料以及担任博物馆馆长的经历关系密切。二是借助电脑技术特长，通过对拓片、照片进行多种技术处理，还原了更多金石信息，丰富了金石文献的识读手段，提升了辨识率。三是在既有金石文献研究成果的基础上，借助书法特长，进一步提升金石文献的识读正确率。他对汉代以来泾州金石本身的讹误、誊写时的错误、数百年间认错的字以及繁简字、通假字、古今字、异体字、俗体字、专用字等订正多达1200余处，收录碑文及注释近20万字，极大地提高了辨识正确率。这样的人才在当代泾川历史上也是第一次出现，而且随着时光的推移，金石文物不断破损，其价值及意义会愈加珍贵和重要。尤其是补齐了王母宫的碑刻，完善了宋朝、元朝、明朝、清朝、民国以及新中国成立以来连续重修王母宫的历史记载，通过元代重修王母宫时间考、史阔阔徒身份考、史天泽与泾川史姓渊源考、明朝嘉庆年间泾川回山举办蟠桃盛会实例考等更新了一批地方史上的模糊和讹传的信息。

目前，泾川随时发现、出土的金石，海峰都能独立地排除辨识中遇到的障碍，并及时分享于我，共同交流探讨更深层次的问题。他的工作不仅畅开了国内外专家学者收集、求证泾川历史文化资源的重要信息窗口，也使他成为了硕士、博士研究生毕业论文中有关泾川历史文化遗产方面的校外学术顾问或指导老师。

海峰是在县内能沉下身子深入搞研究，出县后能上台搞推介的优秀年轻人代表。2011年我们应邀参加在台北举办的"西王母文化暨道教高峰论坛"，我俩分别被推选为大会评论主席和讲评教授。开幕式当天，我主持上午的大会交流，他担任下午的会议发言点评，得到由吴伯雄签发的海峡两岸西王母文化论坛特聘专家证书。他还受邀于2015年再次去台湾参加海内外西王母文化论坛。从2012年起，海峰多次受邀赴北京、武汉、温州、漳州、台州、兰州等地参加中华阮姓文化专题会议及中华文化学院学术年会，面对海内外学者做泾川文化的推介演讲。

海峰的天分是从书法这个井口喷发的，修行书法始终是他接文化地气的路径，几十年间沉浸于笔墨是生活常态。尤其是近几年，他的书法灵感到了呼之欲出的境地，这与他深入钻研金石文献密不可分，可谓相互促进、相得益彰。

我们在一起时常说，如果海峰在国家博物馆、中央主要新闻单位或高科技创业圈，他已经是全国有名的书法家、学者、编程高手、网络大咖。虽然"被遗憾"，在县上工作了大半生，但是成果的质量和水平不亚于名家。海峰迄今连续任第七、八、九、十届县政协常委，任第二届平凉市政协委员，其在地方文化研究上的贡献和影响力可见一斑。

盛世是有脱俗能力的人推出来并继续推动的

由魏海峰引出的题外话是，常人都是欠缺虚构能力，也就是想象能力的。常人更是被平庸围剿，围剿在原地，不但不能突围，甚至倒退回去，每一天都走不出平庸，一辈子只能无奈地重复别人，重复自己，如此而已。

文艺创作、学问研究、发明创造需要天赋，大概有两个方面，一个是虚构的天赋，一个是脱俗的天赋。天赋指的是虚构的天赋而非纪实的天赋，是脱俗的天赋而非隐世的天赋。天赋好，当然是虚构、脱俗的能力超人。纪实是能练出来的，就像字匠、画匠都能练出来。但是书法家和画家不是练出来的。文学更要虚构，而非只会纪实。在每一个门类里都能做到突围平庸，这样的人才更难得。这不是培养出来的，也不是练出来的，这就是天赋好，就是虚构、脱俗的能力好。一学就会，一开始就脱俗，就像写字，一写就脱俗，写文章也如此，做学问更是如此。不要认为做学问只要拥有超过别人的材料、数据，只要苦读苦写苦磨，就能做出大学问，那不一定。拥有超过别人的数据，发现别人没有发现的东西，再加上超人的虚构能力即想象力，才能够脱俗，也就是走出平庸。

这样来说海峰，不是太高大上，也不是太玄乎，而是这样的人才无论是搞文学艺术创作还是做学问，做博物馆馆长，开发文化产业，都能游刃有余，让互联网这个工具产生的效益最大化。再加上能吃苦、勤奋，无谓年龄增长，一直会是时代的骄子，一直能走在时代的前沿。这样的人，就是在乡村、县城工作一辈子，和大城市里的人的思维水平也是一样的。如果在最高的、最大的平台上做最大的事，他的虚构能力和脱俗能力、天赋，就会放大到极致，如此而已。

人都摆不脱阴差阳错，海峰可以凭他的这诸多的能力，能够让阴差阳错变成阴阳平衡，一点也不影响他的成就。一个人，一个地方，一个地区落后，长期落后，并非贫穷围剿着人，而是平庸让人更加愚昧无知，既使饱读诗书，理念和思维还是平庸不堪，能力也是这样。一个地方不怕落后，而怕平庸，走不出平庸，就长久走不出落后。海峰不仅多才多艺，而且他不平庸，有虚构、脱俗的能力。他一直能让自己突围，也和团队影响着一个地方突围。业余的不亚于专业的，高手在民间，正因为全国各行业都有如此天赋，能够突围平庸的人，这也正是我们这个古老文明经济社会高速发展，并达到当今高峰的原因。

张怀群
2023 年 5 月于泾川北大楼

张怀群，甘肃泾川人。中国作家协会会员、国际亚细亚民俗学会会员、中国民间文艺家协会会员，中国民俗学会第七、八、九届理事，甘肃省民俗学会副会长，海峡两岸西王母论坛西王母文化研究首席专家。曾获国家艺术科学重点研究项目先进工作者奖、国家社会科学规划和全国艺术科学规划重大项目个人成果奖、敦煌文艺奖、黄河文学奖、海峡两岸西王母论坛西王母文化研究终身成就奖等。1979 年至今出版有长篇小说、纪实文学、散文、电视连续剧和戏曲剧本、文化遗产类论著 108 种。

精诚所至 金石能言
——《泾川金石录》序二

一个地方的文化,看似化于寻常百姓家,行于风土人情中,但其实总是系于一代代文化人的道德文章上,如风信,如地标,如山岳河流。前些年,在张怀群先生等同人的不懈努力下,泾川历史文化研究著作迭出,成果丰硕,引起学界的广泛关注,成为一道独特的文化风景。后来,虽然怀群先生旅居京华,但泾川文化并不寂寞,因为魏海峰先生等新生代梯次跟进,群季俊秀,虎虎有生气,正好填补了这个空白,使古泾州这个文化重镇的文脉得以赓续和弘扬。

这些感受,还得从自己与海峰先生的文字交往说起。

2012年,时任中共平凉市委常委、宣传部部长周奉真先生提议编纂一套既立足学术性,又体现普及性,真正能向外宣传和推介平凉的"人文平凉"丛书,并指定由我牵头,与有关人员共襄其事。该丛书除由我编纂的《陇头鸿踪——平凉历代游记选》、魏柏树先生编纂的《泾渭流韵——平凉历代诗词选》《仙山玉屑——崆峒历代诗词选》三部选本外,其他由我编纂的《春秋逸谭——

平凉历史掌故选》(上、下)、由茹坚先生编纂的《金石萃珍——平凉历代碑刻金文选》两部,都得组织专人专门撰写。期间文字往来,或直接修改,或发回重写,颇费周折。但泾川来稿,因为海峰先生对本地历史文化十分熟稔,且学术品位较高,文字功底深厚,故选题新颖,故事生动。其撰写的20多篇稿件,不仅数量居众作者之首,而且质量上乘,一次通过,为我们编纂者省却了许多工夫。

翌年秋,我再次受周奉真先生之命,去泾川帮助整理《泾川县佛教文化遗存与发现》一文,为即将在北京召开的"甘肃泾川佛教文化"学术研讨会提供基础资料。在泾川一周时间,我与海峰等几位当地文化工作者共同商讨,散者辑之,缺者补之,误者正之,疑者辨之。此文虽然由我执笔成稿,但核心资料和学术观点皆借重海峰他们的慷慨贡献,其中尤以海峰先生助我最多。通过撰写此文,使我对泾川佛教文化有了一个系统而又深刻的了解,也对多年来钟情于地方文化发掘研究且腹笥甚丰的海峰先生多了一份敬重。

海峰先生虽非科班出身,但自幼热爱地方文化,且有异乎常人的学习力和研究力。多年来,他青灯黄卷,博览约取,系统研究过本地的西王母文化、大云寺文化、石窟文化、民间文化、金石文化,曾有多篇重要论文问世,传播甚广,引用者甚多。泾川近年的重要考古发现、重点文化工程和重大文化活动,他都是积极参与者和深度支持者,默默无闻地用实际行动为家乡文化的发展繁荣奉献着,且乐在其中。同时,他还是一位真正把书法当作"余事"的学者型书法家,静临古帖寻乐趣,闲调浓墨会天机,尤以汉隶笑傲同侪,且屡次入选省级以上专业展,成为一名与"专业书家"迥异其趣的"圈外书法家",这也为他研究金石学如虎添翼。所以,在我个人看来,要说治学的艰辛刻苦、功底的扎实雄厚、视域的宏阔高迈,海峰先生在目前平凉年轻一代学人中堪称翘楚。

海峰先生的学术旨趣比较广泛,其治地方金石之学仅是众山之一峰,但对泾川来说却有"集大成者"的首创之功。2008年,时任平凉日报社社长、总编辑的茹坚先生受《甘肃金石录》编委会委托,启动《平凉金石录》的搜集整理和编纂工程,物色人选、组建班子、精心擘画、多方协调,终得以顺利推进。这是平凉有史以来第一次对历代金石的大规模调查和辑录,我因当时在报社工作,也曾做过一些联络工作,后随着工作调动而作罢。海峰先生当时就被确定为泾川分卷的主编,且是全市同人中最年轻的一位。

古泾州素为陇东重镇,文化资源丰富,金石遗存众多,但除清代地方志和民国《陇右金石录》等有少量录文,近年又有一些重点拓片及释文面世外,还有许多金石原件和文献资料少人问津，或沉睡多年，或湮没无闻。海峰先生领命后，几年间不辞辛劳，四处奔波，馆中抄碑、乡下访碑、文献录碑，几乎将全县重要金石碑刻"一网打尽"。正是他的坚持，使泾川金石得以珠玉重光。惜乎这一重大文化工程后因多种原因而中途停顿，海峰先生及各县（区）同人们的劳动成果未能及时以我们预想的方式面世。一晃到了2021年，《甘肃金石录》主编张克复先生邀我再次启动《平凉金石录》的编纂工作，我何德何能，难当大任，岂敢振臂一呼？遂力请茹坚先生再次出山，担纲主编，我从中襄助，期望与诸君共同完成这一许了十几年的宏愿。

在茹坚先生的号召下，各县（区）分卷主编们重拾旧梦，再次拾遗补缺，正误纠谬，尤其是增加了许多当年未曾发现的金石资料，相当于将十几年前的工程重新翻修了一遍。在对各县（区）稿件进行统稿总纂时，海峰先生所编多达16万字的泾川金石稿件无论体例、句读、题解、注释等，都很规范，也很精准，一如我们当年的愉快合作。尤其是有许多珍贵金石，都是千百年来第一次被关注、被解读，确实是对这一重要文化遗产的抢救性保护和整理，是研究泾川及周边地区历史文化的第一手资料，可以补史不足，纠史之误，功在当代，利在千秋。

作者或编者的书稿，是其综合学养和治学精神的全面展示。从海峰先生的书稿，可以看到他对文化的敬畏、对学问的审慎，也可以看到他多年坚守的苦心孤诣。起初，《甘肃金石录》计划在各市（州）卷中，以各县（区）为独立板块，各板块中再以金铭、碑刻、墓志等进行分类编排。后来，省上又改变原来的体例，要求去掉县（区）板块，将各县区资料直接按类别和年代予以重编。这就出现了一个不小的问题，即读者要查某一县区的资料，必得在市卷的分类中逐篇检索。正如有一位老师所称：这样的做法，如同在货币单位"元"下不设"角"，而直接到"分"，其不便利之处自不待言。同时，因省上负责出版，能发行到县一级的书籍毕竟有限，难以普及；且省上编纂方法是以录文为主，附图很少，缺少对金石的直观呈现。于是，海峰先生一直打算出版一本《泾川金石录》，以弥补上述缺憾。

可谓"精诚所至，金石能言"，在读者出版集团党委副书记王光辉先生的帮助下，在泾川县博物馆馆长陈景强先生的鼎力支持下，海峰先生终于凤愿得偿。作为金石同人，我替他欣慰，也愿这本专著能得到广大读者的喜爱和认可，并进而为泾川及至平凉的历史文化研究发挥其应有的作用。

"海到无边天作岸，山登绝顶我为峰。"海峰先生正值盛年，大有可为，其多年的学术历练和积累必将次第开出艳丽的花朵，结出更多果实。我和朋友们都在期待着！

李世恩

2023年立秋时节于平凉

李世恩，甘肃静宁人。中国作家协会会员，曾先后从事教育、新闻、政务文秘和文艺工作，现供职于平凉市政协。大型纪录片《西北望崆峒》总撰稿之一，著有散文集《芳邻》（1996年，兰州大学出版社）、文史随笔《尺墨寸丹》（2021年，商务印书馆）、文艺评论集《松茂柏悦》（2022年，吉林人民出版社），编辑《李庆芬诗文集》（1999年，三秦出版社）、"人文平凉"丛书之《春秋逸谭》《陇头鸿踪》（2018年，人民文学出版社）、《乡贤慕天颜》（2024年，现代出版社）等。

凡　例

一、本书所录金石文物（献）包括泾川县博物馆藏金石文物、野外金石文物和民间收藏的金石文物，文物佚失者从尚存拓本以及地方志书和民间文献转录。其中大量金石文物信息系首次集中搜集和公开发布。

二、本书内容包括金石文物的录文、题解、作者、注释和配图。其中录文以原碑繁体字为主，凡原碑以同源字、通假字、异体字、古今字、俗体字、错讹字等出现者一般照录原文，并对应注释。题解、作者、注释等信息则采用现行简体字，便于分层次阅读。

三、每件金石文物的标题均按照统一规则进行了规范。原文有标题的皆在录文最前面出现。正文以现行文章体例分段，大意可通者均做了句读。原字不可辨识者用缺字符号"□"代替，缺字数量不详者用省略号"……"代替。所有录文均交代了信息采集来源。录文与已发表的专业论文意见相左者，在注释中均作了客观反映。

四、本书金石录文在力求还原文本原貌的前提下，囿于客观原因无法逐一提供对应的文本高清图版，但凡文物、拓本今存者仅展示金石文物全貌或部分文字信息，以供参考。

五、题解介绍了金石文物的镌立时间、形制、行数、字数、书体、出土位置和时间、今存地点、存毁现状等信息和重要金石的发现及流转过程。其中无时间记载者以文博专家的断代为准，尺寸、重量、材质等规格信息以文物档案为主，记录模糊或无档案者以现场采集数据为准，佚者以拓片实际信息和辑自文献为准。对于相关信息与前人著录意见相左者，均作了必要的考证阐释和勘误更新。

六、凡正史有载或网络可查的撰文、书丹作者信息均从略从简。

目　录

序一 …………………………………………………………… 〇〇一
序二 …………………………………………………………… 〇〇九
凡例 …………………………………………………………… 〇〇一

上编：历代泾川金石辑

先秦

父丁铜觚铭 ………………………………………………… 〇〇三
母乙铜爵铭 ………………………………………………… 〇〇四

汉（新）

前元十三年中御铜鼎铭 …………………………………… 〇〇五
元朔二年龙渊宫熏炉铭 …………………………………… 〇〇六
新始建国元年汾阴侯铜釜铭 ……………………………… 〇〇七
建宁元年作鼎铭 …………………………………………… 〇〇七
长相保铜镜铭 ……………………………………………… 〇〇八
长宜侯王铜镜铭 …………………………………………… 〇〇九
长宜子孙连弧纹铜镜铭 …………………………………… 〇一〇
常乐未央铜镜铭 …………………………………………… 〇一〇
见日之光铜镜铭 …………………………………………… 〇一一
居宜高官铜镜铭 …………………………………………… 〇一二
清以昭明铜镜铭 …………………………………………… 〇一三
八乳尚方铜镜铭 …………………………………………… 〇一三
十二地支长宜子孙铜镜铭 ………………………………… 〇一四
十二地支尚方铜镜铭 ……………………………………… 〇一五

别部司马印铭 …… ○一六
汉率善羌长印铭 …… ○一七
广武令印铭 …… ○一八

十六国
　归义侯印铭 …… ○一九

北朝
　北魏景明元年无量寿弥勒观世音造像碑题刻 …… ○二一
　北魏景明三年梁弥姐郎造像碑题刻 …… ○二二
　北魏正始元年仵氏墓砖志 …… ○二三
　北魏正始四年临泾王氏墓砖志 …… ○二四
　北魏熙平元年梁道洪墓砖志 …… ○二五
　北魏神龟元年支弥姐郎造像碑题刻 …… ○二六
　北魏正光四年赵小欢款造像碑题刻 …… ○二七
　北魏永熙二年长务城村造像碑题刻 …… ○二八
　北周武成二年释迦多宝造像碑题刻 …… ○二九
　北周天和二年官村寺造像碑题刻 …… ○三○
　北周梁苟仁造像碑题刻 …… ○三一
　北周观音造像题刻 …… ○三二
　西魏赵刚碑记 …… ○三三

隋
　灵台县铜量铭 …… ○三五

唐
　铜镢形器铭 …… ○三七
　开元十二年皇甫仕冲墓砖志 …… ○三八
　元和八年赵琇夫妇墓志 …… ○三九
　景福元年刘元实墓志 …… ○四一
　启明寺陀罗尼经幢题刻 …… ○四三

宋
　建隆三年重修善女庙碑记 …… ○四七
　灵台官匠款铜镜铭 …… ○四九
　合水官匠款铜镜铭 …… ○五○
　都统之印铭 …… ○五○

金

大定三年敕赐宝峰院碑记 …………………………………… 〇五三

承安三年泾州之印铭 ………………………………………… 〇五五

都统所印铭 …………………………………………………… 〇五六

元

泰定元年建筑构件题刻 ……………………………………… 〇五七

明

正统六年韩王圹志 …………………………………………… 〇五九

正统八年韩恭王夫人李氏圹志 ……………………………… 〇六〇

成化十三年闾钲增修泾州东城碑记 ………………………… 〇六一

成化十四年闾瑛墓志 ………………………………………… 〇六二

弘治四年鼎形炉铭 …………………………………………… 〇六四

正德元年释迦佛铜坐像铭 …………………………………… 〇六五

正德十五年关公铜坐像铭 …………………………………… 〇六六

正德龙耳铜方瓶铭 …………………………………………… 〇六七

正德十六年康海重修泾州学宫碑记 ………………………… 〇六八

嘉靖二十四年赵时春增修泾州西城碑记 …………………… 〇六九

嘉靖二十七年赵时春重修泾州学宫碑记 …………………… 〇七一

嘉靖吕时中守道改建泾州城碑记 …………………………… 〇七二

隆庆四年药师佛铜造像铭 …………………………………… 〇七三

万历十二年铜佛坐像铭 ……………………………………… 〇七四

万历三十四年铜佛坐像铭 …………………………………… 〇七四

万历三十四年大日如来铜坐像铭 …………………………… 〇七五

万历三十六年闾焌重修乾丰寺碑记 ………………………… 〇七六

万历三十九年释迦佛铜坐像铭 ……………………………… 〇七八

天启三年铜佛坐像铭 ………………………………………… 〇七九

天启五年丁母樊孺人墓志 …………………………………… 〇八〇

释迦佛铁坐像铭 ……………………………………………… 〇八二

铜佛像铭 ……………………………………………………… 〇八三

大日如来铁坐像铭 …………………………………………… 〇八四

观音菩萨铜坐像铭 …………………………………………… 〇八五

命长富贵铜镜铭 ……………………………………………… 〇八五

喜生贵子铜镜铭 ……………………………………………… 〇八六

清

康熙四十三年张寿峒月见和尚塔记	〇八七
康熙苏氏李氏墓志	〇八八
雍正元年王振耀墓志	〇八九
乾隆李瑾百泉东岳二郎庙碑记	〇九一
乾隆十八年魏晋墓志	〇九二
乾隆三十九年赵荀五塚村重修乾丰寺关帝庙碑记	〇九三
乾隆重修□□庙碑记	〇九五
王曲北作二里发心幢题刻	〇九七
嘉庆十三年龙盘李氏世系家谱碑记	〇九七
道光五年改修戏楼布施碑记	一〇八
道光十八年玉都圣母宫铁杆铭	一〇九
道光二十一年贾葆业重修城隍庙碑记	一〇九
道光二十一年贾葆业道观厥成碑记	一一二
道光二十三年贾葆业重修通济桥碑记	一一三
道光二十三年重修皇甫圣祠碑记	一一四
道光三十年重修诸神庙经理会首姓名碑记	一一八
道光三十年梁巨材柳抱槐赋碑记	一一九
咸丰八年贾葆业晚游洪庆寺回文诗题刻	一二一
咸丰八年任廷选置买祭田碑记	一二二
咸丰八年梁金墓志	一二三
咸丰八年梁银墓志	一二五
咸丰九年重修庙山九天圣母殿碑序	一二六
同治元年王梦馠残诗题刻	一二七
同治十一年许振祎泾州直隶州创建试院碑记	一二八
彩绘迦叶铁立像铭	一三〇
彩绘阿难铁立像铭	一三一
百寿团圆铜镜铭	一三二
状元及第铜镜铭	一三二
仿明龙纹底宣德铜炉铭	一三三
仿明狮耳宣德铜炉铭	一三三
仿明宣德铜炉铭	一三四
记开捐化银姓名碑记	一三五

重建圣母祠碑记 ………………………………………………… 一三七
张规前移修永庆山诸神庙碑记 ………………………………… 一四〇
义气千秋绿釉鼎铭 ……………………………………………… 一四二
魏母史氏墓志 …………………………………………………… 一四三
白门王氏墓志盖铭 ……………………………………………… 一四四

民国

三年秦陇交界处碑记 …………………………………………… 一四五
三年张云亭夫妇墓志 …………………………………………… 一四六
四年复铸铁鹤铭 ………………………………………………… 一四七
李母李孺人懿行道碑记 ………………………………………… 一四八
十三年张兆钾题吕公祠诗题刻 ………………………………… 一五〇
十五年郑濬旌表节妇完颜氏碑记 ……………………………… 一五一
孝思维则题刻 …………………………………………………… 一五四
十六年冯玉祥宣政碑记 ………………………………………… 一五五
十七年甘肃泾原区界址碑记 …………………………………… 一五六
十八年田生旺墓志 ……………………………………………… 一五七
田生秀墓志 ……………………………………………………… 一五八
二十二年田母张太夫人墓志 …………………………………… 一六〇
二十三年田氏墓庐蒋介石题刻 ………………………………… 一六二
二十三年田氏世代宗祖之墓志 ………………………………… 一六二
二十四年间清海墓志 …………………………………………… 一六四
二十五年慕寿祺泾川王子谟先生教泽碑记 …………………… 一六六
二十五年胡邵新建泾河长庆桥碑记 …………………………… 一六九
二十七年张东野题刻 …………………………………………… 一七〇
二十七年完颜廷玛夫妇神道碑志 ……………………………… 一七一
三十二年东联小学门楣题刻 …………………………………… 一七三
三十二年原完颜洼小学门楣题刻 ……………………………… 一七四
三十三年端贤小学门楣题刻 …………………………………… 一七五
三十三年谷正伦汭丰渠碑记 …………………………………… 一七六
三十三年梁世启等四烈士墓志 ………………………………… 一七七
三十六年成鸿志重修泾川县党部碑记 ………………………… 一七八
三十六年刘廷贵墓志 …………………………………………… 一七九
三十六年何本韩洪庆寺创修通真观碑序 ……………………… 一八一

薛氏祖茔碑亭联刻 …………………………………… 一八四
薛占魁夫妇墓志 ……………………………………… 一八五
薛先生高孺人墓志 …………………………………… 一八六
巾帼生色碑题刻 ……………………………………… 一八七

当代

1992年李子奇题甘肃省实现绿化第一县碑记 ………… 一八九
1998年水土保持工作纪念碑记 ………………………… 一九〇
2002年人民日报记者林碑记 …………………………… 一九一
2003年新华社记者林碑记 ……………………………… 一九二
2003年樊晓敏宋家大桥落成纪念碑记 ………………… 一九四
2007年泾川一中建校六十五周年校庆纪念碑记 ……… 一九五
2010年张怀群王金生启明寺大雄宝殿复修碑记 ……… 一九六
2015年魏海峰重修官村寺碑记 ………………………… 一九八
2023年李存林重修丰台九龙山太白殿碑记 …………… 一九九

下编：王母宫·大云寺金石专辑

北朝

北魏永平二年敕赐嵩显禅寺碑记 ……………………… 二〇五
北魏永平三年南石窟寺碑记 …………………………… 二〇九
北周天和二年宝宁寺舍利石函铭 ……………………… 二一六
北周天和六年释迦牟尼造像题刻 ……………………… 二一七
北周天和造像碑题刻 …………………………………… 二一八
北周文殊菩萨和维摩诘辨法造像碑题刻 ……………… 二一九
北周圆拱顶造像碑题刻 ………………………………… 二二〇

隋

开皇元年李阿昌造像碑记 ……………………………… 二二一
开皇四年倚坐菩萨像题刻 ……………………………… 二二三

唐（周）

武周延载元年泾州大云寺舍利石函铭并序 …………… 二二五
大中二年郑弘裕大唐新修高公佛堂碣并序 …………… 二二九
观音立像题刻 …………………………………………… 二三一

宋

大中祥符六年泾州龙兴寺佛舍利砖铭 …… 二三三
佛顶尊胜陀罗尼咒经幢题刻 …… 二三五
天圣三年陶谷重修回山王母宫颂碑记 …… 二三六
康定二年滕子京游王母宫碑记 …… 二四二
皇祐五年刘凡同游会仙亭碑记 …… 二四三
水泉寺诗题刻 …… 二四三
景德解脱禅院碑记 …… 二四四

金

大安三年泾州铁钟铭 …… 二四五
佛顶尊胜陀罗尼经幢题刻 …… 二四八

元

至元二十八年水泉禅寺铜香炉铭 …… 二四九
元贞元年镇海碑记 …… 二五〇
元贞元年璨和尚塔铭 …… 二五四
大德二年顾行重修王母宫碑记 …… 二五五
元至顺四年王柏泾州重修帝君庙碑记 …… 二五八

明

天顺六年岳正登回山谒王母宫诗题刻 …… 二六一
天顺薛纲过回山王母宫诗题刻 …… 二六二
弘治十年明德子题敕赐华严海印水泉禅寺碑记 …… 二六三
弘治十四年温应璧重修水泉上寺碑记 …… 二六四
正德七年林廷玉游水泉诗题刻 …… 二六六
嘉靖元年彭泽重修王母宫碑记 …… 二六七
嘉靖元年残诗题刻 …… 二七二
嘉靖三十一年谢少南谒王母宫诗题刻 …… 二七三
嘉靖四十四年尹觉王母宫诗题刻 …… 二七四
嘉靖张邦教游王母宫诗题刻 …… 二七六
嘉靖唐龙谒王母宫诗题刻 …… 二七六
嘉靖刘天和登回中山诗题刻 …… 二七七
嘉靖金世俨游瑶池二绝诗题刻 …… 二七八
嘉靖靳学颜谒王母宫感汉武故事而作歌诗题刻 …… 二七八
嘉靖于锦回山词碑记 …… 二八〇

嘉靖胡松仰止书院碑记	二八一
嘉靖孙永思冬日登王母宫诗题刻	二八二
嘉靖吕时中等游王母宫和韵诗题刻	二八三
嘉靖郭崇嗣谒王母宫诗题刻	二八五
嘉靖杨巍游回山四绝诗题刻	二八六
嘉靖蓝伟登高峰寺诗题刻	二八七
嘉靖杨美益望王母宫诗题刻	二八七
嘉靖王文庄公笔语碑记	二八八
隆庆王之诰登王母宫诗题刻	二八九
万历十一年杨楫回中谒王母祠诗题刻	二八九
万历万象春谒王母宫诗题刻	二九〇
万历黄辉王母祠二律诗题刻	二九一
万历姚孟昱王母宫四首诗题刻	二九二
万历洪翼圣过泾州一律诗题刻	二九三
崇祯五年练国事泾州闻大捷诗题刻	二九三
崇祯五年练国事喜雨诗题刻	二九四
崇祯练国士谒王母宫诗题刻	二九五
曾士毅过王母宫诗题刻	二九六

清

四明受堂山人登回中山诗题刻	二九七
顺治武全文秋日登回中谒王母宫诗题刻	二九九
康熙四十六年李渭蕃过水泉寺有感诗题刻	三〇〇
乾隆泾州八景诗题刻	三〇二
乾隆何汝仁张刺史李别驾新纂州志告成书此志喜诗题刻	三〇五
乾隆张延福王母宫降真树并序题刻	三〇六
乾隆张延福旷如亭碑记	三〇七
乾隆李瑾秋日登宫山诗题刻	三〇八
乾隆李瑾秋日登高峰诗题刻	三〇九
乾隆马得亨秋日过青溪岭诗题刻	三〇九
乾隆李廷蔚九日登宫山诗题刻	三一〇
乾隆张焕先薛举城诗题刻	三一一
姚永和朝那吊孙将军诗题刻	三一一
文效苏青石岭诗题刻	三一二

文效苏安仁谷诗题刻 …… 三一三
李植元罗汉洞诗题刻 …… 三一三
李植元马鞍坡诗题刻 …… 三一四
嘉庆二十四年李逢源水泉寺兼山东创修文昌宫碑记 …… 三一四
道光二十六年鲁秉鉴重葺水会碑志 …… 三一六
道光二十七年贾葆业重修回中王母宫山下关帝庙及药王洞龙王庙石
　宫寺五龙王庙碑记 …… 三一七
道光二十九年贾葆业准时补修佛殿碑记 …… 三一九
道光雷冲霄重修东岳庙暨诸神祠碑记 …… 三二〇
道光重修石窟寺碑记 …… 三二一
咸丰九年重修庙山九天圣母殿碑序 …… 三二二
光绪六年镇水神碑记 …… 三二三
光绪七年重修利涉桥会碑记 …… 三二三
光绪二十一年贾勋泾州八景诗题刻 …… 三二四
钱中□泾州谒王母宫诗题刻 …… 三二九

民国
七年廖元佶丁巳重九偕友人登回中山诗题刻 …… 三三一
廖元佶南石窟寺碑题词碑记 …… 三三四
二十六年萧肯堂重修泾川王母宫大佛洞碑记 …… 三三六
慕寿祺重修泾川王母宫正殿碑记 …… 三三七

当代
1994年回屋修葺碑记 …… 三四一
1994年泾川回山西王母大殿重修碑记 …… 三四二
1999年重修回山王母宫碑记 …… 三四四
1999年重修泾川回山王母宫东王公大殿碑记 …… 三四五
2005年回山瑶池仙乐图碑记 …… 三四七

后记 …… 三四九

上编

历代泾川金石辑

先 秦

父丁铜觚铭

【录文】

□父丁。

【题解】

父丁铜觚，1974年4月出土于泾川县玉都镇下坳村，今存泾川县博物馆，经文物专家鉴定铸于商代。觚为青铜质，高24.2厘米，口径14.9厘米，底径8.8厘米，重1031克。喇叭口，细腰，圈足。颈部饰蕉叶纹，下为夔龙纹，以雷纹做底。腰腹部饰兽面纹，以四扉棱间隔，云雷纹衬底，圈足底内侧见"□父丁"等字，金文大篆。

母乙铜爵铭

【录文】

母乙。

【题解】

母乙铭铜爵，1974年3月出土于泾川县玉都镇下坳村，今存泾川县博物馆，经文物专家鉴定铸于西周时期。爵为青铜质，高20厘米，口径7厘米，重730克。圆槽形流，三角形短尾，伞状柱头分立口沿，半卵形腹，半环形单耳，三棱体锥足外撇。柱头表面阴刻卷云纹，耳上近口处浮雕兽头，腹部浮雕两组饕餮纹，云雷纹衬底。耳下腹壁有铭文"母乙"2字，金文大篆。

汉（新）

前元十三年中御铜鼎铭

【录文】

中御，九升半八斤，食官，十三年，冰□容，一斗重十斤三兩，第七百一十十……

……

今六斤十四□。

【题解】

中御铭铜鼎，铸于汉文帝前元十三年（前167年），出土于泾川县荔堡镇西关村，今存泾川县博物馆。鼎高13厘米，口径14.8厘米，重1500克。双立耳，向外微曲，子母扣微敛，三蹄足。颈部一侧錾刻"中御"铭10行，每行2至4字，汉篆，每字1厘米见方。另一侧铭文遭人刻意凿毁，似为早期破坏，但文字隐约可辨"冰、重、百"等，与现存铭文类似。现存铭文或系因计量变化而废止后，在另一侧重新錾刻。另外在两侧文字的空闲区域，以横向竖刻"今六斤十四□"等字。"中御"铭在右侧。录文系编者依据原器及图片资料校勘。

元朔二年龙渊宫熏炉铭

【录文】

龍淵宮熏爐，重五斤三兩，元朔二年工成造。

【题解】

龙渊宫熏炉造于汉元朔二年（前127年），民国二十九年（1940年）出土于泾川县玉都镇，当时存于县民众教育馆。后佚。民国张维《陇右金石录》有载并按："此器……周约尺余，高七寸，圆型有盖，独足而下有承盘。有篆文在炉外侧，凡四行十七字。为汉武帝时遗物。工成者盖工匠而名成也。龙渊宫不见史传，惟《汉书·祠祀志》朝那注：'苏林曰：湫渊在安定朝那县，不增不减不生草木。'师古曰，此水在今泾州界，清澈可爱，不容秽浊，或有喧污，辄兴云雨，土俗亢旱，每于此求之，相传云龙之所居也。天下山川隈曲，亦往往有之。此器所出，去朝那湫渊不远，是否即湫渊遗物，姑录俟考。"

在《陇右金石录·校补》中，张维又按："《汉书·武帝纪》，元光三年起，龙渊宫服虔，曰宫在长安西，作铜飞龙，故以冠名也。如淳曰，三辅黄图云有龙渊宫，今长安城西有其处是，龙渊宫为西汉宫名，前录以为不见史传，误。"录文系编者据《陇右金石录》《陇右金石录·校补》、民国邹光鲁《泾川县志·金石志》校勘。

新始建国元年汾阴侯铜釜铭

【录文】

始建國元年正月，癸酉朔日制。汾陰侯。

【题解】

民国张维《陇右金石录》载，汾阴侯铜造于新朝始建国元年（9年），民国二十六年（1937年）出土于泾川县高平镇。民国邹光鲁《泾川县志·金石志》以"汾阳侯铜罎"为名有载，现藏平凉市博物馆，并命名为"汾阴侯铜釜"。该器高17.5厘米，腹径18.5厘米，底径10.2厘米，重2029克。口微敛、圆肩，肩部为桥钮衔环，环已失。斜腹，平底微鼓。肩部饰若干道细密弦纹，腹上部为一周凸棱。弦纹和凸棱之间一面阴刻篆书"始建国元年正月癸酉朔日制"，另一面阴刻篆书"汾阴侯"铭文。

建宁元年作鼎铭

【录文】

建寧元年八月丁酉，詔書作鼎一枚，重十二斤。太僕臨右工史龐善、考工令張瑋、右丞毛遷、銅曹史和辛。

【题解】

作鼎铸于汉建宁元年（168年），20世纪80年代出土于泾川县城关镇水泉寺村北山的汉墓中，现存平凉市博物馆。鼎高18.2厘米，口径13.5厘米，腹围67厘米，重2654克。敛口，附耳，鼓腹圆底，三蹄足外撇。腹中部出宽平沿一周，上以汉篆阴刻40字铭文。

长相保铜镜铭

【录文】

長相保兮宜子孫，樂已第兮固常新，長樂未央利於親，宜弟兄，壽萬□。

【题解】

长相保铭铜镜出土于泾川县城关镇延风村,今存泾川县博物馆,经文物专家鉴定铸于汉代。镜直径14厘米,镜背中心为半圆形钮,钮外环饰连弧纹,次外阳铸"长相保……"27字,汉篆,每字不足1厘米。录文系编者依据原镜及图片资料校勘。

长宜侯王铜镜铭

【录文】

長宜侯王。

【题解】

长宜侯王铭铜镜出土于泾川县泾明乡吊堡子村,今存泾川县博物馆,经文物专家鉴定铸于汉代。镜直径12厘米,厚0.45厘米。镜背中心为半圆形钮,钮周双线框内四角饰规矩纹,纹饰之间铸"长宜侯王"4字,汉篆,每字不足1厘米。框外为8个乳钉纹和瑞兽等图案。

长宜子孙连弧纹铜镜铭

【录文】

長宜子孫。

鍊[1]治銅華得與清,以之為鏡昭萬刑。五色盡具正赤青,與君無極畢長生。

【题解】

长宜子孙铭连弧纹铜镜今存泾川县博物馆,经文物专家鉴定铸于汉代。镜直径14厘米,厚0.6厘米。镜背中心为半圆形钮,钮外环饰四组规矩纹,之间铸"长宜子孙"4字,篆书,每字不足1厘米。次外有三层圆环纹,第一、二层之间饰连弧形规矩纹,第二、三层之间阳铸"炼冶铜华得与清……"28字,均为汉篆,每字不足1厘米。录文系编者依据原镜及图片资料校勘。

【注释】

[1] 鍊:同"煉"。

常乐未央铜镜铭

【录文】

常樂未央,長毋相忘。

【题解】

常乐未央铭铜镜出土于泾川县城关镇,今存泾川县博物馆,经文物专家鉴定铸于汉代。镜直径7.1厘米,厚0.3厘米。镜背中心为桥形钮,钮外饰单线圆,次外双线方框。方框外侧正中为乳钉纹,纹式两侧分四组铸"常乐未央,长毋相忘"8字,篆书,每字1.3厘米见方。录文系编者依据原镜及图片资料校勘。

见日之光铜镜铭

【录文】

见日之光,天下大明。

【题解】

见日之光铭铜镜出土于泾川县泾明乡,今存泾川县博物馆,经文物专家鉴定铸于汉代。镜直径6.8厘米,厚0.3厘米。镜背中心为半圆形钮,钮外饰多层圆环形规矩纹。纹饰中间阳铸"见日之光,天下大明"8字,篆书,每字1.3厘米见方,每个字之间铸有盘纹、菱形纹装饰字符。录文系编者依据原镜及图片资料校勘。

居宜高官铜镜铭

【录文】

居宜高官。

【题解】

居宜高官铭铜镜出土于泾川县泾明乡苏家河村,今存泾川县博物馆,经文物专家鉴定铸于汉代。镜直径10厘米,镜背中心为半圆形钮,钮周阳铸"居宜高官"4字,正书,每字1厘米见方,其余部分通铸花卉纹。

清以昭明铜镜铭

【录文】

清以昭明,光象日月。

【题解】

清以昭明铭铜镜出土于泾川县泾明乡,今存泾川县博物馆,经文物专家鉴定铸于汉代。镜直径9厘米,镜背中心为半圆形钮,钮外有三层等距圆环纹,第一、二层之间饰连弧形规矩纹,第二、三层之间阳铸"清以昭明,光象日月"8字,篆书,每字0.8厘米见方,字与字之间铸有装饰字符。录文系编者依据原镜及图片资料校勘。

八乳尚方铜镜铭

【录文】

尚方佳竟[1]真大好,上有仙人不知老,渴㱃[2]玉泉飢[3]食棗,浮游天下敖三[4]海,壽如今[5]石如有王。

【题解】

八乳尚方铭铜镜出土于泾川县泾明乡吊堡子村,今存泾川县博物馆,经文物专家鉴定铸于汉代。镜直径 13.6 厘米,镜背中心部分呈"凹"形,钮为半圆形,钮外环饰规矩纹,次外为双线方框,方框四周为八个乳钉及禽鸟纹。禽鸟纹外环铸"尚方佳竟真大好……"35 字,汉篆,每字不足 1 厘米。"凹"形外边沿分三圈铸三角形规矩纹。录文系编者依据原镜及图片资料校勘。

【注释】

[1] 竟:通"镜"。
[2] 㱃:同"飲"。
[3] 飢:指肚子饿。"饑",指饥荒。
[4] 亖:同"四"。
[5] 今:同"金"。

十二地支长宜子孙铜镜铭

【录文】

長宜子孫。

子、丑、寅、卯、辰、巳、午、未、申、酉、戌、亥。

尚方作竟[1]大毋傷,巧工刻之成文章,左龍右虎辟不詳[2],玄武朱鳥順侌[3]陽,且□者反受其央[4]。

【题解】

十二地支长宜子孙铭铜镜，1983年4月出土于泾川县党原镇柳寨村，今存泾川县博物馆，经文物专家鉴定铸于汉代。镜直径21.1厘米，重1050克。镜面微弧，镜背中心为半圆形钮。纹饰分三区，内区钮外单线方框，四角有"长宜子孙"四字，次外双线方框，内铸十二地支铭及十二乳钉。中区饰规矩纹，间以八乳钉及青龙、神羊、獬豸、玄武、白虎、朱雀等禽兽，外双线圆圈铸"尚方作竟大毋伤……"35字，均为汉篆。外区宽斜缘上两周锯齿纹间饰一周双线折曲纹。录文系编者依据原镜及图片资料校勘。

【注释】

[1] 竟：通"鏡"。
[2] 詳：通"祥"。
[3] 侌：同"陰"。
[4] 央：通"殃"。

十二地支尚方铜镜铭

【录文】

子、丑、寅、卯、辰、巳、午、未、申、酉、戌、亥。

尚方佳竟[1]真大好，上有仙人不知老，渴飲玉泉飢[2]食棗，浮游天下敖三[3]海，壽如金石為國保。

【题解】

十二地支尚方铭铜镜出土于泾川县党原镇高崖村，今存泾川县博物馆，经文物专家鉴定铸于汉代。镜直径18.5厘米，镜背中心为半圆形钮，钮外双线方框内，12个小乳钉之间铸十二地支，次外为8个大乳钉和"四灵"图饰。图饰外环铸"尚方佳竟真大好……"35字，汉篆，每字不足1厘米。外沿为三角形规矩纹和花草纹环饰。录文系编者依据原镜及图片资料校勘。

【注释】

[1] 竟：通"镜"。
[2] 飢：指肚子饿；"饑"指饥荒。
[3] 亖：同"四"。

别部司马印铭

【录文】

别部司馬。

【题解】

别部司马印，1984年出土于泾川县城关镇兰家山村泾州古城东城墙根的残墓中，同时出土剪轮五铢、大泉、铲形货布等钱币若干。今存平凉市博物馆，经文物专家鉴定制于汉代。印为铜质，瓦钮。印面正方形，长、宽各2.5厘米，白文篆刻"别部司马"4字。

汉率善羌长印铭

【录文】

漢率善羌長。

【题解】

汉率善羌长印制于汉代，1965年出土于泾川县城关公社水泉寺大队境内，20世纪80年代存于泾川藏家手中，后佚。印为铜质，驼钮，通高2.6厘米。印面为正方形，长、宽各2.6厘米，厚1.1厘米，白文篆刻"汉率善羌长"5字。原平凉地区博物馆馆长刘玉林《甘肃泾川出土的六枚古代官印》（《甘肃日报》2021年5月25日第10版）一文中载有印拓图版资料。

广武令印铭

【录文】

廣武令印。

【题解】

广武令印，1982年出土于泾川县城关镇阳坡村，今存泾川县博物馆，经文物专家鉴定制于汉代。印为铜质，瓦钮，通高2.8厘米。印面正方形，长、宽各2.5厘米，白文篆刻"广武令印"4字。

十六国

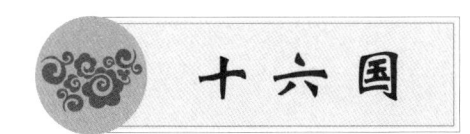

归义侯印铭

【录文】

歸義侯印。

【题解】

归义侯印，1976年出土于泾川县玉都乡太阳墩村，同时出土鎏金铜佛、铜编钟、铜熨斗、铜盆等一批铜器。今存甘肃省博物馆,经文物专家鉴定制于十六国时期。印为铜质,马钮,通高3.3厘米。印面为长方形,长2.5厘米,宽2.4厘米,白文篆刻"归义侯印"4字。

北 朝

北魏景明元年无量寿弥勒观世音造像碑题刻

【录文】

……—或鑄金或像或鏤玉表真……景行之本，皆所以闡揚沖……恩，天地無以均其惠[1]，鞠育之……我孤誠證彼妙果，於是採……寶共塔无[2]量壽、彌勒、觀世音……各一軀，丹青金碧之餝[3]，瑩麗……因仰願亡考邁影兜率……輪之法主，現存親眷，尊卑……積智成明，從凡至聖，能……經始，庶感鴻慶，眷彼安養……表跡髣髴尊儀圖容鐫石……次庚辰四月壬午朔十五日……

【题解】

北魏景明元年（500年）无量寿弥勒观世音造像碑今存泾川县博物馆。碑石为石灰岩质，上下部分均残损。残高45厘米，宽37厘米，厚11厘米。碑阳中开一尖拱龛，内雕造像贴龛而立。龛外两侧分上下格，上格各雕菩萨，下格各雕立佛。碑阴刻有铭文，其中上部较正面剥蚀更为严重，刻文残面高33厘米。存字共12行，每行8至11字，正书，每字约2.5厘米见方。录文系编者依据原造像碑校勘。

【注释】

[1] 悳：同"德"。
[2] 无：同"無"。
[3] 餝：同"饰"。

北魏景明三年梁弥姐郎造像碑题刻

【录文】

□□□、□□□、□□□、梁兵貴、梁馬貴、梁□貴、□□□、□□□、□□□、□□□、□□□、□□□、張小□、梁貴姬。

景明三年九月四日，清信士梁弥[1]姐郎為合門大小造石像二區[2]，□□央告合門大小，受□□□□梁氏常□若會，所願如是，為三界五道一切眾，得道如佛，廣願成就。

【题解】

北魏景明三年（502年）梁弥姐郎造像碑由泾川县太平镇何家村村民于2020年捐赠给县文物管理所收藏。碑石为砂岩质，局部残损。高80厘米，宽46厘米，厚13厘米。碑阳分四层造像，其中第三层大龛雕一佛二菩萨。碑阴上层开龛，中层刻供养人造像共14身，从中间向两侧身形依次变小。根据装扮及服饰，其中左边男供养人9身，右边女供养人5身，供养人头部左侧分别刻有姓名。下层阴刻造像记，题记区域高23厘米，共9行，满行8字，正书，每字2.5厘米见方。碑左右两侧均分层开龛造像。录文系编者依据造像碑及图片资料校勘。

【注释】

[1] 弥：同"彌"。
[2] 區：通"軀"。

北魏正始元年仵氏墓砖志

【录文】

砖阳：

正始元年三月□仵[1]□
□□□□□始道天□王文匡□
□里仵□□仵室齊魚□

砖阴：

北……大……

【题解】

砖志属于墓志的一种，中国的墓志起始于秦汉，发展于魏晋，兴盛于唐，延续至明清，形制经过由砖造到石刻。该砖志刻于北魏正始元年（504年），1980年左右出土于泾川县玉都镇太阳墩村梁刘组，由村民梁宗勤收藏，2023年捐赠给泾川县博物馆。砖志高14厘米，宽30厘米，厚4厘米，阴字竖排浅刻。其中砖阳存7行字，每行4到5字不等，正书，每字2.5厘米见方，

砖阴仅2字可辨。砖志中多次出现"仵"字，或为"仵"姓人士墓"四至"界砖。录文系编者依据原砖校勘。

【注释】

[1] 仵：应为北魏时当地姓氏，庆阳市正宁县尚有此姓。

北魏正始四年临泾王氏墓砖志

【录文】

余惟大魏正始四年十一月五日，临泾氏王羽生積業精微，二尊並背，不□殞沒，偷□從礼[1]，仰□先靈墳域分□，府悼不孝，罪累三千，□疢祭□□啟誠，遂遷眾棲集塋中原，誕窗高□顥飛魂□□歸。厥祖難敲[2]出自太原，爰在涼初爵斑朝……手拜參封臨泾侯□官。受任，遂乃馬鞍飲祖王吞樂散□賢□上泰始自□年為不致進軍。生父瑣珠，為行端□，□有金譽。時年，銓舉為州郡州正，春秋未高，疾症卒亡□□□，故改動三世並母□氏，有弟伯通，一時合葬其為祖墳□周迴方剗[3]，東齊三塚，西至王營，南接北坎，北蓋泾水，閒黎□居皆是。王薅刊石立銘，記之云尒[4]。

首墓戶邢□蘇孫……

【题解】

该砖志刻于北魏正始四年（507年），1999年10月出土于泾川县太平乡三星

村，今存泾川县博物馆。砖刻共三方，每方高约 40 厘米，宽 20 厘米。每砖刻文 5 行，满行 20 字左右，正书，每字 1.5 厘米见方。墓砖名系编者依据志文内容所拟。录文系编者依据原砖石及照片资料校勘。墓砖局部剥泐严重，不能辨识，部分文字参考泾川县博物馆保管员何仕效早期抄录酌情填补。

【注释】

[1] 礼：同"禮"。

[2] 毃：同"敲"。

[3] 剬：同"制"。

[4] 尒：同"爾"。

北魏熙平元年梁道洪墓砖志

【录文】

砖阳：

大魏熙平元年大將軍……

安定郡□□梁道洪……

砖阴：

年 歲 …… 六 日 巳 ……

氏……里仵□北……東齊……

【题解】

该砖志刻于北魏熙平元年（516 年），1980 年左右出土于泾川县玉都镇太阳墩村梁刘组，由村民梁宗勤收藏，2023 年捐赠给泾川县博物馆。砖志高 34.5 厘米，宽 15 厘米，厚 5 厘米，阴字竖排浅刻。其中砖阳存 2 行字，每行 14 字左右，砖阴存 4 行字，剥蚀严重，正书，每字 2.5 厘米见方。砖志应系梁道洪墓"四至"界砖。与北魏正始元年仵氏墓砖的形制、内容、出土地关联度较高，在砖阴也出现了"仵"字，或系与仵氏墓室毗邻之故，或系梁道洪与夫人仵氏合葬之故。录文系编者依据原砖校录。

北魏神龟元年支弥姐郎造像碑题刻

【录文】

清信士梁弥[1]姐郎、弟梁浮畕[2]郎、姪興貴、姪安貴、姪馬貴、姪廷貴、姪璽、□起、梁仰安、母康周氏、張小□、康□□、康畕□、梁貴□……康□。

神龜元年九月二日,弟子支弥姐郎為亡父母造石像一區[3],願七世所生騰跰□率,奉侍彌勒。若洛[4]三塗,速令解脫龍華三會,常□□願□。

碑左側下方:

弟浮畕郎□興貴。

【题解】

北魏神龟元年(518年)支弥姐郎造像碑由泾川县太平镇何家村村民于2020年捐赠给县文物管理所收藏。碑石为砂岩质,局部残损。高93.5厘米,宽47厘米,厚16厘米。碑阳有三层佛造像和一层供养人造像,供养人按照男左女右排布,其中男9身,女6身,造像头部左上方或正上方有阴刻姓名。碑阴上刻三层造像,下部刻造像记,题记区域高15厘米,现存11行,满行最多6字,正书,每字2.5厘米见方。碑左右两侧均分层开龛造像。录文系编者依据造像碑及图片资料校勘。

【注释】

[1] 弥:同"彌"。后同。

[2] 啚:同"圖"。后同。

[3] 區:通"軀"。

[4] 洛:通"落"。

北魏正光四年赵小欢款造像碑题刻

【录文】

赵□□、赵□□、赵□洛、赵小歡[1],佛孙曰既、女伏姒。

正光四年二月九日,赵小歡等眷□大小皆□……

【题解】

北魏正光四年(523年)赵小欢款造像碑,1993年4月出土于泾川县城关镇蒋家村,今存泾川县博物馆。碑石为砂岩质,高47厘米,宽29.5厘米。碑首呈尖拱状，正中雕拱形龛，主尊肉髻螺纹发式，双耳下垂，结跏趺坐，大衣覆座。两侧有胁侍二菩萨，间有二狮子，其他漫漶不清。拱形龛楣上饰卷草纹，楣上一圈为七尊小佛，通肩衣，禅定印，结跏趺坐。龛外两侧自上而下各饰一兽一供养人，龛外下部站立七个供养人，间有人名题刻。下方底座有"正光四年……"题款11行以上，每行2至3字，每字2.5厘米见方。录文系编者依据原碑石及照片资料校勘。

【注释】

[1] 赵小欢：目前可见资料均释作"赵小观"，有误。

北魏永熙二年长务城村造像碑题刻

【录文】

永熙二年二月十九日□□□子德□□□造□於□□□月□心□……

【题解】

北魏永熙二年（533年）长务城村造像碑，1966年12月出土于泾明乡长务城村，今存泾川县博物馆。碑石为砂岩质，高29.3厘米，宽22厘米，厚6.5厘米，立面呈"凸"字形，上段雕一佛二菩萨二弟子，下段梯形坛，上浅浮雕9位男女供养人，之间刻供养人姓名，字迹剥泐均不可辨。底座刻年月等题记13行，每行2字，正书，每字1厘米见方。录文系编者依据原造像碑校勘。

北周武成二年释迦多宝造像碑题刻

【录文】

夫妙覺沖……述所究然……彼曚俗要……張氏李前……真容於王……祥應籍此……福興殃消……登初首行……

大周武成二年……

【题解】

北周武成二年（560年）释迦多宝造像碑，1993年4月出土于泾川县城关镇蒋家村，今存泾川县博物馆。碑石为砂石质，高48厘米，宽34厘米，厚8厘米，碑体呈圆首长方形，碑阳内容分三层。上层中有宝帐，帐内释迦、多宝二佛相向辩法，二佛身后各二弟子，帐外两侧亦有二弟子。中层雕维摩、文殊论经画面，身后有弟子、飞天及侍女。下层中部尖拱龛内仅剩一佛首，龛外两侧各雕舒相菩萨上身及弟子头部。碑阴内容分二层。上层龛内浮雕弥勒佛及二弟子，龛内侧二比丘。下层残存刻文9行，每行4字，共30余字，正书，每字2.5厘米见方。录文系编者依据原碑石及照片资料校勘。

北周天和二年官村寺造像碑题刻

【录文】

天和二年二月十八造像。

清信佛弟子……清信弟子贞虎……清信佛弟子达……清信佛弟子□□……清信佛弟子……

碑左侧：

为□□王□□造□像……清信……

碑右侧：

清信佛弟子悠……年廿二，清信佛弟子张留妃年十九。

【题解】

北周天和二年（567年）官村寺造像碑系2015年编者主持泾川县博物馆工作时，从玉都镇官村新建的"官村寺"院内墙脚发现并征集入馆，该造像碑原出土于与新建寺庙毗邻的"官村寺"遗址。碑石为砂石质，高28厘米，宽16厘米，厚5厘米。碑阳雕有一佛二弟子，碑阴上方分5行题"天和二年二月十八造像"10字，下方分5行刻供养人姓名，每行最多残存6字。碑左右两侧各分2行刻有题记及供养人姓名，满行11字。刻文均为正书，每字2.3厘米见方。录文系编者依据原碑石及拓本校勘。

北周梁苟仁造像碑题刻

【录文】

碑身：

……月丁亥朔五日辛卯，梁苟仁……□家資敬造釋迦石像一區[1]，仰……益又願一切眾生三毒永除……拔普淨土，悟無生忍。

底座：

邑師比丘法葚、大化主薛仲和、大邑主梁苟仁、像主宋仕達、邑正成榮搗[2]、典錄胡福表、維那孫阿奴、香火胡永熾、齋主皇甫遠、南面化主成子稷。

東面化主皇甫遠、邑老薛乾掛、邑生杜洪顯。

西面化主胡僧節、邑老杜永洛、邑生成僧意[3]。

【题解】

北周梁苟仁造像碑由泾川县太平镇何家村村民于2020年捐赠给县文物管理所收藏,其造像风格经文物专家鉴定为北周。碑石为砂岩质,碑身和碑座可分离。碑身上部残损,残高35厘米,其中造像残高29厘米,宽25.5厘米,厚9厘米;榫头高6厘米。碑阳残存造像二层,碑右侧阴刻发愿文4行,每行最多存12字,正书,每字约2厘米见方。底座长32厘米、宽26厘米、高26厘米,顶部有长方形卯孔,孔长13厘米、宽9厘米、深6厘米。底座三侧立面阴刻功德名录,其中正面10人,侧面各3人,每行5至6字,正书,每字约2厘米见方。录文系编者依据造像碑及图片资料校勘。

【注释】

[1] 区:通"躯"。

[2] 揔:同"總"。

[3] 恴:同"德"。

北周观音造像题刻

【录文】

……敬造救□觀音像一軀,願亡息魂靈往之土法界。眾生圓□□……

【题解】

北周观音造像今存泾川县博物馆,其造像风格经文物专家鉴定为北周。像为石灰岩质,圆雕工艺,观音像头部及肩部已断失。底座高约5厘米,仅残存刻文7行,满行4字,正书,每字1厘米见方。录文系编者依据原造像及照片资料校勘。

西魏赵刚碑记

【录文】

前安定郡都邑师比丘道觉。國公、前安定太守、化主趙剛[1]，事侍中、行渭州事、武威縣開府儀同三司大都督、渭州□軍使持節驃騎大將軍、開府□□□□□。

□□□□□□□□□□□□□□□祥□等□□□□□□□□□達漏四□□□□□□□□□□□□□□□□□今異不□□真是雄心之勝境，弘道之靜場，信可□□□淵趙登□物者也。但俗學素稱聖心□□□且發至願以開諸意□任。頌曰：

玄道邈□□□絕相道貫古今，唯歌與浪□□哉。道迹更烏真亮不曰書然誰知□哀既返迷徒。墊[2]云：□放一其□，唯火宅焚盪[3]，童稚縱橫，魑魅魍魎，枂[4]宅是播揚聲□上□烟[5]□□惡心既長既瀰且□□宗誰仰得妙□可憑可仗□憑仗是何所謂棄能度万[6]有越□後修陵趣空巧俗捨有玄既非是真証[7]孰□究果既曰妙□豈受重層諸子遊涉寶□□九載妙矣。莫□孟仁慈僯五百有德兼卞珍明□□□□□□□□□逢苦□瞋八法□□□□□□□□衍□垂恝法厲賴我□□□相尋度□□人下。

□□□□□、邑生皇□□□、邑生李令貴、邑生郭挺□、邑生□□□、邑生梁□□、邑生程文□、邑生□□□、邑生程德興、邑生安□□、□□□屯[8]道仁、邑生□□□、邑生屯益士、前邑生梁□□、邑生程崩山、邑生□□□、邑生阿[9]雙□、邑生□□□、邑生胡曇言、邑生□□□、邑生程阿驎、邑生□□□、邑生胡令安、邑生□□□、邑生梁祖歡、邑生胡令□、邑生□□□、邑生□□□、邑生比丘文歡、邑生荀疇□、邑生高萬歲、邑生□□□、維那首[10]驎樹、邑生荀□□□。

【题解】

赵刚碑今已佚，亦未见存世拓本，规格等信息不详。录文原载民国邹光鲁《泾川县志·金石志》，并记为隋代碑石，后人论著多沿用此说，编者则以为刊勒于西魏。据史载，西魏大统十六年（550年），渭州（今甘肃陇西）民郑五丑叛乱，魏文帝令赵刚前往镇压。攻破后赵刚"行渭州事"（与文首题款相符），负责为魏军西讨提供军粮并教化被俘羌兵，随后朝廷加封赵刚骠骑大将军、开府仪同三司，入朝任光禄卿。碑首题款"前安定太守、化主赵刚"，当指赵刚在任时与比丘道觉主持兴修寺院之实，但刊碑之际其已离任，行渭州事期间的实职则为"安定太守"。后来赵刚在北周建立、孝闵帝（公元557年时在位）即位后出任利州总管、渠州刺史，约一年后病卒，享年57岁。时距隋朝建立尚有23年。《周书》有传，但其主要宦迹在西魏间。综上，该碑勒石时间最迟应在西魏末期，故应为"西魏赵刚碑"。录文系编者依据《泾川县志·金石志》校勘，纠正了个别书写错讹。

【注释】

[1] 赵刚：《周书·赵刚传》有载。此碑所记"安定太守"一职史书无载。

[2] 埶：疑为"埶"。

[3] 盪：同"荡"。

[4] 朽：同"圬"。

[5] 烟：同"煙"。

[6] 万：同"萬"。

[7] 証："證"字俗体。

[8] 屯：国内稀有姓氏。后同。

[9] 阿：疑为"何"。

[10] 首：姓氏。

隋

灵台县铜量铭

【录文】

靈臺縣永用。

【题解】

　　灵台县铜量出土于泾川县高平镇黄家铺村，今存泾川县博物馆，经文物专家鉴定铸于隋代。器高24.5厘米，口径9厘米，底径8.8厘米。形如瓶状，侈口，束颈，瘦长腹微鼓，假圈足较高，平底。腹部铸有"灵台县永用"5字，正书，每字3.5厘米见方。

唐

铜镢形器铭

【录文】

大吉利。

【题解】

铜锸形器出土于泾川县党原镇合道村，今存泾川县博物馆，经文物专家鉴定铸于唐代。器长9.9厘米，宽4.4厘米，锸柄厚4.2厘米。锸刃内侧铸"大吉利"3字，正书，每字1.3厘米见方。

开元十二年皇甫仕冲墓砖志

【录文】

處士安定皇甫君墓誌

公諱仕冲，安定垍[1]城人，□□玄晏先生之裔孫焉。年纔童稚，乃有凌雲之志，故以仕冲為公名，仕冲[2]為公字。常畋漁百氏，涉獵九流。善莊[3]子之逍遙，嘉老君之□道。於是閟[4]門卻掃，羨玄蟬之飲清風；退守玄圃，鄙羌蜋[5]之恆穢飽。心同石席，志勵冰霜。於兄弟則諄諄怡怡，於朋友則慁慁□□，詢詢善誘。博之以文人共□□，給之以礼[6]□□稱公均。平鄉井伏公無□寄，百年而取則庶十紀之□仁，堂期不予，昊天亂[7]靡，有定春秋。季直[8]□辰年七月卒於私第，以大唐開元十二年歲次甲□□□壬戌朔二十四日乙酉，与[9]安定梁氏窆於涇川之□□□□谷□□山壞崩摧。敢勒磚銘，略陳嘉美。

【题解】

皇甫仕冲墓志砖勒铭于唐开元十二年（724年），1995年12月征集于泾川县城关镇蒋家村，今存泾川县博物馆。有墓志盖、墓志砖各一方，其中志盖无字。

砖均为灰陶质，长、宽各29.5厘米，每方砖厚4.2厘米。墓志浅刻12条竖线以分行，以朱墨书写，楷书，每字1.5厘米见方。该文记载皇甫仕冲系皇甫谧（号玄晏先生）裔孙，为皇甫谧里籍泾川、灵台一带提供了重要证据。录文系编者依据原砖及图片资料校勘。

【注释】

［1］圢：同"坻"。
［2］仕冲：其字与名"仕冲"似仅为"冫"与"氵"之异。
［3］庒："莊"字俗体。
［4］閇："閉"字俗体。
［5］蜋：同"螂"。
［6］礼：同"禮"。
［7］乱：同"亂"。
［8］直：同"值"。
［9］与：同"與"。

元和八年赵琇夫妇墓志

【录文】

志盖：

大唐故趙府君墓誌銘。

志石：

唐故驃騎大將軍、試左金吾衛大將軍、寶應元從功臣、天水趙府君及夫人清河張氏墓誌銘並敘。

承務郎守涇州錄事參軍朱泳撰。

公諱琇，天水人也。殷之賢臣曰飛廉[1]，飛廉之子曰升帶，升帶之孫曰造父，造父仕秦善馭，封於趙城，因命為氏焉。自晉良大夫已降，至于漢魏間，氏族昌盛，輝暎史冊，略而不書，從左氏之義。曾祖諱曜，名器，道德邁於時哲，耽翫史籍，恬然自怡，屢降公車竟不為起，名列處士，星占少微。處士生王父元簡，以貞蠱立節，少而不羣，自筮仕之初逮于顯位，皆以清白著。累歷榮貫，寔[2]為良吏，無何位屈於命，授懷州別駕，才當半刻，聲振題輿，公即別駕長子也。少懷忠烈，志氣不雜，七奇三略，冈[3]不該通。起家為澤州刺史呂公貢衙門，將酬知己也，旋會。國步艱阻，胡羯亂常，鴟張蟻聚，兵甲蝟起，英傑豪俊悉被羅弋太尉李公署。公為感激，正將收復京邑，大著勳[4]庸，及太尉薨，相國辛[5]公署，公為承天軍兵馬使。乹[6]元初，公奉詔命追赴闕下，授右金吾引駕郎將。及代宗幸陝，公奮激忠勇，扈從鑾輿，險阻艱難備嘗之矣。洎駕還宮闕，授公寶應元從功臣，封天水郡開國公，食邑二千戶。繇[7]是勳業崇盛，名實貫時，故得開國之封，食菜之邑。曲回天鑒，恩詔稠疊，以貞元十年寢疾彌流，不祿于長安私第，享年六十八。夫人清河張氏，故獻陵令子琦之次女也。年僅初笄，作嬪君子。恭接娣姒，孝奉舅姑。婉娩淑質，動必合禮。孜孜婦行，飾于閨門，豈啻[8]齊眉之歡，玉樹先折。夫人憂沮，外示貞素，內融同未亡人垂廿載，訓育遺嗣，皆有見焉。不幸以元和八年癸巳歲秋八月廿八日終于涇州私第，春秋七十七。有二才子，長曰文竘，次曰文幹，皆恭承嚴訓，間望克彰。兄侍藩維，弟職禁衛，輸誠奉國，靡所不欽。居喪衰羸，觸地殞絕，苦由之次，蘇而復號。以松柏路遙，身許王事，歸葬之禮難遂孝心。旋以其年十月五日，合祔于涇州回中原南崗[9]，從權禮也，以詠跡乑中外命為誌也。銘曰：

卓哉趙公，仗義懷忠。七奇三略，罔不該通。天寶末年，胡羯起戎。公倅成師，自西徂東。收復鎬京，施其戰功。恩拜金吾，威武雄雄。爰彼夫人，威儀容止。年僅笄纚，作嬪君子。孝奉舅姑，恭承娣姒。玉潔蘭芳，貞姿可擬。肅肅閨門，令望不已。如何不淑，玉折蘭萎。想彼貞姿，孰不為悲。松柏路遙，歸祔難期。卜宅回中，禮許從宜。古原崔嵬，涇水逶迤。冥冥夜臺，千古在斯。刻石篆文，永以志之。

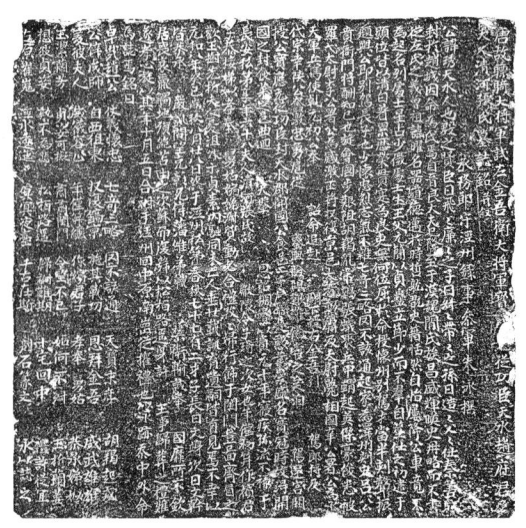

【題解】

赵琇夫妇墓志勒铭于唐元和八年（813年），由承务郎、守泾州录事参军朱泳撰文。1967年时由泾川县城关镇社员在修建庄基时从古墓中挖出并保存，1982年平凉地区博物馆刘玉林先生发现后征集到地区博物馆保存，并于次年对墓葬进行了考古清理。有墓志盖、墓志各一方，为砂岩质，长、宽各60厘米，厚10厘米。其中盖为盝顶式，左右刻云龙，上刻神蝠，下刻蟠螭、顶部刻藩莲纹，正中三行，每行三字刻"大唐故赵府君墓志铭"9字，篆书，每字8厘米见方。墓志四边细线阴刻十二生肖像，碑文29行，满行33字，楷书，每字1.8厘米见方。碑文中赵琇卒于唐贞元十年（794年），夫人张氏卒于元和八年（813年）八月，同年十月将二人合葬于回中原并刊铭以志。录文系编者依据刘玉林先生提供的初稿及拓片资料重新校勘。

【注释】

[1] 飞廉：殷末大臣，传说为赵氏先祖，与本句中"升带""造父"为直系。原碑文为"殷之賢臣曰飛飛廉廉之子曰升升帶帶之孫曰造造父父仕秦善馭封於趙城因命為氏焉"，编者将其句读为"殷之賢臣曰飛廉，飛廉之子曰升帶，升帶之孫曰造父，造父仕秦善馭，封於趙城，因命為氏焉。"即在人名表述中对原碑文字顺序略有调整。

[2] 寔：同"實"。

[3] 冈：" 罔"字异体。后同。

[4] 勲：同"勋"。

[5] 辛：或为"幸"之笔误。

[6] 乹：同"乾"。

[7] 繇：同"由"。

[8] 啚：同"圖"。

[9] 崌："崗"字俗体。

景福元年刘元实墓志

【录文】

大唐歲軍節度，左押衙充，耀武鎮遏都知兵馬使，奉天定難功臣，銀青光祿大夫，檢校左散騎常侍，右武衛將軍同正，兼御使大夫，上柱國劉公墓志銘並序。

鄉貢進士王咸熙撰。

噫[1]乎！稟覆燾而生駕寒暑，而逝者人耶，既生有逝，天道之常。其□敏□和，行純心達□□□可以傳代，識度可以濟時，位負天命能□□□，非為慟其誰為慟！公諱元實，字秀之，彭城人也。其先祖漢朝孝威之後十二代孫，乃武乃文，英聲不絕，鬱為盛族，孰可□□。祖諱忠，字義皇，不仕。父文，歷職轅門，頗彰忠節，世□□亮心。至于公，操植松筠，藝兼文武。鵲鴒表公候之貴，牛頭通夢寐之亨祥。因高殼是求，動罔[2]不查而又臨事無滯，處眾惟謙。赳赳眈眈，人皆難伏。□□邊壘，寔[3]翳長林。爰自大□凌夷，遂顯宏略，頻彰慶搪，繼掃穿倭駐兵。射似嶮移，九乘勝利。如此赴□□□鞠，妙彼章呈。深練武經，洞知兵要。于□元戎，嘉其毅勇，累遷右□□察□之銜，至于柱史。俄奏大憲虎頭，左右珥貂，恩華灌至，委任編深。令公以韌[4]立耀武鎮，置在遐□，慎擇良能，無出其右。大順二年四月，遂除耀武鎮過都知兵馬使，由是築之以燧燧，固之以疆圻，奏之以化條，撫之以仁惠，邊鄙不聳，人無告勞，□□□明。至于景福戡定大難，皆繫令公之力也，積勳累效豈造次而言。哀哉嗚呼！電謝彼流，珠沉玉碎。溘至太遽，景壽不融。將登知命之年，俄起山川之歎！春秋卅有七。景福壬子歲，五月廿七日寢疾終于本鎮。公婚趙氏，夫人有男四人，長曰行儒，次行瑄，次小□，次五哥。有女一人，適曹氏。有弟元贊，見居軍職。以其年十月六日，歸窆于城南五龍堂之西，礼[5]也，咸熙認承，重顧凄感，□不以荒虛，命之為誌，銘曰：

生若浮雲兮死若休，逝波長往兮隙難留。

落朝露兮滿夜舟，海□田兮草知秋。

【题解】

刘元实墓志勒铭于唐景福元年（892年），由乡贡进士王咸熙撰文。1972年时存于泾川县城关镇合志沟村的社员家中，泾明公社干部刘玉林发现后于1978年购买，并于1980年捐赠给平凉地区博物馆收藏。墓志为砂岩质，长、宽各48厘米，厚6厘米，分25行阴刻，满行27字，楷书，每字1厘米余见方。录文系编者依据刘玉林先生抄录稿并对照拓片资料校勘。

【注释】

[1] 譩：同"噫"。
[2] 冈："罔"字异体。
[3] 寔：同"實"。
[4] 刱：同"創"。
[5] 礼：同"禮"。

启明寺陀罗尼经幢题刻

【录文】

第一部分：

……陁[1]羅尼經者，婆羅門僧佛陀波利。儀鳳元年從西□來至此漢土，到五臺山次，遂五體投地，向山頂礼[2]曰，如來滅後，眾□□□□□□文殊師利□□□□□蒼生教諸菩薩。□□□□逢八難不覩[3]聖容，遠涉流沙故來敬謁，伏乞大慈大悲普覆含靈令見尊儀，言……舉頭忽見一老人從山中出來，遂作婆羅門語謂僧曰，法師情□□□□聖□不□□勞遠尋□□□□眾生多造罪業，出家之輩亦多犯戒律，唯有佛頂尊勝陁羅尼經，能滅除惡業，未知法師頗將□□□不，僧曰，貧道直來礼謁不將經來，老□□□□經來空來何益……師可到向西國取此經來流傳漢土，即是遍奉眾聖廣利群生極濟幽□報諸佛恩也，師取經來至□□子當示師文殊師利菩薩所在，僧聞□□□□□□□□悲□至心敬礼，舉頭之頃忽不見老人，□僧驚愕倍更虔心，繫念年傾誠迴還西國，取佛頂尊勝陁羅尼經，至永淳二年迴至西京，具以上事聞奏大帝，大帝遂將其……司賓寺典客令杜行顗等共譯此經，施僧絹三十疋[4]，其經本禁在內不出。□□悲泣奏曰，貧道捐軀委命遠取經來，情望普濟群生救拔苦難，不以財寶為念，不□□□□□□□流行，庶望含靈同益。帝遂留翻得之經，還僧梵本，其僧得梵本將向西明寺，訪得善解梵語漢僧順貞，奏共翻譯，帝隨其請。僧遂對諸大德共貞翻譯訖，僧將□□□□□□□□□出，今前後所翻兩本並流行於代，小小語有不同者幸勿怪焉。至垂拱三年……□□□□□咒法師□是口宣梵音，經二□日句句委授，具足梵音一无[5]差失，仍更取舊……訖後有學者幸□□焉。至永昌元年八月，於大敬愛寺見西明寺上座澄法師，問其逗留亦如□□□□□□貞見在住西明寺，此經救拨幽顯最不可思議……未悟。

佛頂尊勝陁羅尼經。

罽賓國沙門佛陁波利奉詔譯。

□□□□□□□伽梵在室羅筏住□多林給□獨園，與大苾蒭[6]眾千二百五十人俱，又與諸大菩薩僧万[7]二千人俱。尒[8]時三十三天於善法堂會，□□□□□□住與諸……歡喜遊戲……受諸快□。尒時善住天子即於此日夜分聞有聲□□住天子卻後七日命將□□命□□□□□洲受……處於母胎……聞此聲已即大驚怖，身毛皆豎，愁憂不樂，速□往詣天帝釋所，……釋二……聞有聲言，善住天子□後七日……將欲盡，命終之後生贍部洲，受七返畜生身，受七身已即墮諸……无兩目。天帝……大驚愕，即自思惟，此善□□□□□返惡道之身。尒時帝釋須臾靜住入定諦觀，……野干獼[9]猴蟒虵[10]……天子當墮七返惡道之身，極助苦惱□□於心，諦思无計何所歸依，唯有如來應正等覺，令其善住□□□□□□帝釋□於此日初夜分時，以種種……多林園於世□所到已頂礼佛足，右□七□，即於佛前廣大供養，佛前蹋跪而白佛言世尊。善住□子云，何當受七返畜生惡道之身，具如□□□□如……光遍……其光還來，逸[11]佛三匝，從佛口入，佛便微笑，告帝釋言，天帝有陁羅尼，名為如來佛頂尊勝，能淨一切惡道，能淨除一切生□□□□□□除諸……一切地獄□□□□□天帝，此佛頂尊勝陁羅尼，若有人聞一經於耳，先世所造一切地獄惡□皆患消滅，當得清淨之身，隨所生處憶……將終，須臾憶念此陁羅尼，還得增壽，得身口意淨，身无苦痛，隨其福利隨處安隱，一切如來之所觀視，一切天神……有一切地獄畜生閻羅王界餓鬼之苦，破壞消滅，无有遺餘。諸佛刹土及諸天宮，一切菩薩所住之門，无有……釋意，心之所念，樂聞佛說是陁羅尼法，即說咒曰：

那謨薄伽跋帝啼隸路迦鉢囉底毗失瑟……囉□拏□底伽訶那娑婆縛秼□提（九）阿鼻詵者蘇揭多伐折那阿嚤㗚多毗囉□□□□阿訶……尼□□逝耶□□□□娑訶娑囉喝囉濕弭珊珠地帝（十六）薩婆怛他揭多地瑟咤那頞地瑟恥帝慕侄隸（十七）拨折囉迦耶僧訶多那□□□（十八）薩婆……秼提薩末那阿地瑟恥帝（廿一）末祢末祢（廿二）怛闥多部多俱□胝鉢唎秼提（廿三）毗薩普咤勃地秼提（廿四）社耶社耶（尒何反廿五）毗社耶毗社耶（廿六）薩末囉……婆伐都

（廿九）摩摩（□□受持）薩婆薩埵寫迦（□聲□）耶毗秫提（三十）薩婆揭底鉢唎秫提（三十一）薩婆怛他揭多三摩濕婆娑遏地瑟恥帝（卅二）勃陁（地耶反）勃陁……地瑟恥帝摩訶母帝隸莎婆訶。

佛告帝釋言，此咒名淨除一切惡道。佛頂尊勝陁羅尼，能除一切罪業等障，能破一切穢惡道苦，天帝……印印之，為破一切眾生穢惡道義故，為一切地獄畜生閻羅王界眾生得解脫故，臨急苦難，墮生死海中，眾生得解脫故，短命薄福，无救……獄惡道眾生，種種流轉生死。薄福眾生，不信善惡業，失正道眾生等，得解脫義故。佛告天帝，我說此陁羅尼，付囑於汝，汝當授與善……陁羅尼，亦為一切諸天子故說此陁羅尼印，付囑於汝，天帝汝當善持守護，勿令忘失。天帝若人須臾□□□陁羅尼，千劫已來，積……鬼神布單那羯咤布單那阿波娑摩囉，蚊虻龜□蟒蛇一切諸鳥，及諸猛獸一切蠢動含靈，乃至蟻子之身，更□□受……幢□蓋天衣……道佛頂尊勝陁羅尼，汝當受持，尒時大眾聞□□□□□行。

……□陽沙門□□書……主僧……

……兵馬使兼□□□□使承務郎□□□□史上柱國傅君緘□□□

第二部分：

……摩訶薩婆耶□摩訶迦盧尼迦耶唵薩皤□罰……醯唎摩皤哆沙咩薩婆阿他豆輸朋阿逝孕薩……摩訶菩提薩埵薩婆薩婆摩□摩□摩……囉耶遮囉遮□摩摩……娑婆……那波夜摩那娑婆訶悉陁夜……囉悉囉僧阿穆佉耶娑婆訶波摩□悉陁……夜娑婆訶那囉□墀皤伽□耶娑婆訶摩波利勝羯囉夜娑婆訶南无……帝□□囉夜娑婆訶。

第三部分：

佛□觀世音菩□□密藏如意……

……囉耶（三）菩提薩埵波耶摩訶薩埵波耶摩訶迦……底瑟咤遮伐□阿曷囉舍耶嗚□泮娑婆呵……

【题解】

陀罗尼经幢系2023年从泾川县泾明乡雷家沟村启明寺征集，现存泾川县博物馆。经幢呈八面柱体，青砂岩质，两端存有圆柱形榫头，通高160厘米。八面柱体每面高150厘米、宽20厘米，其中第五、六面残蚀严重，已无可辨字迹，其他六面每面均可见8行石刻经文，满行72字左右，楷书，每字2.5厘米见方。所刻内容依次为《佛顶尊胜陀罗尼经》（并序）《千手千眼观世音菩萨广大圆满无碍大悲心陀罗尼经》和《观世音菩萨秘密藏如意轮陀罗尼神咒经》三部分。录文系编者在泾川县博物馆杜赟清抄录的基础上，结合拓片的高清照片校勘并断句。同时杜赟清认为，从《佛顶尊胜陀罗尼经》正文结尾部分隐约可辨的"……兵马使兼□□□□使承务郎□□□□□史上柱国傅君缄……"字样及与历代《佛顶尊胜陀罗尼经》版本对比，初步可断定该经幢为唐代中晚期所刻。

【注释】

[1] 陁："陀"字俗体。后同。

[2] 礼：同"禮"。后同。

[3] 覩：同"睹"。

[4] 疋：同"匹"。

[5] 无：同"無"。后同。

[6] 蒭："芻"字俗体。

[7] 万：同"萬"。

[8] 尒：同"爾"。后同。

[9] 猕：同"獼"。

[10] 虵："蛇"字俗体。

[11] 逸：应为"绕"。

宋

建隆三年重修善女庙碑记

【录文】

重修善女廟記

節度掌書記朝議郎試大理司直兼監察御史李瑩撰。

隨使右教練史兼都孔目官張靄書。

仲尼，聖人也，所不語者，神居一焉，斯蓋防後代近邪妄也。是故，朝廷有恆式，其或捍大患、禦大災，功及于民，事跡彰著者，然後登祀典，享廟食也。安定郡東北陟高原，隣[1]一舍有善女湫者，澄澈鑒物，圜地數百畝。耆舊傳說，水之中央則未曾窮其淺深也。水之東列廟貌，春秋則祀之。復聞巨唐之際，以其密邇甸服甚多，徵應詔封鎮國湫，即斯地也。驗彼圖志亦不誣謬，加之決洩下注抵于郡城村落，田疇灌溉麻[2]麥衣食之利，歲獲百倍者也。建隆壬戌歲，即今節度清河帝師再鎮是邦之二年也，起乎夏，訖乎秋，邸吏馳報東西南北之間，大則亢陽，小則蟊賊，饑民流亡，聞于天子者，不啻百來郡。府主念是封部憂勤靡寧或旬浹弗雨，則必率賓佐攜牲牢，走拜于湫之神，神之念人，將如何哉。觀其鐏罍，未徹於前席，則陰靄四起。旌旗止及於中路，則膏澤橫霑。凡此感報，乃三四焉。及夫一歲，云暮千里之地，五穀告成，萬戶告安。靜而思之，由神之力。府主於是減祿食之費，荷精靈之賜，易其朽棟腐瓦，治其壞階折壁，羅紈鮮楚其衣裾，丹青炳煥其部仵，帘幕車馬有長無闕，嗟乎人也、神也，感也、報也，何明白之甚也。始則驕陽是兆，嘉苗是慮，奮精誠以禱于神，得非人將感於神也。及其陰隲不愆，玄貺是睹，流甘澤以惠于人，得非神將感於人也。而後易舊之制，完葺嚴餙[3]，俾壯神之威容，此又人能報于神也。苟當自今而下，中外遠邇，恒祛人之疫疹，此又神能報於人也。夫如是捍患禦災及民之功，不為不著也，乃知構棟宇以居之，禁樵採以護之，羞黍稷以薦之，鳴鐘鼓以樂之，宜也。瑩是時也，載筆帝師之幕，不敢避職，於是乎記。乃皇上闡統之三年，歲直于戌也，月居于亥也，日次于酉也。

攝觀察推官朝議郎試大理評事前行延州錄事參軍兼監察御史李昉；節度推官將仕郎試秘書省校書郎趙貞；觀察判官朝請大夫檢校尚書工部員外郎兼殿中侍御史何翰；節度判官朝散大夫檢校尚書兵部郎中兼殿中侍御史賜紫金魚袋邢保膺；節度副使光錄大夫檢校司徒兼御史大夫上柱國廣平縣開國子食邑五百戶折從□□□□□；四鎮北庭行軍彰義軍節度涇原渭等州觀察處置押蕃落等使光錄大夫檢校太師使持節涇州諸軍事行涇州刺史兼御史大夫上柱國清河郡開國公食邑二千戶食實封二百戶張鐸建。

【题解】

宋建隆三年（962年）泾州刺史张铎重修善女庙记，由节度掌书记朝议郎试大理司直兼监察御史李莹撰文，随使右教练史兼都孔目官张霭书丹。清张元溁《泾州乡土志·坊》载："碑在城东北交龙山。碑今不存"。民国张维依据拓本收录于《陇右金石录》一书中。张维按："《泾州志》：善女祠碑在州北养贤里去城二十里，祠肇建于唐。旧志载之而未得其详。此碑则宋时节度掌书记大理司直兼监察御史李莹撰文。初于旧志见此碑，颇讶，其文简促不伦，既得拓本，乃知其减削过半，亟为录之，用存其真。碑高四尺，广二尺，凡二十四行，行四十一字，正文十八行。"张维所说在"旧志见此碑"，或指清张延福《泾州志》"善女祠记"所载，其内容仅为原碑之局部，后民国邹光鲁《泾川县志·金石志》仍从清《泾州志》所录，缺字甚多，故张维所录版本更全面，尤为可贵。其碑阴无考。文中"善女湫"坐落于今泾川县丰台镇湫池村，善女庙即因善女湫而得名。录文系编者依据《陇右金石录》所载完整录文及按语信息补充校勘，对于个别难以辨识的文字以□替代。

【撰者】

李莹，生卒年不详，宋代河南洛阳人。曾任殿中侍御史等职。

【书者】

张霭,生卒年不详,字伯云,宋代福建崇安人(今武夷山市)。初仕周为靳州刺史,宋建隆中除侍御史。

【注释】

[1] 隣:"鄰"字异体。
[2] 蔴:同"麻"。
[3] 餙:同"飾"。

灵台官匠款铜镜铭

【录文】

靈臺官匠。

【题解】

灵台官匠款铜镜出土于泾川县窑店镇公主村,今存泾川县博物馆,经文物专家鉴定铸于宋代。镜直径11厘米,厚0.2厘米。镜背中心为半圆形钮,钮外以两层正方形对腰套叠和一层圆形线环角套叠,线内阴刻规矩花卉纹,最外沿左侧刻"灵台官匠"4字,正书,每字0.5厘米见方。录文系编者依据原镜及图片资料校勘。

合水官匠款铜镜铭

【录文】

合水縣驗訖，官匠。

【题解】

合水官匠款铜镜系泾川县博物馆旧藏，经文物专家鉴定铸于宋代。镜直径15厘米，厚0.3厘米。镜背中心为半圆形钮，钮外为花卉纹饰，沿外沿"亚"形宽边内，铸有一圈0.2厘米大小的乳钉纹饰。"亚"形边左侧刻"合水县验讫官匠"7字，正书，每字0.8厘米见方。录文系编者依据原镜及图片资料校勘。

都统之印铭

【录文】

都统之印。

【题解】

都统之印，1964年出土于泾川县窑店镇公主村，同时出土陶罐、陶砚、铁制生产工具和生活用品及崇宁通宝等钱币若干。今存平凉市博物馆，经文物专家鉴定制于宋代末期。印为铜质，长方柱状钮，通高5厘米，重1.5公斤。印面为正方形，长、宽各6.3厘米，厚1.7厘米。有朱文九叠篆刻"都统之印"4字，印侧楷书鏨刻"都统印"3字。

金

大定三年敕赐宝峰院碑记

【录文】

勅賜寶峰院記

尚書禮部牒。

尚書戶部差安發賣度……社三十里寺僧□狀告見住持本……納訖合者錢貳佰貫文，首立寶峰院……賜□。

牒奉

勅[1] 可持賜寶峰院□牒□准。

勅故牒。

大定叁年拾壹月貳□□日，令史向昇，主事安□權郭。

奉議大夫行太常博士權員外郎劉。

中散大夫行員外郎李。

宣威將軍郎中耶律。

侍郎。

中奉大夫禮部尚書兼翰林學士承旨知制誥秀國史王。

原□無□時……高僧於其中間……釋迦住世，善施……之寺，今者□伏見……皇踰十代，奉於三……教度世上之僧尼。故……近□祠何謙之未……明主以方崇莫不……佛像頭低光臨於……其嘉名……。迄至今朝，方……聖澤之恩，纂千處……万年之聖壽者也。……皇恩而悠久常滋……斯翠琰芳流不朽……。

涇州感應……

先師……

前營……

助緣善友：張成，劉……

餅坊……

王……

仇彥中……

魏靖捨……

時大金大定拾……

昭信校尉□

承務郎徐□□。

【题解】

敕赐宝峰院碑系金大定三年（1163年）朝廷敕赐泾州宝峰院之记碑，从碑下方落款可知刊勒于大定十年以后。碑已佚，地方史志亦无载。碑拓现存于泾川县博物馆，是金代泾州宝峰院建置的唯一见证文物。拓本高134厘米，宽67厘米。碑头为半圆形，雕龙凤纹饰，中间分两行刻"敕赐宝峰院记"6字，篆书，每字约12厘米见方。碑中间部分为金代礼部制式行文，楷、行、草及美术字体兼具，大小不一。下部为题款和功德主名录等信息。录文系编者依据馆藏拓本校勘。

【注释】

[1] 勑：通"敕"。

承安三年泾州之印铭

【录文】

泾州之印。

承安三年十一月[1]，礼[2]部造。

【题解】

泾州之印制于金承安三年（1198年），1976年8月出土于泾川县城关镇袁家庵村，时参与水利工程建设的党原乡完颜洼村群众发现后上交泾川县博物馆收藏。印为铜质，长方柱状钮。通高5.3厘米，重量1065克。印面为正方形，长、宽各7厘米，厚1.5厘米，有朱文九叠篆刻"泾州之印"4字，每字2.8厘米见方。印背右侧錾刻"承安三年十一月"7字，左面錾刻"礼部造"3字，均为楷书，每字0.7厘米见方。

【注释】

[1] 十一月：现有资料多释为"二月"，有误。
[2] 礼：同"禮"。

都统所印铭

【录文】

都统所印。

【题解】

都统所印系 2012 年编者在泾川县城关镇的藏家手中所见，并钤得印拓一张，2015 年编者主持泾川县博物馆工作后再访已佚，该印应制于金代。印为铜质，长方柱状钮，通高约 5 厘米。印面为正方形，长、宽各约 7 厘米，有朱文九叠篆刻"都统所印"4 字，每字近 3 厘米。

元

泰定元年建筑构件题刻

【录文】

……

皇帝萬歲□泰定元年□月十三日□□。

泰定元年。

泰定元年七月十二。

月。

中。

東一。東四。東五。

西一。西三。西五。

……

【题解】

泰定元年（1324年）建筑构件先后于1985年12月、2001年3月分两批出土于泾川县飞云镇南峪村，今存泾川县博物馆。构件均为红陶质，其中红陶鸱吻、缠枝牡丹花脊筒、残云纹脊筒、云纹斗形饰件、龙纹脊筒、残龙纹筒、翼兽脊筒、蟾蜍脊筒、祥云牡丹纹脊筒、凤尾脊筒、三仙脊筒等构件上面均有时间或方位等题刻信息。纪年明确，工艺精美，是鉴定元代建筑装饰的标准器物和研究元代建筑艺术的重要实物资料。

明

正统六年韩王圹志

【录文】

志盖：

故韓恭王壙誌。

志石：

韓王壙誌

王諱沖𤊮，韓憲之長子，母妃馮氏。王生於洪武三十年九月初七日，永樂二年四月初四冊為韓世子，九年十月十五日襲封王，洪熙元年四月之國平涼。正統五年十二月二十二日以疾薨，享年四十有四。訃聞，深哀悼，輟視朝三日，遣官致祭，諡曰恭，命有司營葬事。妃韓氏，中兵馬指揮彬之女。子男五，範圯、範圳、範壑、範堮、範墅。女四。以正統六年十月初十日癸酉葬於平涼府涇州長壽里香爐山[1]之原。嗚呼！王以國家懿親，孝友恭儉，樂善循理，著聞中外，宜享多福，而止於中壽，豈非命耶！爰述其槩[2]，納之於壙，用垂不朽云。謹誌。

正統六年十月初十日。

【题解】

韩恭王圹志勒铭于明正统六年（1441年），今存圹志盖和圹志铭各一方。其中圹志铭镶嵌于泾川县文物管理所王母宫石窟寺院内的碑墙上，圹志盖曾长期藏于泾川县王村镇完颜村村民家中，2015年编者主持泾川县博物馆工作后同副馆长高建锋等在完颜村村民私宅外访得后，将其征集入馆。志石为砂岩质，宽、高各约64厘米。圹志盖四周为云龙纹饰，中间刻"故韩恭王圹志"，3行6字，篆书，每字10厘米见方。圹志铭共12行，满行23字，每字2厘米见方。录文系编者依据原碑石及拓本、图片资料校勘。

韩恭王朱冲𤊟系朱元璋第二十子朱松之第六子，乃二世韩王，也是第一个实际就藩于平凉的王，其共传十一王，计200余年。

【注释】

[1] 长寿里香炉山：清张延福《泾州志》记作"长受里"，系今泾川县王村镇。香炉山现当地群众称作九顶梅花山。

[2] 槩："概"字异体。

正统八年韩恭王夫人李氏圹志

【录文】

韓恭王夫人李氏壙誌

夫人李氏，祖貫大名府清豐縣望族。洪武庚午□九月初十日生，永樂十五年三月冊立恭王妃韓氏，上命選美人侍從夫人□□。正統五年十二月，恭王薨。長子開城王□□襲封先爵，夫人所生也。王念母恩，以封號奏請。正統八年九月二十五日，賜封韓恭王夫人未幾，本年十月初十日以疾卒，享年五十有四。聞遣□□□□□司營葬事，以是年十二月二十二日葬於平涼府涇州長壽里香爐山之原，祔於□恭王塋也。嗚呼，夫人之淑行懿德，雖深為王寵異，然□愈日謙抑。奉太妃盡孝事，韓妃尤謹此。所以篤生賢嗣，獲襲王爵。而夫人亦蒙褒封，正宜安享榮養，而遽至於斯年，亦其命耶！爰述其概，誌之於石，納之於壙云。

大明正統八年十二月二十二日立石。

【题解】

韩恭王夫人李氏圹志勒铭于明正统八年（1443年），曾长期藏于泾川县王村镇完颜村村民家中，2016年编者主持泾川县博物馆工作时，经上门动员后征集入馆。志石为砂岩质。高、宽各70.5厘米。刻文18行，满行21字，楷书，每字2厘米见方。另有圹志盖一方，或藏于党原镇私人藏家手中。录文系编者依据原碑石及拓本校勘。

成化十三年间钲增修泾州东城碑记

【录文】

增修東城記

西陝痛二邊之患，簡命重臣巡撫鎮守，有利於保民禦虜之務。從便宜行修理城池，尤拳拳加意，良以為保民至急務矣。涇要衝西北，脣齒周原。舊城創元至正十九年，規模狹隘，民居不瞻。成化丁酉秋七月，曹光文輝來牧，是州耆老史鑑率眾以告。光即請撫鎮藩臬咸可且嘉，兵備固原憲副嚴公親涖焉。且檄光總事，悉心殫力，督民築鑿，要接舊城，環展東南。涇之老稚偕踴躍相告曰："此所以保吾民而禦虜也。"趨事赴工者若歸市。工始於成化丁酉冬十月，越明年三月告成。圍三里，高二丈五尺有奇，隍闊、深丈餘。建門三：曰東盛，曰承熙，曰永寧。以至門閜[1]、敵樓、便舍之屬，罔不備具。於是聚廬爰處者實無虛地。

【題解】

清张延福《泾州志》载："明增修东城记，成化十三年（1477年），州人闾钲撰文。"民国张维《陇右金石录》载：碑"在泾川县城，今佚。"又按："泾州故城在泾河之阳，明初以水患迁治河阴，即古安定驿也。成化十三年知州曹光增修东城，而闾钲为之记。通志、泾志所载均非全文。"今未见存世拓本或其他资料记载，规格及完整释文等信息不详。录文依据《泾州志·艺文志》及民国张维《陇右金石录》校勘，纠正了《泾州志》手抄本中的书写讹误。

【撰者】

闾钲（1438—1500），字鼓之，明代陕西泾州人。成化进士，官至贵州右布政使，在镇压普安州土人女首领米鲁起兵时阵亡，赠礼部尚书。

【注释】

[1] 閜：《泾州志·艺文志》手抄本作"閜"，《陇右金石录》作"閗"，二者意近。

成化十四年闾瑛墓志

【录文】

故脩職郎閭君墓表

賜進士及第、翰林院脩撰、儒林郎會稽謝遷撰文。
賜進士出身、徵仕郎、中書舍人東陵楊一清書丹。
賜進士出身、奉政大夫、戶部郎中滎陽閭恕篆額。
君諱瑛[1]，字廷玉。世為陝西平涼涇州人。曾祖諱仲賢，仕元為延安郡守。祖諱斌，洪武間知山東膠州。父諱久敬，隱德不售。君少以俊秀選補州學官弟子貟[2]，攻詩經，剋[3]苦問學，儕輩咸推重之。屢應省司試不偶，志益厲。正統丁卯膺歲貢，春官中考，入太學卒業。景泰癸酉鴻臚序班鈌[4]，上諭大臣選太學生秀偉端謹者充任，君遂中選。六載，再考稱職，上錫之勅命，階登仕佐郎。又三載，秩滿稱考，遷蜀之保寧郡經歷，時成化乙酉也。君至郡，悉心殫力佐郡治。郡守時有難理之事，必委之君理之。曲盡下情，而不負公。久之，藩臬重臣咸稱君曰能。保寧屬邑曰江油，與夷為鄰，舊無城郭，民苦夷寇剽掠。藩臬議鑿池築城為障，乃檄君總其事，僅旬月告成。民不知勞，江油是以無患，而頌君之功不衰。越七年辛卯，子鉦領鄉薦。又明年壬辰，中進士甲科，君遂致仕還。乙未，鉦拜尚書戶部主事。今年戊戌，滿初考，天子將推恩褒封之，而君以疾卒于家，正月丙寅日也，壽七十。君性聰慧，多技能，尤精楷書、小篆。勤儉自治，至老而彌篤，亦恒以此訓其子。娶劉氏、崔氏，俱先卒，繼娶趙氏。子男六人，長曰鑑，任淮陰驛丞，次曰鐸，次即鉦，次曰銳，補州序廩膳生，次曰釗，次曰鎧，皆就學家塾。女三，長曰貴，適溫和，稷山邑尹；次曰玉，適魏京，州序生；次曰潔，未聘。君既卒，訃聞于鉦，將奔歸卜葬，乃求辭以表諸墓隧。嗚呼！君宦遊之蹟如此，進退之節如此，而又有子之賢如此，固不待表，而其名不可泯矣。書此以遺之者，聊以慰其子之孝思云耳。

　　大明成化十四年歲次戊戌冬十月吉日。孝子鉦立石。

【题解】

间瑛墓志勒铭于明成化十四年（1478年），今镶嵌于泾川县文物管理所王母宫石窟寺内碑墙。由墓主间瑛之子间钲勒铭，赐进士及第、翰林院修撰、儒林郎会稽谢迁撰文，赐进士出身、征仕郎、中书舍人东陵杨一清书丹，赐进士出身、奉政大夫、户部郎中荥阳闫恕篆额。碑石为砂岩质，高62厘米，宽68厘米。碑面四周为祥云纹饰，上部横刻"故修职郎间君墓表"8字，篆书，每字3.5厘米见方。正文26行，满行27字，楷书，每字1.5厘米见方。录文系编者依据原碑石及图片资料校勘。

间氏为明代时泾州望族，立石者间钲官至贵州右布政使，在平定贵州米鲁之乱中被杀害。明代间门人才辈出，在间瑛墓表中可窥一斑，其后人今多聚居于泾川县罗汉洞乡一带。

【撰者】

谢迁（1450—1531），字于乔，号木斋，浙江绍兴府余姚县人。明代中期著名阁臣。

【书者】

杨一清（1449—1530），字应宁，号邃庵，别号石淙，云南安宁人。明代名臣。

【题额】

闫恕，生卒年不详，河南荥阳人。明代大臣。

【注释】

[1] 瑛：清张延福《泾州志》载：间瑛，曾任大同知府。
[2] 負：同"員"。
[3] 剋：通"克"。
[4] 鈌：疑为"缺"。

弘治四年鼎形炉铭

【录文】

大明弘治四年，岁在辛亥伍月端阳日造。

【题解】

明弘治四年（1491年）鼎形炉原存泾川县文教局文物室，今存泾川县博物馆。炉为铁质，高95.5厘米，口径82.5厘米。盘口，束直颈，附长方形条立耳，耳端外撇，深鼓腹，三矮足，圆底。底部铸有三个大圆孔，口内折沿及耳内颈上均有一小圆孔。耳部饰凹凸边长方形框饰，耳框边饰双线花边。正面腹部浮雕莲花纹圆牌饰，其上阳铸"大明弘治四年岁在辛亥伍月端阳日造"，3行16字，楷书，每字3.5厘米见方。

正德元年释迦佛铜坐像铭

【录文】

正德元年六月初三日。

善人任一又張氏。

【题解】

明正德元年（1506年）释迦佛铜坐像今存泾川县博物馆。像高18.5厘米，底座宽10.5厘米。在造像背面底座部分铸有铭文6行，共16字，每行1至3字，正书，每字1厘米见方。录文系编者依据原造像及图片资料校勘。

正德十五年关公铜坐像铭

【录文】

經[1]州北作里劉家空康家店信士人羅聰、室人權氏，男羅景義、室人袁氏，羅敬得、崔氏；羅宅張氏，男佛僧、保僧。

正德十五年六月吉日造。

【题解】

正德十五年（1520年）关公铜坐像今存泾川县博物馆。像高29.5厘米，底座宽17厘米，重3114克。在造像背面底座部分铸有铭文11行，共52字，每行3至6字，正书，每字1.8厘米见方。录文系编者依据原造像及图片资料校勘。

【注释】

[1] 经：原文如此，应为"泾"之误。

正德龙耳铜方瓶铭

【录文】

大明正德年制。

【题解】

龙耳铜方瓶铸于明代正德年间，今存泾川县博物馆。瓶高46厘米，口径10.4厘米，底径11.2厘米。底部下方正中有长、宽约3.5厘米的朱文印章，篆刻"大明正德年制"6字，每字1.5厘米见方。

正德十六年康海重修泾州学宫碑记

【录文】

重修學宮記

予弘治甲子春謁師邃菴[1]先生於平涼，道涇州，值祀丁登拜，見廟學頹敝幾盡，今十有八載矣。涇學正張通、訓導李軻遺庠生李鷟來請曰："昔者子悲吾學之敝，今且無敝矣，曷記之，使涇子弟得誦說無斁。"夫郡學之始建也，蓋自洪武緣元舊跡而新之百五十年餘，故敝不可支焉。迺[2]今宋侯來守，鳩工掄材，經紀分次，可者新之，否者改之，工不踰[3]年，煥然咸備。夫飾舘[4]華傳，剝民以賈譽詔上者，志慮宜不及此。即上吏督責，或藉以啗[5]己，孰若宋侯殫心竭慮，務至無窮。若此，非夫人之所難，宋侯之所易乎？予不敢隱宋侯之高義，為序其事，以告涇之子弟曰：有明正德十六年，涇守太原宋灝、孟清修復廟學，材不費帑，工不老眾，建明倫堂，制度軒豁，可以經久。左右為三齋，為藏書舘，其前為門，曰禮門義路，後堂曰議道堂而改為號舍。凡三連一區，置射圃、觀德亭，規模弘遠。地舊為居民侵蝕者，悉歸諸學。崇墉巨限，後有奸者無能為也，豈徒為觀美無惠於涇之子弟哉！百工居肆以成其事，君子學以致其道。向者學敝士無以成學，今不徒為無敝而又壯麗可居矣。乃或無所用心於學，豈非宋侯之罪人哉！夫豐林浚川，鳥獸之所聚，而蛟龍虎豹出焉，何也？其所聚也。士大夫得學校之教養，所期以為聖賢而有益於天下後世，則奚豐林浚川之不如哉，亦各求其聚而已矣。予請與涇之士大夫子弟共勉之。

【题解】

清张延福《泾州志》载："明重修学宫记，在文庙。正德十六年（1521年）修，康海撰文。"民国张维《陇右金石录》以"重修泾州学宫碑"为题有录。称该碑"在泾川文庙，今存。"后佚，亦未见存世拓本，规格、碑阴等信息不详。录文依据《泾州志·艺文志》《陇右金石录》校勘，纠正了《泾州志》手抄本中的书写讹误。

【撰者】

康海（1475—1540），字德涵，号对山、沜东渔父，陕西武功人。弘治十五年（1502年）状元，授翰林院修撰。武宗时宦官刘瑾败，因名列瑾党而免官。以诗文名列"前七子"之一。著有诗文集《对山集》、杂剧《中山狼》、散曲集《沜东乐府》等。

【注释】

[1] 菴：同"庵"。

[2] 迺：同"乃"。

[3] 踰：同"逾"。

[4] 舘："馆"字异体，后同。一般情况下二者字义通用，古人指非饮食类馆舍时惯用"舘"。

[5] 啗：同"啖"。

嘉靖二十四年赵时春增修泾州西城碑记

【录文】

增修西城记

涇距塞僅千里，輕騎七日而至。城高不及三仞，隍僅仞，廣不及附庸之雉，稅鹽輸之郭。遭世承平，暍而不講，甚無[1]以副聖明苞桑磐石之至計。嘉靖丙午春三月，海濱[2]張髦士朝蒸守涇。越年，能紀綱其民，度時與力，可以築治，庀三之一，其工方尺。令曰："不以監病工，不以工厲民。民趨治役，如庀而止，得歸業。先而犟者慶，後而窳者罰。高廣深浚，視古加三之一，而贏稅鹽屬之城，毋為寇掠。"民知利病所暨，爭歡鳩役，畢四旬而竣。居者有保，行旅有歸。州人以為張守庸來徵余文，勒石以示永久。余自庚寅秋免夏官士，至丁亥秋而赴史召，與民居者十年。再為史職，歲三月而免，在民間者七年，其較民利病悉矣，而最深且鉅[3]者莫如城。公使之督修城者旁午於道，率不省城可否。但具印文取利賂而去，城不可完，賂不可止。上之嘉猷不下施，民之膏肉富私室，君子為之太息焉。茲涇之[4]民何幸而得張君哉！守塞列城數百，官吏文武依城而蠶食公私者滿萬，城如之何而可成，民如之何而不死，且盜虜如之何而不狂，且鶩以逆尊上也。徭稅里田[5]凡官之役如之何，而又肯廉於監城者以自瘠也。安得盡如張君者，舉而屬之，以療吾民之危苦乎！使予如之何而得已於言，不以哀鳴以號於世之大人仁者，庶其隱而救之也。嗟夫！予以無事而哀有事，世目為狂，遂再廢不振，今又指摘小民之困，呼噪以取罪，予之狂迷以至此哉！楚有狂夫，自投湘江，髮已被矣，漁者挽篙以救之，尚呼曰："勿救吾，吾哀秦師虜楚也,吾赴清流死矣。"卒溺焉。儒生有袒跣而行冬雪中者,或憫其凍,呼之使就燠,生不肯曰:"吾雪能阜吾民田,吾喜而賦詩,死[6]不苦也。"已而,僵手尚握厥詩。予之文,得無類此,將無為張君哂乎?君為海濱之霑化人,先翰林君教諭弟子,以甲午山東鄉貢守是州。熟余之狂者,自童稚迄今二十有七載矣。必哀吾之狂,以仁吾民乎[7]。

【题解】

民国张维《陇右金石录》载:"'重修泾州城碑',在泾川县城,今佚。"又按:"碑为赵时春所撰,《浚谷集》'重修泾州城记'作于嘉靖二十四年。《泾州志》则名为'增修西城记',当是一碑异名。文中亦有数字不同,今从《浚谷集》。"可见张维在著录时并非据原碑或拓本收录,该碑今未见存世拓本,规格、碑阴等信息不详。

录文依据清张延福《泾州志·艺文志》、民国张维《陇右金石录》、魏柏树《赵时春文集校注》三个版本校勘。但后者较前二者仍多出数字,考虑到《泾州志》所载更可能接近原碑定稿,且张维《陇右金石录》收录时已据《浚谷集》订正,故本次收录时,编者仅对《赵时春文集校注》中明显与前二者有差异的字句予以注释或适当采纳,同时纠正了《泾州志》手抄本中的书写讹误。

【撰者】

赵时春(1509—1568),字景仁,号浚谷,明代陕西平凉人。嘉靖五年(1526年)考中会试第一名,被选为庶吉士。历任兵部主事,因直言进谏被革职为民。后来被重新起用为翰林院编修,又因进谏再次被罢免。京师遭敌军侵犯时,他被重新起用,升任御史,巡抚山西。不久在广武遭遇敌军并战败,事后他被解除官职,返回家乡。赵时春读书擅长强记,文章风格豪放,是"嘉靖八才子"之一。著有《浚谷集》十六卷和《平凉府志》,均被收录于《四库全书总目》,流传于世。

【注释】

[1] 無:《泾州志》《陇右金石录》均作"無",《赵时春文集校注》作"亡"。

[2] 海濱:仅《赵时春文集校注》中作"濱海"。

[3] 鉅:同"巨"。

[4] 兹涇之:三字仅《赵时春文集校注》有录。

[5] 田:《赵时春文集校注》作"甲"。

[6] 死:仅《赵时春文集校注》作"良"。

[7] 以仁吾民乎:《赵时春文集校注》中,该句后尚有"遂详而志之"。

嘉靖二十七年赵时春重修泾州学宫碑记

【录文】

重修學宮記

昇平百八十載，維養維教，豐積而蠱，邊郡為烈，剔蠱致亨，實有諸人。肆維山東霑化張夫子來守涇，輯秩其民，已五春秋。顧宣聖之礼[1]殿荒穢弗治，學宮薦榛萎俎豆弗戒，思大振厥職，訓育是責。爰請俞所司飭五材、鳩群工，奔走奏技，上絢下鞏，肅肅明明，冠冕巍峨。時春密迩[2]鄉郡，兼成舊學，直衍師說，上告厥靈，下咨多士。曰：自秦始迄今，幾億代人有恆道，罔不惟聖是師。維周憊虛文，士放利於澆，率私己而厲民，厥究民病而身殃，天恫我民。誕錫宣聖，世為我師，演經萬數，曰仁則一，大哉仁乎！俾爾學子，端廼[3]好惡，謹節性情，以一氣通天地而不忒，故以一身建諸天地而無愧。少試則審心力以役長上，而老者以安；大行則敷施嘉猷以靖家邦，而少者以懷。咸歆風烈，尊曰師長，因範垂訓，稽為典實。斯以坐役羣動而民不告勞，億兆戴之以歡心，誠造仁之甌而握道之要也。是誠學孔氏以處孔氏之學，夫奚不宜。雖然勢致則反，物亢則害。昔者周文公抗成周，於唐虞而後為憊文，安知孔子之挽後世為東周，而學者不早以他術廁其間乎？故談性命，則實莊老；峻文法，則祖申商；規權利，則挾儀秦；嗜利欲，則倍饕餮。使異類反持之以議孔氏，是術之鶩戾而不仁莫甚焉。學孔氏者，寧不以為大憂乎，憂之云何？亦歸於仁而已矣。仁惡乎在，曰新諸吾心。仁非吾心乎，而胡以新為，非學者廁之以他術而後有新乎！夫新孔氏之宮，以待學者良有司上敷聖明之仁政也。斥去不仁之術，以新孔氏之道者，學者所以昭往範、啟後業之仁心也。敢表之以列於石，庶不仁者詘，而好仁者勵焉！張君名髦士，以嘉靖癸卯歲學於孔氏之鄉，而擢守是邦，曾及先翰林君之門。其佐判官劉倬，學正曾周、劉斅、蔣鈺、袁廷儒咸樂厥成。而太學生何汝霖、郭夢陽則職厥役者也。法宜備錄。

【题解】

清张延福《泾州志》载："明重修庙学记，在文庙。嘉靖二十七年（1548年），赵时春撰文。"民国张维《陇右金石录》以"重修泾州庙学碑"为题亦有录，称该碑"在泾川文庙，今存。"张维又按："此碑州志所载，与《浚谷集》多有出入，未得拓本，不知孰为刻石之作，兹从《浚谷集》录之。"故，本碑存有两种文字版本，一版为《泾州志·艺文志》所载，字数较多；一版为《陇右金石录》转录《浚谷集》所载，字数较少。今碑已佚，亦未见存世拓本，规格、碑阴无考。录文依据清张延福《泾州志·艺文志》校勘，结合民国张维《陇右金石录》、当代魏柏树《赵时春文集校注》所载，纠正了《泾州志》手抄本中的书写讹误。

【撰者】

赵时春，见前注。

【注释】

[1] 礼：同"禮"。
[2] 迊：" 遍 "字俗体。
[3] 廼：同"乃"。

嘉靖吕时中守道改建泾州城碑记

【录文】

分守關西道改建涇州記

道故建諸平涼，後之隴前撫臺賈公應春謂其悖焉，移檄復之平涼府涇州云，以鳳翔亦有按察分司也。平涼地廣而民獷悍，賦稅訟移屬之分守。又韓藩宗室蕃衍，中多驕橫恣睢，負逋奸民，或投匿壞法，禁郡守而下被凌踐，無論凡庶。故明彰軌度，揚厲風聲，宣示朝廷威德。咸分守道事初，分守參政李君冕經營之，以遷秩不果理。予承之，遂計費飭材，地卜諸州治東北。今撫臺唐公時英慮無一表，復發金作門坊、東西肆，稱完備。君子曰：制欲其宜於民也，不必便己，居欲其辨體以定眾也，不必崇麗。夫宣上澤，以答二公慮民之心，僕有志而未能也。

【题解】

分守关西道改建泾州记碑勒石于嘉靖三十三年（1554年）左右，吕时中撰文，书丹者不详。清张延福《泾州志》载："明守道改建泾州城记，隆庆时右参政吕时中撰文。"民国张维《陇右金石录》载："守道改建泾州碑，在泾川县城，今存。"后佚，规格、碑阴亦无考。据《泾州志·官师志》载，吕时中在嘉靖三十二年至三十五年（1553—1556）职分守关西道右参政，治泾州，此碑所记乃其任上事。故此碑应为"嘉靖时"吕时中撰文，而非"隆庆时"，张维按语有误。

张维又按："明史职官志分守关西道驻凤翔，分巡关西道驻平凉。此碑旧题'分守关西道改建泾州'，舆史、志异、通志：分巡关西道吕时中，直隶清丰人，是时中曾为巡道。然文中又有属之分守、分守参政语，或者明季分司复有迁移乎。录以待考。"录文依据《泾州志·艺文志》《陇右金石录》校勘，纠正了《泾州志·艺文志》手抄本中的书写讹误。

【撰者】

吕时中，生卒年不详，字以道，号潭西，明直隶大名清丰（今河南省濮阳市清丰县）人。嘉靖二十年（1541年）进士，嘉靖三十年（1551年）任陕西布政使参政，嘉靖三十二年至三十五年（1553—1556）任分守关西道右参政，治泾州。

隆庆四年药师佛铜造像铭

【录文】

隆慶四年正月初八日鑄佛一尊……

【题解】

明隆庆四年（1570年）药师佛铜造像今存泾川县博物馆。像高29.5厘米，底座宽13厘米。在造像背部正中下方至底座通刻铭文2行，底座下方有残损，每行残存6至7字，正书，每字1.5厘米见方。录文系编者依据原造像及图片资料校勘。

万历十二年铜佛坐像铭

【录文】

佛衣裹扬,永……

佛僧人明會等……

大明萬曆十二年六月……

【题解】

明万历十二年(1584年)铜佛坐像,今存泾川县博物馆。像高20厘米,底座宽14厘米,重1489克。在造像背部右侧铸有铭文3行,背部下方及底座有残损,每行残存5至9字,正书,每字1厘米见方。录文系编者依据原造像及图片资料校勘。

万历三十四年铜佛坐像铭

【录文】

萬曆三四年正月吉造。

鎮原縣要賢里[1]梁安氏。

信:張如宗、張氏、□氏。

【题解】

明万历三十四年（1606年）铜佛坐像今存泾川县博物馆。像高22厘米，底座宽13厘米，重1768克。在造像背部及底座分别铸有两方铭文，存26字。其中背部铸4行，每行3至6字，底座铸3行，每行2至4字，正书，每字1.7厘米见方。录文系编者依据原造像及图片资料校勘。

【注释】

[1] 要贤里：陇东地名多有"崾岘"之名，今庆阳市镇原县有"遥现里"，当系同一地名。

万历三十四年大日如来铜坐像铭

【录文】

□□造像。僧人刘[1]羲□。
恭造佛菩薩二身。三十四年。

【题解】

明万历三十四年（1606年）大日如来铜坐像今存泾川县博物馆。像高23.5厘米，底座宽14厘米。在造像背面底座部分铸有铭文2行，共20字，每行1至2字，正书，每字0.8至1.5厘米见方。录文系编者依据原造像及图片资料校勘。

【注释】

[1] 刘："劉"字俗体。

万历三十六年闫焌重修乾丰寺碑记

【录文】

碑阳：

重脩乾豐寺記

郡壹樸主人平齋閆焌撰，郡一考吏王天□篆額。

寺以乾豐名。乾，天也，天之雨暘時若，則年豐□□□感□基於□，抱一善而自天祐之。乾豐□□□□此創□於唐故五塚鎮南貳里許有遺碑，蓋其故址也。歷自明興以來□覺深□□□□里人以眾□不□，風雨且遠，弗便於□□，遂□□□觀音堂□於鎮之北隅□壁一機……是里人又□□□不眾□人靡□□敬而□□善

□偕僧湛遊招厥地……正殿三楹，易觀音像為佛三尊，諸天王十三忝列於殿之兩……規模較廣□望較□□□是殿后有僧□□□□原人，幼……乾豐而……殿……方丈□□□□□觀音閣……成……觀音閣□以……

碑阴：

同立碑。

女會：王永吉趙氏，王大清李氏，王撫民李氏，王永信李氏，王愛民高氏，王天慶劉氏，王天䆀王氏、孫氏，王永夏李氏，王安民張氏，王永斌劉氏，王喬付氏，王門曹氏，王門王氏，王秉趙氏，王紹何氏，王友粟吳氏、李氏，王辛高氏，王絜張氏，王勤陳氏，王謙張氏，王綱何氏。

西村社：何道湖、王養氣、王養性、王養浩、王語、王啟、王光、王樂、王遜、李登云、何尚君、楊欽、楊錦、文字安、文字真、王位、王彪、王行、王開、王運、何尚閏、王恩、王褒、王韶、王加、王可志、王可言、王□□、王資、王聚、王完、王訓、王高、王所、王□明、王庭、張勳、王山、何世宣、何世倉、王繼文、王玉珮、王繼安、王繼武、王繼康、王繼業、王繼禹、王繼商、王繼周、

王繼德、王繼泰、王繼庚、王士禮、王繼輔、王繼美、王仕秀、王三畏、王繼□、王□□、□□□、王資、王天玉、何天受、何應其、何應元、何世春、何世夏、何世新、何世林、何世行、何□……

祖師宗派：至善道法海、悟果圓性明、真如常湛然、方能妙覺意。

師靈光：住持僧明珠，兄明星、弟明鳳。徒真安、真宦、真寧、真定、真宝[1]、真官……助緣道文常松。塑畫匠楊世明。木匠白麟、何世啟。石匠韓登。泥水匠黃□□……

萬曆三十六年戊申，后[2]輩不忍者重修。碑立重陽吉旦。

【题解】

重修乾丰寺记碑勒石于明万历三十六年（1608年），现匍于泾川县丰台镇伍家村乾丰寺内。由间焌撰文，王天□篆额，书丹者不详。碑石为砂岩质，碑头为半圆形，通高140厘米，宽65厘米，厚19厘米。碑阳四周为波浪纹饰，文字多漫漶，刻文20行，满行39字，楷书，每字1.5厘米见方。碑阴除左下角部分剥泐外，其他文字相对清晰完整。共刻文19行，满行30字，楷书，每字1.5厘米见方。录文系编者依据原碑石校勘。

【撰者】

间焌，生卒年不详，明代陕西泾州人。

【注释】

[1] 宝："寶"字俗体。
[2] 后：应为"後"。

万历三十九年释迦佛铜坐像铭

【录文】

萬曆卅九年四月廿五日造。

法心人：化主曾[1]人真河。金火匠強啟志。劉[2]氏，張河匠，祁聚仲、男祁丁亥，祁聚行、男祁李生，劭氏、男祁韋生，□韋□，□韋□……

【题解】

明万历三十九年（1611年）释迦铜佛坐像今存泾川县博物馆。像高28厘米，底座宽12.5厘米，重1807克。在造像背部下方及底座部分分别铸有两方铭文，其中背部铸5行，每行3至4字，底座铸9行，每行2至7字，正书，每字1.4厘米见方。录文系编者依据原造像及图片资料校勘。

【注释】

[1] 曾：原文如此，应为"僧"。
[2] 刘："劉"字俗体。

天启三年铜佛坐像铭

【录文】

天啟三年八月吉日造。

【题解】

明天启三年（1623年）铜佛坐像今存泾川县博物馆。像高19厘米，底座宽10厘米，重780克。在造像背面腰部铸有铭文2行，存9字，每行4至5字，正书，每字1厘米见方。录文系编者依据原造像及图片资料校勘。

天启五年丁母樊孺人墓志

【录文】

志盖：

明丁母樊孺人墓誌銘。

志石：

故丁母樊孺人墓誌銘

賜進士第□翰林院孝[1]士、眷生鄭國[2]昌撰文。

長邑庠生、外孫魏國相篆盖[3]。

涇庠增廣生、眷晚生景星書丹。

按狀，孺人姓樊氏，耆氏□□之女，母□生而真靜，父不輕字人。因擇配得南槐子公甸妻之，孝纘□□□於于歸，佐夫庀所□政□利□而坐□之，伸縮歛散，不遺銘銖。宜固由□甲蜀中，兩子餞行于□邑，公以高貴□姓得獲□□，握

□□□力居□也。公□□孺人□焚□□霜□□泊□□□□□全□土室于□左，冬夏□涼者□□□□□□□□□□□□□□□貧土望恩者無虛日，孺人省□經□以應公之厭，其意且見庶□，三□如己出，其他母儀□銘，未易更僕數[4]也。□□、二長、三俊，援補弟子□□□大□未□而□，娶張□□□□□讀，娶楊氏，生□□丁元會，尚稚。繼娶李氏、周氏，□□□□生孫一，臘哇出。次子籥□，□□娶魚氏，生孫二，□□□□□公車□□□□生子三，曰□、曰聰、曰明；女二，□□□□□，一適武庠生□□□□。孺人甘□□□之□儷文不□□眉者。天啟三年三月初八日□終，距嘉靖十三年正月三日，享壽九十有二，天啟五年十二月十二日卜窆于平涼之踢□□夫也，子籥俊乞銘于余，余敬撰其大□□誌為□以銘曰：

懿哉孺人，德□流□。□茲□□，長發其祥。鍾□□□，萬代彌芳。

【题解】

丁母樊孺人墓志勒铭于明天启五年（1625年），2018年出土于泾川县飞云镇老庄村民宅工地，编者一行将其带回泾川县博物馆保存。有墓志盖、墓志铭各一方，多漫漶。由翰林院学士郑国昌撰文，长邑庠生魏国相篆盖，泾庠增广生景星书丹。志石为砂岩质，正方形，其中志盖顶部为梯形，宽高35厘米，志石宽高45厘米，厚8厘米左右。墓志盖正面四周为波浪纹，间以花卉纹饰，中间刻"明丁母樊孺人墓志铭"，3行9字，篆书，每字9厘米见方。墓志铭正面四周亦为波浪花卉纹饰，刻文23行，满行23字，楷书，每字1.5厘米见方。录文系编者依据原碑石及拓本校勘。

【撰者】

郑国昌，生卒年不详，字游圣，明代陕西邠州（今陕西彬县）人。明代大臣。

【注释】

[1] 孛："学"字俗体。
[2] 囯："國"字俗体。后同。
[3] 盖："蓋"字俗体。
[4] 数："數"字俗体。

释迦佛铁坐像铭

【录文】

平凉府泾州六盤里[1]黄……、蟒[2]廷□……発[3]心僧人道□、吴太、吴□、吴唐……吴萬……吴釗……吴玉亮……高□□……高洪、高……高端、高……高文來……刘[4]董恩……石經周、高……王涼□、王僧……王壬□、孫……翟文皋、翟……

【题解】

释迦佛铁坐像今存泾川县博物馆，其造像风格经文物专家鉴定为明代。像高

52厘米，底座宽37厘米。在造像背部下方底座部分铸有铭文20行，每行残存2至6字，正书，每字2厘米见方。录文系编者依据原造像及图片资料校勘。

【注释】

[1] 六盘里：在今泾川县丰台镇一带。

[2] 蟒：稀有姓氏。

[3] 発："發"字俗体。

[4] 刘："劉"字俗体。

铜佛像铭

【录文】

大明國陝西平涼……涇州原店……堂住持……□亡故，今……徒性玄、性……助緣僧……明海圓……功德住……朱世福、魯……陳會、范氏……閆光顯、完氏……史策、楊氏、朱雨……史□、史吉、史氏、史……、史可等、史克……騫蒼，信女史……楊門溫氏……符求……如……令□……伏願……方……大……薛……□□香……

主僧……

【题解】

铜佛像今存泾川县博物馆。像为黄铜质,通高72.5厘米,宽45厘米,坐姿。铭文铸于铜佛底座后部,底座下端部分残损,铸文约20余行,楷书,每字1.5厘米见方。录文系编者依据原造像及图片资料校勘。

大日如来铁坐像铭

【录文】

僧:園會。

平涼府涇州六盤里[1]黃……仇景化、王生□、黃付村、蟒[2]廷□、発[3]心僧人道□、喬□才、張氏……王氏、張氏……王仲義、高……孫玉、□爵……吳氏……男蒲倉……男王鳳、男王……楊北監、程氏……李錦隆、男……

【题解】

大日如来铁坐像征集于1969年9月,今存泾川县博物馆,其造像风格经文物专家鉴定为明代。像高54厘米,底座宽34厘米。涂金彩绘,坐姿。在造像座后铸有铭文15行,残存65字左右,每行2至6字,正书,每字1.7厘米见方。录文系编者依据原造像及图片资料校勘。

【注释】

[1] 六盘里：在今泾川县丰台镇一带。

[2] 蟒：稀有姓氏。

[3] 発："發"字俗体。

观音菩萨铜坐像铭

【录文】

張君愛。

【题解】

张君爱造观音菩萨铜坐像今存泾川县博物馆，其造像风格经文物专家鉴定为明代。像高22厘米，底座宽13.5厘米，重897克。在造像背部下方铸有"张君爱"3字，正书，每字1.4厘米见方。录文系编者依据原造像及图片资料校勘。

命长富贵铜镜铭

【录文】

命長富貴。

【题解】

命长富贵铭铜镜，出土于泾川县泾明乡苏家河村，今存泾川县博物馆，经文物专家鉴定铸于明代。镜直径9.3厘米。镜背中心为半圆形钮，钮外四个方框内阳铸"命长富贵"4字，正书，每字2厘米见方。

喜生贵子铜镜铭

【录文】

喜生贵子。

【题解】

喜生贵子铭铜镜系泾川县博物馆旧藏，经文物专家鉴定铸于明代。镜直径11.8厘米。镜背中心为半圆形钮，钮外四个方框内阳铸"喜生贵子"4字，正书，每字1.8厘米见方。

清

康熙四十三年张寿峒月见和尚塔记

【录文】

月見和尚塔記

巳卯之春，余有事於鳳翔因取道□涇邑汭水之濱，見夫叢林□薄，□僻而幽，有所謂白馬寺者。櫛沐之餘，□往遊焉。其寺僧號月見者，喜余至而烹茗以留之，維時接其□采，覺儀度軒昂，絕不類於庸閣卑茸之流。及與之語，然後知其為京兆咸寧人也，蓋其削髮披緇，雲遊參學者固已有年。嘗安禪於吾郡之南郊保國寺焉，後復移居於崆峒之靈龜臺。其師□主禪師圓寂以後，始□錫於茲土。凡邑之故老學士，皆樂與之遊為□□。其生平蓋倜儻不羈，真率而不阿者也。且謂其慷慨，然□周貧恤匱，有名豪士之風焉！夫□師之為人如是。以視夫今之托鉢行乞、登堂說法者迥不侔矣。今歲於其梵刹之南，預建一塔以為藏骨之所因，乞余言以為之記。□一生死、齊壽夭，浮屠氏之學固已有然。獨是俗情多鄙，牛首之涕，峴山之嘆，古之人亦往往有之。苟非其胸次澄澈，卓乎有見，誰不至如世俗之營營。然後□□風塵，而要□骨山送老之說。或亦不能無諱，況師之年且□□於文已哉。逝水滔滔，浮雲冉冉，是蓋能於天地之外，別覓夫乾坤者。□□夫馳驅□□□□□□□城郭□兵，固結於胸□精役神，至老死不□，雖屬纊而猶不悟□□□師□□夭而為師之所憫者幾希。余既重其為人，復慕其曠遠，而不為生死之累也。乃欣然爰筆而為之記，且為□頌曰：

陰陽摩盪，杳□煞兮。□壽群生，幻行隨聚。四序推遷，茫茫海宇。□蛣春秋，蜉蝣朝暮。百年□□，同歸朽腐。師其達者，豁然有悟。一切不□，高搴其羽。開□□偈，蕭然風雨。既不開堂，亦無法什。插柳栽花，烹葵□芋。茗椀爐烟，悠遊自足。□□生死，能知其故。營茲壽域，以終厥□。不□戚於生前，自坦夷於末路。或亦自得其天，無慚夫朝聞夕可，而逍遙□步他年之瞻拜影堂、憑吊浮屠，仰清操、慕盛德者諒必有感予言而樂為之□。

賜進士翰林院庶吉士知政和縣事張壽峒撰。

旹康熙歲次甲申仲夏日凝菴居士記。

府庠生梁朝輔書。

【题解】

月见和尚塔记刊铭于康熙四十三年（1704年），原石已佚，地方志书亦无载，仅存拓本于泾川县博物馆。拓本高51厘米，宽67厘米，刻文28行，各行1到27字不等，楷书，每字1.5厘米见方。录文系编者依据拓本图片校勘。

【撰者】

张寿峒，生卒年不详。平凉人，字鹤峰。康熙三十年（1691年）会试为进士，授翰林院庶吉士，又调湖南衡山县、福建政和县知县，后升湖北荆州府同知。

【书者】

梁朝辅，泾州府庠生，史书无载。

康熙苏氏李氏墓志

【录文】

百尺高崖，千秋大節。山為爾青，水為爾潔。爾心非石，我筆似鐵。為爾追強暴之魂，為爾攝逆賊之魄。爾之骨松柏同芳，爾之名日月斯揭。憶世之華服便利者百千萬人，誰是爾之轟轟烈烈。

【题解】

苏氏李氏墓志碑今已佚，碑文原载民国邹光鲁《泾川县志·金石志》，由清泾州知州阎周淳竖碑表墓，规格等信息无载。录文系编者依据《泾川县志·金石志》

校勘。清张元漆《泾州乡土志》载："苏氏、李氏，妯娌也，王辅臣之变，二氏俱被掳至南石崖，骂贼坠崖，同赴水死。"

【撰者】

阎闾淳，开封府杞县（今开封市杞县）人，康熙二十年（1681年）任泾州知州时曾主持重修州判署，在多地任职皆有惠政。

雍正元年王振耀墓志

【录文】

志盖：

故父生员王公墓誌銘。

志石：

清顯祖考生員王公墓誌銘

吏部候銓教職、眷弟張鵬程撰文。

吏部候銓教職、眷弟李榮書丹。

涇庠生員、眷弟魏耀先篆□。

公諱振耀，字丕卿，居涇州，原籍□寧里人也。其曾大父諱乾，涇庠生。大父諱繼寵，隱於農圃。父諱良□，字相宇，由經商底員外，娶史氏，出公昆季，同株三桂。公為長，早列□□，初中遊泮，年老歸林。仲公諱振家，字光庭，涇庠明經。季公諱振□，□□庭，府庠明經，俱以候銓。季公長子，余之婿也，結姻歷有年，所以□□之履歷行狀，有竊聞習見者。公秉姿秀雅，賦性醇良，志耽儉□□□□富貴，芥目功名之檠。粟可千種而膏粱不嗜，衣能百章而文□□□。疾紛華，厭侈靡，每鄙泥沙之費，常惜錙銖之艱，益不屑以驕□□□風也。至持行必謹，秉禮惟嚴，承順高堂，和樂手□次言子弟□□□□侄男賢善，蓋不沒人，長以勸勵子孫也。迨晚甘□□□□□□□□人，平易接物猶有足多者。公元配史氏，係母君疎族女也，□□□□士，配蕭氏，公逝未及小祥，隨以疾亡。仲男儒士，府庠生，配李氏，係貢士諱榮女也。季男信士，儒童，配景氏，係吏員諱弘仁女也。侄男俊士，授吏員候銓。次傑士，授例貢候銓，仲公出。余婿偉士，列府庠食廩餼。二少，名普兒、普桂，俱業儒，季公出。女二，長適庠生劉諱崇□，次適增廣生劉諱承漢。男孫五，長名舉，仲科兒，季小科，俱蕭氏出。□□，李氏出。玉長，景氏出。公係庚子相，生於順治十七年八月初六日，□年六十三歲，於康熙六十一年十月二十五日戌時壽終正寢，茲雍正元年十二月十五日卜兆於北山東崦之陽塋地安厝焉。是月朔前，屢錫公以叔命邀飲，祈余一言以誌。余喟然不揣菲陋而僭，妄為此銘。

銘曰：涇流之曲，北岯之陽。卜兆擇地，塋得吉方。山環水抱，氣聚風藏。碩人安厝，兆瑞發祥。金蘭留蒂而毓秀，玉樹待時以流芳。子孫繁衍，百世榮昌。

孤子儒士等、承重孫舉等仝泣血立石。

【题解】

王振燿墓志勒铭于清雍正元年（1723年），今存泾川县博物馆，有墓志盖、墓志各一方。由吏部候铨教职张鹏程撰文，吏部候铨教职李荣书丹，泾庠生员魏耀先篆盖。志为砂岩质，志盖为正方形，长、宽各57厘米，厚12厘米。盖面四周为波浪纹饰。分3行双钩阴刻"故父生员王公墓志铭"9字，篆书，每字10厘米见方。志铭已断裂为三，高59厘米，宽56厘米，厚9厘米。志面四周为波浪纹饰，27行，满行26字，楷书，每字1厘米见方。录文系编者依据原碑石及图片资料校勘。

乾隆李瑾百泉东岳二郎庙碑记

【录文】

百泉東嶽二郎廟碑記

民之有資於神者，春祈谷而秋報享，非徒事酒醴笙簧之文也。亦以神上承昊蒼，下膏元元，徼惠蒙休，夫是以昭事翼翼也。涇西十八里百泉溝，有東嶽二郎之廟，創建不知始於何時，其移於東山之麓，則村民朱茂謀於眾而遷之也，碑記詳之矣。是山也，既以磽埆，外為寰宇，敞無垠堮，以居神祇。涇水則右走，回巒復前橫。霽景含日，晚霞五彩而丹青；韶望卷雲，春臬[1]一色而凝黛。抱景含虛，地靈磊落，洵神聖之所棲止也。今覩[2]其清明若空，皎晶如練，澹泞沖融，則見嵬如者廟神者妥焉，翼如者所祀者止焉。宵宵燺燺，奕奕堂堂，隨佳氣之蕩欝[3]，攸而上蒸矣。夫山矗矗直如群峰，昂昂英如廟貌，莊嚴靜肅，潔如出雲，雨殖百物。然則東山之訖廟功，非即以答神休耶。矧百泉為涇勝地，吹鳳降於神仙，濯龍走其車馬，蟬聯相接，東與共池、瑤池交暉互映。則夫二聖之有靈湫，其所以沛甘霖、繁百穀、降瑞倉[4]祚、愷悌生民者，又寧有既乎哉。聞東嶽為五嶽之尊，郎神專河海之司。漢胡穎經略廣東，唐狄仁傑巡撫江南，奏毀淫祠夥矣。實未聞廢二聖之祠，謂非二聖之赫聲濯靈、赤銳煌煌，乃以延慶於長久乎？今改基飾廟，靈有攸齊，庶惠風及雨，佑我蒸民也！因援筆為記，而附於碑陰之後。

【题解】

百泉东岳二郎庙碑今已佚，亦未见存世拓本，规格等信息不详，录文原载清张延福《泾州志·艺文志》，民国邹光鲁《泾州县志·金石志》，撰文者李瑾。李瑾于乾隆十六年（1751 年）就任泾州州判，故此碑刊立时间在 1752 年左右。从碑记文末可知，此为该碑之阴，碑阳或记村民朱茂谋率众迁移二郎庙于百泉东岳之事。百泉位于今泾川县王村镇，泾州八景之"百泉漱玉"在其境内，二郎庙今已不存。录文系编者依据《泾州志·艺文志》《泾川县志·金石志》校勘。

【撰者】

李瑾，生卒年不详，清代山东武定府沾化县（今滨州市沾化区）人，任泾州州判期间与知州张延福在乾隆十八年（1753 年）共同编纂完成了《泾州志》。除本碑撰文外，在泾川尚留有《高峰春雨》《秋日登宫山》《秋日登高峰》诗碑。

【注释】

[1] 皐："皋"字异体。

[2] 覩：同"睹"。

[3] 欎："鬱"字俗体。

[4] 畣：同"答"。

乾隆十八年魏晋墓志

【录文】

志盖：

皇清顯考吏部候銓訓導魏公墓誌銘。

志石：

皇清顯考吏部候銓訓導魏公墓誌銘

吾父諱晋[1]，字紹宗，乃吾祖繼漢公之子、吾叔辛酉科武舉諱曾[2]之兄也，生於康熙貳拾壹年柒月初六之未時。幼入庠，壯食餼。至乾隆戊午而貢成均，考驗[3]後候銓訓導職。歷配四，生子五，餘俱逝，僅存者為不肖一人。已而獲疾，遂終於乾隆庚午年二月之朔有四日也。越三載，癸酉秋朔六日卜葬於城東郭高峰山麓下之老塋。此吾父之始末而瀝淚可言者。至若由吾父而推，凡各母氏姓以及姑舅世族槩不贅舉。而吾父叔之諱字上，原祖考不得不明，言者則又非不肖所敢註焉！轉以其事懇友，余友李君因填諱之請，遂感而銘諸後云：

銘曰：氤氳兮藹空，離城兮郭之東。哲人兮安處，虎舘兮龍宫。涇水環流兮浩蕩，回峯面峙兮嵷巃。看發祥兮衍慶，在後嗣兮無終窮。

畣[4]乾隆十八年八月初六日，不肖男鱗瑗泣識勒石。

涇庠增廣生賀寵篆蓋。

涇學生李浴填諱並著銘書丹。

【题解】

魏晋墓志勒铭于乾隆十八年（1753年），2022年4月出土于泾川县城南山（高峰寺山）下项目工地，今存泾川县博物馆，有墓志盖、墓志铭各一方。由墓主之子魏鳞瑗撰文，泾庠增广生贺宠篆盖，泾学生李浴著铭并书丹。志石为砂岩

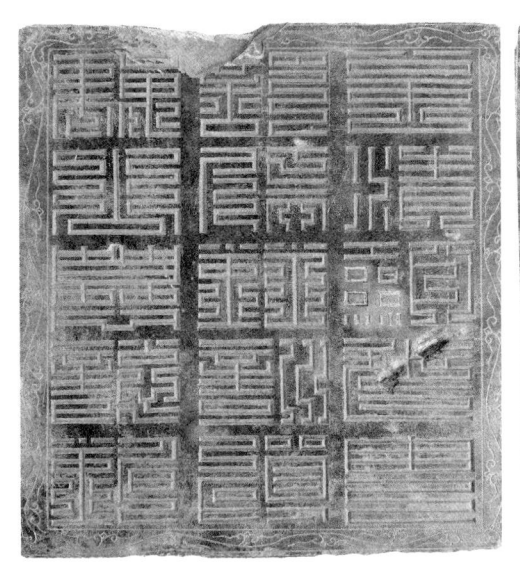

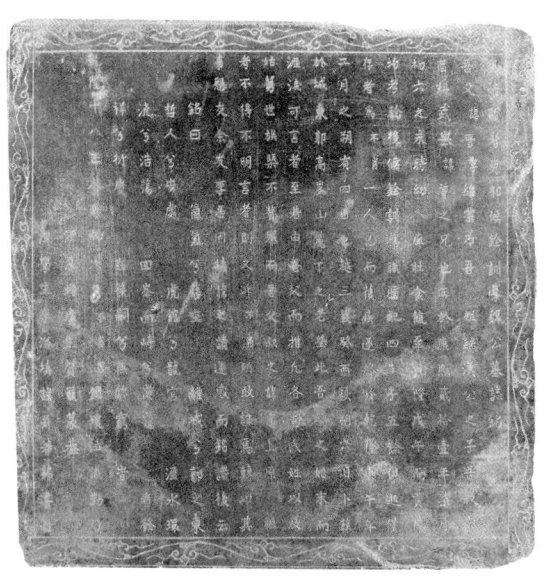

质，正方形，宽、高均 54 厘米，厚 12 厘米。墓志盖正面四周为如意云纹，中间刻"皇清显考吏部候铨训导魏公墓志铭"，3 行 15 字，叠篆，每字高 8.5 厘米，宽 14 厘米。墓志铭正面四周亦为如意云纹，刻文 19 行，满行 19 字，楷书，每字近 1.5 厘米。录文系编者依据泾川县博物馆提供的高清照片校勘。

【注释】

[1] 晋：魏晋，乾隆四年岁贡。清张延福《泾州志》有载。
[2] 曾：魏曾，乾隆六年武科。《泾州志》有载。
[3] 騐："验"字俗体。
[4] 旹："时"字异体。

乾隆三十九年赵苟五塚村重修乾丰寺关帝庙碑记

【录文】

五塚村重修乾豐寺、關帝廟碑記

距州城廿五里，有村曰五塚，樹林翁鬱，州火密稠，有古名村風焉。其村之北有曰乾豐寺，村之東有曰關帝廟，相去不遠。寺建於明嘉靖二十九年，傳襄陵王奉旨勅修。其基址寬闊，莊嚴輝煌，迥非他寺所能及焉。廟亦建於明崇禎末年，規模差狹於寺，而神之威靈則固彰明較著也。村人歲時伏臘，向二處必恭敬，止以告慶焉。但以代閱兩朝，年經二百，其間兵燹數歷，風雨敨錯，有岌岌乎不能永持者。村人念一方之呵護，猶新前輩之馨香如在，群起而重新之。更移寺於帝廟一處，廣其崇墉，隆其儀壯，盛其明禋，托始於三十八年閏三月，落竣於三十九年三月，不煩廣施遠募而功成於不日。則信乎？有默默相之者矣。僉曰：凡人靡不有初，鮮克有終。請勒始末於石，以垂永久。爰丐序於余，余曰：凡享廟祀，必有功德於民者，故祭法曰：法施於人則祀之。聞佛慈悲感應，法力宏通，其施於民者想亦無邊，而國朝鼎新以來，其崇奉尤隆。凡茲臣庶，孰敢外焉。至帝君丹心，浩氣洋洋乎，如日月之經天，江河之行地，無處不蒙其庥，無人不致其敬，則固無俟余之贅言矣。今眾等合舉而修之，有三善焉，以迓神庥，以承先志，以勵[1]繼嗣。行見五塚村，更滋繁盛云，是為記。

涇州廩膳生員趙荀薰沐敬撰。

本境增廣生員王羽儀沐手敬書。

會首：王增壽、王灘[2]、王家良、王大畧[3]、王紹康、王家麟、王鷟、王增勤、何乃豐、王欽、王夫亮、王喜榮。

農官：王邦直、王增廉、王三傑。

木匠：何楷、何桂、王敦綱、何桐、何生永、王敦祥、何柏、王敦田、王秉清、何生明。

畫匠：成章、完顏隨、趙林沖。

石匠：王士德。

時乾隆歲值於午也，月居於辰也，日次於寅也。

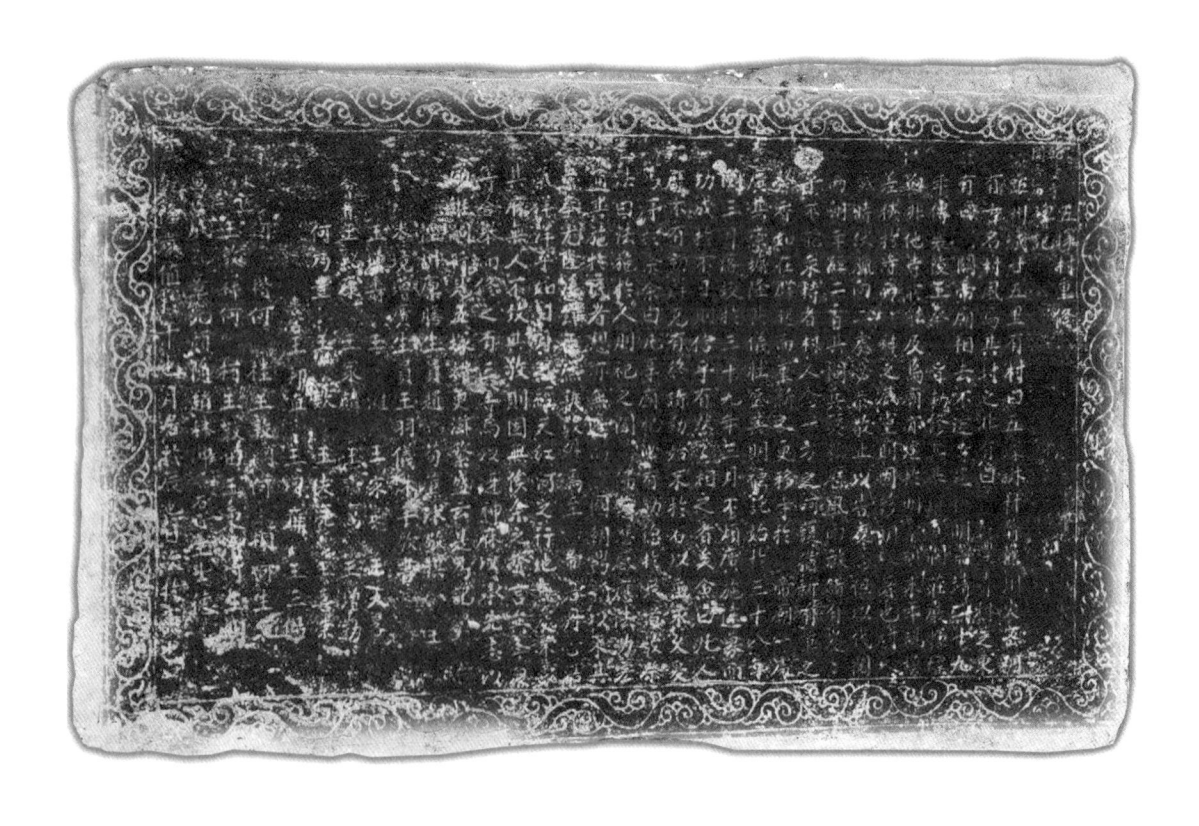

【题解】

重修乾丰寺关帝庙碑勒石于乾隆三十九年（1774年），今镶嵌于泾川县丰台镇伍家村乾丰寺主殿墙上。碑石为砂岩质，高56厘米，宽90厘米，厚8厘米。碑面四周为波浪纹饰，刻文35行，满行19字，楷书，每字1.5厘米见方。从碑文可知，乾丰寺建于明嘉靖二十九年（1550年）。据该寺同存的明代重修乾丰寺记碑记载，万历三十六年（1608年）已有一次重修，故此碑记载的是可考的第二次重修。录文系编者依据原碑石及图片资料校勘。

【撰者、书者】

撰者赵荀，系泾州廪膳生员；书者王羽仪，系泾州增广生员。其他未详。

【注释】

[1] 励：同"勵"。
[2] 滩：同"灘"。
[3] 畧："略"字异体。

乾隆重修□□庙碑记

【录文】

□□廟碑記

重修……

閑嘗閱……三教祖師、玉皇大帝為……寺鑄諸……三教、玉皇並羅漢十八尊……慶寺是以宮殿……亦莫不然，工程……彼眾畿士屬予……詳列施艮[1]……山主葉……

會首□創基……

會首趙虎……

會首趙居朝……

會首田潤……

會首田進受……

會首楊登春……

會首趙志……

會首田夫信……

會首趙居興……

會首監生閻繼元……

會首閻仁朝……

會首楊登興……

會首田興……

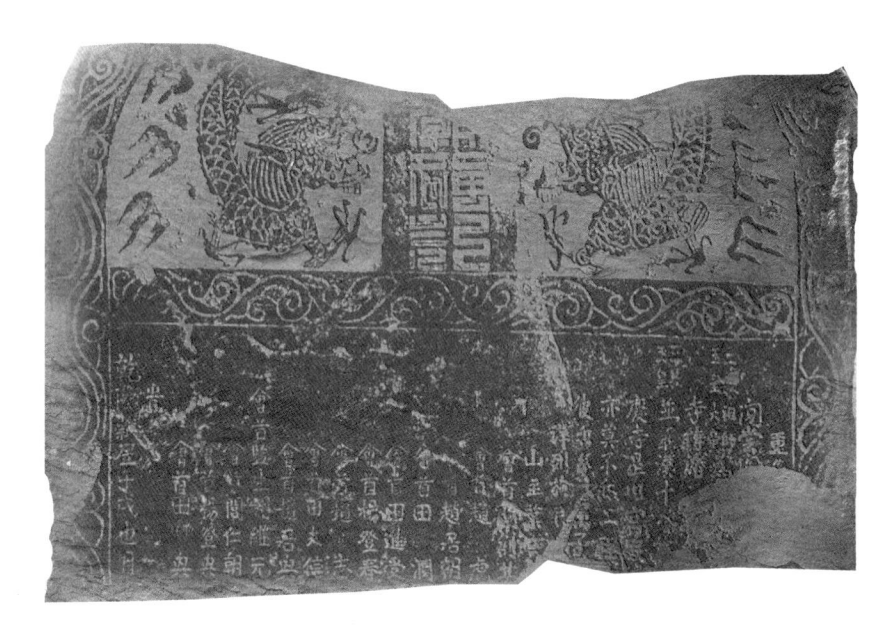

峕乾隆欵[2]㞐[3]於戍也，月……

【題解】

重修□□庙碑勒石于乾隆年间，今存泾川县红河乡杨家沟沟口永庆寺内，撰文、书丹者不详。碑石为红砂岩质，碑头上部及碑身下部已残，残高约46厘米，宽67厘米，厚14厘米。碑头为双龙祥云纹饰，正中碑额应为5字，现仅余"庙碑记"3字，篆书，每字5厘米见方。碑面周边为波浪纹饰，存文25行，行最多十余字，楷书，每字1.5厘米见方。录文系编者依据原碑石及图片资料校勘。

从仅存文字，无法判断重修者为何庙，但文中所记"……庆寺"当为"永庆寺"，重修庙宇与永庆寺应为一组建筑群落。该碑与同存于永庆寺的"移修永庆山诸神庙碑记"题名中的姓氏和字辈相一致，但却无重名，可见乾隆时此次"重修□□庙"和"移修诸神庙"在时间上相去不远，应是当地同辈不同龄的大户人家积极参与的两期重修。

【注释】

[1] 艮："银"字俗（讹）体。

[2] 欵："款"字异体。

[3] 㞐：同"居"。

王曲北作二里发心幢题刻

【录文】

王曲北作[1]弍[2]里発[3]心。

【题记】

王曲北作二里发心幢于2016年编者主持泾川县博物馆工作时，和副馆长高建锋等在泾明乡雷家沟村南坪一带访得并征集入馆。幢石为砂岩质，圆柱形，高约100厘米，周长约40厘米，其中一侧的平面上，上部雕刻花卉和山纹等图案，下方为阳刻"王曲北作二里发心"8字，正书，每字不足10厘米，另一侧无文字。录文系编者依据原刻及拓本校勘。王曲、北作二里系清代时泾州乡镇名，清张延福《泾州志》等方志均有载。

【注释】

[1] 王曲北作：泾川古地名，"王曲"里在今窑店镇，"北作"里在今泾明乡，二里毗邻，处于塬、川结合地带。

[2] 弍：同"二"。

[3] 発："發"字俗体。

嘉庆十三年龙盘李氏世系家谱碑记

【录文】

其一：

龍盤李氏世系家譜碑記

李氏家譜，譜李氏之族也。李氏之族由來已久，有唐以來，族大昌盛。高祖始受隋禪，追封老子為元元皇帝，明有本也。太宗嗣立，大封功臣，凡有丕烈於

朝者，賜御姓以尊親之。如徐勣、李勣之類，盛其枝也。以故族氏繁衍洋溢于天下，而要之系出太原者為正派。龍盤李氏，余素聞山西洪同人也，其去太原為較近，抑或其正派與[1]？其先始祖晚明之世宦遊來涇，既而退老，無志寧歸。遂卜居於邑東七十里之龍盤庄[2]，蓋山明而水秀，誠吉人之佳第也。迄今世過十一、年逾二百，子孫繩繩，世勤耕讀，豈非其根深者枝茂，源遠者流長。與余聞之，生而正直者沒必為神。李氏之祖，其生也尊榮，其卒也神異，壽終之日不疾而亡。祖母視之，倏爾並逝，端坐如生，固神異矣。乃僕人、侍女以及所乘白馬亦繼[3]緒而死，此其羽化登仙以視。夫老子之騎牛過函關，明皇之乘龍遊月窟，不尤神異中之神異哉！爰是建立祠堂，永祀蒸嘗，世世相沿，春秋匪懈。後裔孫廷召、君聖、君賢等，念祖宗之積累，慨家廟之零落，同心協力，重新殿宇，思勒石以紀其始終，並序次以列其昭穆，此固木本水源之雅意也。因囑余以為記，余愧無博古之識，直指其源流，因念同宗之誼，聊陳其分派。是耶非耶，必有能辨之者。每見昔人追遠之文若合一氣，未嘗不臨文稱羨。慨想于積厚者流光，固知歌功而不及過，頌德而不念惡者，仁人孝子之心，千古一轍也。嗟夫！後之視今亦猶今之視昔，知我罪我，寧暇逆計哉！但使世世子孫守家廟於勿替，避祖諱而不犯，其亦正本清源之小補云爾。是為記。贊曰：

李氏之族，派自皇唐。李氏之祖，系出晉陽。晚明宰涇，休有烈光。生則不凡，死也非常。一時羽化，千秋留芳。慶衍後裔，長發其祥。建祠勒石，永誌不忘。

重脩祠堂、重立家譜人等：業儒李廷召書冊，李君明、李君麟、李廷瑞、處士李君聖、李自勤、李廷道、禮生李君賢。

旹大清嘉慶拾三年歲次戊辰菊月二十七日，闔族敬立。

其二：

蒸嘗永祀

丕烈追前代，鴻庥啟後人。

第一排：

始祖白馬旋風神位，原配張氏神位；

太祖諱登雲、字凌霄神位，原配魯氏神位；

大高祖諱如槐、字近泉神位，原配□氏神位，繼配史氏神位；

二高祖諱如秋、字旺泉神位，原配張氏神位；

三高祖諱如冬、字林泉神位，原配魯氏神位，繼配趙氏神位。

第二排：

曾祖槐孟男諱時芳、字生吾神位，原配楊氏神位；

槐仲男諱時成、字蘋吾神位，原配張氏神位；
槐季男諱時恵、字恩吾神位，原配王氏神位；
秋继續長男諱時俊、字秀吾神位，原配王氏神位；
秋次男諱時吉、字祥吾神位，原配李氏神位；
秋少男諱時通、字珍吾，原配芦[4]氏神位；
冬長男諱時信、字誠吾神位，原配李氏神位；
祖芳男諱建祿、字笑兮神位，原配薛氏神位；
成男諱建才、字明兮神位，原配呂氏神位；
恵男諱建都、字美兮神位，原配王氏神位；
又次男諱時玉、字宝[5]兮，原配王氏神位。

第三排：
祖信長男諱建烈、字威兮神位，原配李氏神位；
信次男諱建寧、字靜兮神位，原配張氏神位；
信三男諱建康、字安兮神位，原配王氏神位；
俊長男諱建荣、字□兮神位，原配王氏神位；
俊次男諱建荷、字德兮神位，原配張氏神位；
玉少男諱建国[6]、字創兮神位，原配刘[7]氏神位；
吉長男諱建榜、字参天神位，原配李氏神位；
吉次男諱建標、字範兮神位，原配□氏神位。
通男諱建福、字祿兮神位，原配刘氏神位；

第四排：
建才孟男，處士，諱□、字穎生神位，原配李氏神位；
才仲男諱苑、字祥生神位，原配張氏神位；
才季男諱恭、字敬生神位，原配胡氏神位；
祿仲男諱冀、字月徵神位，原配趙氏神位；
祿季男諱華、字荣生神位，原配薛氏神位；
建都長男諱菊、字清章位；
都次男諱桃、字千章神位；
都三男諱苞、字保張神位，原配薛氏神位；
都四男諱藻、字鑑章神位；
都五男諱萍、字過章神位。
父建祿孟男，生員，諱蔚、字深秀神位，原配魯氏神位；

第五排：

建寧長男諱勳、字猷□神位，原配趙氏神位；

寧二男諱蓮、字□章神位；原配王氏神位；

寧三男諱苞、字雲章神位，原配李氏神位；

寧四男諱蘁、字和章神位，原配尚氏神位；

寧五男諱丙、字显[8]章神位，原配甘氏神位；

建烈長男諱文、字成章神位，原配薛氏神位；

烈次男諱喜、字悅章神位，原配范氏神位；

建康長男諱莪、字□神位，原配王氏神位；

康次男諱苾、字德章神位，原配胡氏神位；

建福男諱忠、字信章神位，原配吳氏神位；

国長男諱□神位，□原配張氏神位。

第六排：

荣長男諱薈、字翠章神位，原配薛氏神位；

荣次男諱萱、字允章神位，原配王氏神位；

蔚長男諱廷□、字府公神位，原配王氏神位；

蔚仲男諱廷桂、字□公神位，原配李氏神位；

蔚少男諱廷在、字豎公神位，原配魯氏神位；

積男諱寧、字靜章神位，原配郭氏神位；

榜長男諱芬、字福章神位，原配陳氏神位；

榜次男諱蒙、字恩章神位，原配宋氏神位；

榜少男諱蒿、字蓬章神位；

標男諱□、字貴章神位，原配□氏神位。

冀長男諱廷□、字佐公神位，原配薛氏神位、继配練氏神位；

第七排：

冀次男諱廷秀，處士，字美公神位，原配王氏神位；

冀三男諱廷芝，監生，字蘭公神位，原配崔氏神位，继配袁氏神位；

冀四男諱廷臣，禮生，字寅公神位，原配辛氏神位；

冀五男諱廷覯，處士，字殿公神位，原配魯氏神位；

華長男諱廷棟、字梁公神位，原配魯氏神位；

華次男諱廷翰，養子，字弼公神位，原配魯氏神位；

華三男諱廷舉，禮生，字賢公神位，原配梁氏神位；

□長男諱廷獻[9]，禮生，字□□神位，原配蒲氏神位，继配曹氏神位；

苑長男諱□□，處士，字□□神位，原配王氏神位；

菊□□諱□□，□□，字□□神位，原配李氏神位；

□□男諱□魁、字□公神位，原配張氏神位；

第八排：

蓮長男諱廷金、字前□神位，原配魯氏神位；

蓮次男諱廷□、字行□神位，原配薛氏神位；

文男諱廷吉、字□公神位，原配張氏神位；

勳男諱廷儒、字□公神位，原配魯氏神位；

喜男諱廷□、字□□神位

苾長男諱廷昇、字直公神位，原配辛氏神位；

苾長男諱□宝、字玉公神位，原配張氏神位；

我男諱廷有、字才公神位，原配魯氏神位；

其三：

第一排：

苑次男諱廷召，業儒，字待珍，元配[10]雷氏神位；

恭長男諱廷荐[11]、字應公，元配張氏神位；

次男廷順、字悅公；

桃三男諱廷梁、字棟公神位；

藻長男諱廷換、字耀公，元配王氏神位；

萍三男諱廷瑞、字祥公，元配陳氏神位；

輔長男諱君□、字□□，元配李氏神位；

次男諱君顯、字荣卿；

秀長男諱君文、字學齋，元配陳氏神位；

秀次男諱君慶，處士，字祥貞，元配張氏神位。

第二排：

芝继男諱君隆、字虞天，元配李氏神位；

次男諱君帝、字堯天，元配解氏神位；

臣長男諱君禹、字天錫，元配蔡氏神位；

次男諱恩聖、字正脩，元配辛氏神位；

觀長男諱君賢，禮生，字聖德，元配魯氏、继配王氏神位；

次男諱君孝、字順德，元配李氏神位；

三男諱君順、字和德，元配張氏神位；

四男諱君任、字承德，元配郭氏神位。

第三排：

相長男諱君錫、字愛欲，元配薛氏神位；

桂長男諱君採、字祿天神位；

三男諱君扶、字助卿，元配司氏神位；

柱長男諱君會、字聚卿，元配毛氏神位；

棟長男諱君訪，禮生，字賢臣，元配李氏神位；

舉長男諱君正、字道尊神位；

次男諱君義、字正庭，元配常氏神位；

□長男諱君得、字仁卿，元配曾氏神位；

五男諱□□、字□德，元配李氏神位。

第四排：

献長男諱君仁、字元德，元配賈氏神位；

次男諱君信、字貞德，元配張氏、继配田氏神位；

迎继男諱君喜、字懷英，元配崔氏、继配楊氏神位；

次男諱君悅、字欣然，元配馬氏神位；

召長男諱君潤、字聖恩，元配毛氏神位；

次男諱君澤、字天恩，元配趙氏神位；

三男諱君□、字莘臣，元配雷氏神位；

存長男諱君珍、字明德，元配張氏神位；

次男諱君□。

第五排：

錫次男諱自敏、字好脩，元配雷氏；

聖继孫諱生□；

扶長男諱自啟、字文脩，元配王氏神位；

继男諱自有、字兮脩，元配趙氏神位；

周長男諱廉春、字泰和，元配薛氏神位；

次男諱□春、字天和，元配雷氏神位；

文長男諱迎春，處士，字震法，元配王氏神位；

次男諱遇春、字向荣，元配王氏神位；

三男諱喜春；

禹長男諱會春、字和如，元配郭氏神位；

次男諱金春、字盈庭，元配趙氏神位。

第六排：

賢長男諱炳春，宜讀生，字明生，元配薛氏；

次男諱甲春、字長生，元配王氏；

慶長男諱和春、字登生，元配薛氏；

訪長男諱友會、字□脩，元配范氏；

孝次男諱得春、字陽生，元配辛氏；

順長男諱荣春、字桂生；

喜長男諱中魁、字元博，元配韓氏；

仁長男諱占魁、字鰲博，元配張氏；

仁次男諱中□、字靜香；

顯長男諱新春、字萬生；

潤長男諱得魁；

隆長男諱逢春、字值生，元配李氏。

第七排：

迎春長男諱三多、字□□，元配雷氏；

次男諱三□、字□□，元配范氏；

康春長男諱三典、字□川；

炳春長男諱三綱；

次男諱三□；

甲春長男諱五常；

次男諱五倫；

金春長男諱三荣；

潤春長男諱三桂；

自敏長男諱林福；

文會長男諱三友；

義長男諱文魁、字元儒；

賢三男諱英春、字發生，元配張氏；

帝長男諱發春、字□生，元配張氏；

逢春長男諱五□。

其四：

第一排：

□長男諱廷科、字□公神位；

三男諱廷□、字喜公，元配郭氏神位；

四男諱廷健、字勇公，元配王氏神位；

□長男諱廷□、字昭公；

蒙長男諱廷道、字德公，元配張氏神位；
嵩長男諱廷世、字感公，元配李氏神位；
萬長男諱廷德、字仁公，元配雷氏神位；
薈長男諱廷壽[12]、字椿公，元配韓氏神位；
次男諱廷芳、字茂公，元配申氏神位；
菖長男諱廷福、字祿公，元配郭氏神位；
次男諱廷讓、字卑公，元配任氏。

第二排：

苞次男廷強、字毅元，元配董氏神位；
藹次男諱廷荣、字華公神位；
安長男諱廷斌、字耀軒神位；
儒長男諱君舍、字龍□神位；
次男諱君秋、字陵栢[13]，元配殷氏神位；
金長男諱君明、字良卿，元配甘氏神位；
佐次男諱君才、字英□；
吉長男諱君麟、字仁德，元配李氏神位；
次男諱君讓、字賢若，元配衛氏神位。

第三排：

昇長男諱君恩、字天然，元配王氏；
寶長男諱君麦、字莠卿，元配申氏；
次男諱君福、字祿卿，元配曹氏；
荣長男諱君蒲、字靜□，元配李氏；
梅長男諱君蒼、字粟山，元配薛氏神位；
次男諱君典、字範然神位；
魁長男諱君滿、字寶卿，元配白氏神位；
次男諱君庫、字寓珍，元配高氏神位；
三男諱君泰、字和卿，元配張氏神位；
佐養子、長男諱君有、字倉珍，元配趙氏神位。

第四排：

□長男諱□□、字莘居，元配胡氏；
次男諱君浩、字冲霄；
三男諱君蕩、字豁然，元配董氏；
□長男諱君孟、字浩然，元配申氏；

瑞继男諱君習、字溫然，元配尚氏；

□長男諱君愷、字能若，元配張氏；

考長男諱君敖、字□占，元配雷氏；

仲長男諱君□、字效然，元配閆氏；

次男諱君用、字行之；

梁長男諱君樂、字快然，元配馬氏。

蒿次男諱廷□、字；

第五排：

科長男諱君統、字總卿；

□長男諱君堯、字帝天，元配雷氏；

健長男諱君昭；

道继男諱君孔、字圣[14]基，元配剡氏；

勢長男諱君安、字靜卿，元配馬氏；

福長男諱君律，元配席氏；

寿長男諱君能、字奇若，元配衛氏；

芳继男諱君巧、字異若，元配閆氏；

□長男諱君佑、字保安；

用長男諱君量、字明卿；

次子諱君成、字美卿；

換長男諱君接、字悅卿。

第六排：

明長男諱□□、字□□，元配薛氏；

次男諱自靜、字寧候，元配雷氏；

三男諱芬芳、字蘭香，元配王氏；

四男諱□恭、字□若，元配王氏；

舍長男諱自直、字正若；

秋長男諱自守、字節若；

次子諱自信、字誠若；

倉長男諱守節、字心全，元配吳氏；

滿長男諱守武、字統臣，元配李氏；

庫長男諱守經、字权[15]貞。

第七排：

聘長男諱守本、字道生，元配張氏；

□□男諱守戩、字祿生，元配張氏；

……魁……

□□……

有長男諱自□、字□山，元配樊氏；

才继男自旺；

自安長男発[16]枝，元配□□；

次男発荣；

三男発祥；

四男発益；

自靜長男諱自成；

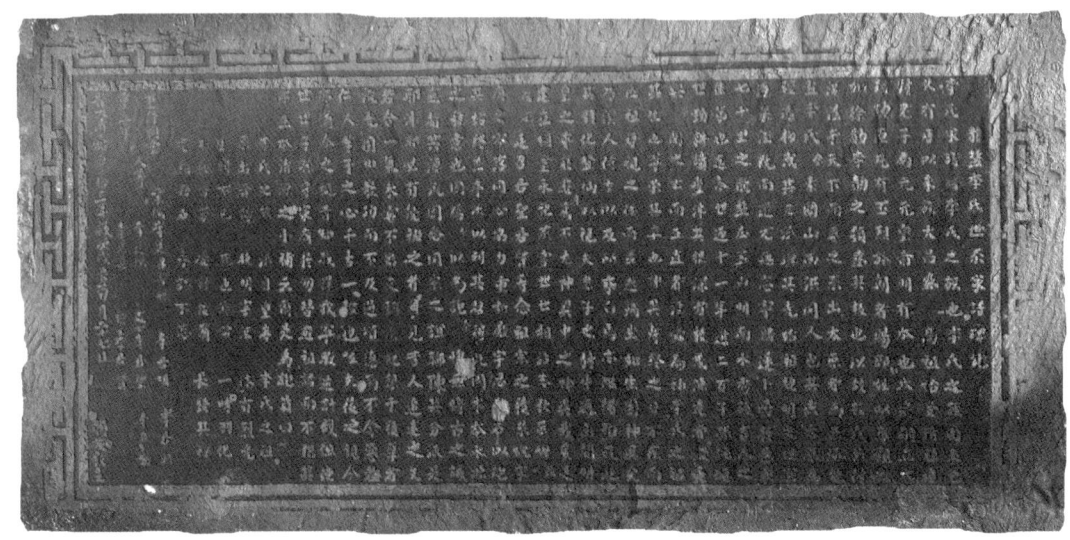

強長男諱君永；

愛長男諱自勤、字敬田，元配薛氏；

泰继男諱守玉、字金環，元配□氏。

【题解】

龙盘李氏世系家谱碑记共四方，其中第一方为龙盘李氏世系家谱碑记，第二至第四方为李氏世系家谱名录。勒石于嘉庆十三年（1808年），今存泾川县窑店镇龙盘村李氏祠堂内。其中第一方碑石为砂岩质，高60厘米，宽116厘米，厚14厘米。碑面四周为回形纹饰，刻文41行，满行17字，楷书，每字1.5厘米见方。第二方至第四方碑石为砂岩质，每方高105厘米，宽52厘米。碑面四周为回形及鲜花祥云纹饰，其中第二方碑正上方横刻"蒸尝永祀"4字，两侧刻有一幅四字对联，中间刻世系名录共8排，其他两面碑刻名录7排。每排28行左右，每字1厘米见方，全部以楷书书写。录文系编者依据原碑石及图片资料校勘。

【注释】

[1] 舆：通"欤"。表示疑问、感叹、反问等语气。

[2] 庒："莊"字异体。

[3] 继："繼"字俗体。后同。

[4] 芦："蘆"字俗体。

[5] 宝："寶"字俗体。后同。

[6] 国："國"字俗体。后同。

[7] 刘："劉"字俗体。后同。

[8] 显："顯"字俗体。后同。

[9] 献："獻"字俗体。后同。

[10] 元：第二方至第四方世系家谱名录中，仅第二方碑刻写作"原配"，第三、四方碑刻均写作"元配"。

[11] 荐：同"薦"。

[12] 寿："壽"字俗体。后同。

[13] 栢："柏"字俗体。

[14] 圣："聖"字俗体。

[15] 权："權"字俗体。

[16] 发："發"字俗体。后同。

道光五年改修戏楼布施碑记

【录文】

改修戲樓叁間布施開列……

當商：世隆當、福順當、三成當、意誠當、福申當、天成當、忠信當共施銀二十五兩。

布行：復盛雷、新興合、義發興、天成李、恒裕寬、協盛通、復興會、晉興勇、義發隆、春合長、二合寬、永誠興、永誠和、清盛寬、春泰合、太生祥、永興牪、鼎盛張、永成祥、謙益恒、元泰和、兩豐得、廣瑞昌、永興福、王福成共施銀二十七兩。

襪[1]紙衣行：福盛通、恒茂裕、恒昌泰、和順永、聚盛恒、世盛衣、福興和、福成合、意誠衣、恒益泰共銀十一兩二錢。

白□□、義□□、公成□、廣□□、天□□、興順□、協成□、正興□、久成□、興□□、復□□共銀……。

錢行施……

斗行……

王永……、趙得……

……

道光五年歲次乙酉七月……

【题解】

改修戏楼布施碑勒石于道光五年（1825年），今存泾川县博物馆，书丹者不详。碑石为砂岩质，下部断佚。残高107厘米，宽62.5厘米，厚15厘米。碑头为半圆形，双龙祥云纹饰，中间碑额刻"皇清"2字，篆书，每字7厘米见方。

碑面四周为花叶纹饰，刻文18行，行残存十多字，楷书，每字2.5厘米见方。录文系编者依据原碑石校勘。

【注释】

[1] 襍：同"雜"。

道光十八年玉都圣母宫铁杆铭

【录文】

經會首張生成等，鑄自清道光十八年戊戌五月。

日、月。

精忠朗耀垂金板，厚德舍宏庇玉都。

【题解】

玉都圣母宫铁杆铸于道光十八年（1838年），今佚。民国邹光鲁《泾川县志·金石志》以"玉都镇圣母宫铁杆一只"为题有载："按此铁杆经会首张生成等铸自清道光十八年戊戌五月，上铸'日、月'二字，下蟠飞凤二只，铁狮为座。左雌右雄握小狮，雄持绣球。杆身蟠龙铁斗四，各垂风铃。杆上铁板铸'精忠朗耀垂金板，厚德舍宏庇玉都'之句，长三丈六尺，垂六十余斤，碑存圣母宫。"圣母宫即今玉都镇街道之玉都娘娘庙。录文系编者依据民国《泾川县志》校勘。

道光二十一年贾葆业重修城隍庙碑记

【录文】

碑阳：

重修城隍廟碑記

□□洪武年間，太祖制詞有云：□有□□□□□□城隍，聰明正直，聖不可知，必有超於高……□□□廣李□水有當塗□城隍之□□□幾時已有之。彼《周易》泰之上六曰：城復於隍……□□□水庸，坊堤也，庸溝也，此即祭城隍之□之□端，蓋古昔先王之制。祀典也，能禦大災……□□□封疆，時暘時雨，能為保障耳。若夫神道設教，福善禍淫，如浮屠氏之書所稱，天堂地……□□

□訛，遂以剉碓舂磨諸般苦狀、魑魅魍魎諸般怪形，繪之牆壁，塑之廊廡。事之所必無……□□□寺按察司之大僚，而城隍亦似郡縣有司之衙署耶。涇之城隍廟創建於明時，重脩……□□漂搖，階砌垣墉，弗勝為鼠之污穢，郡之人謂其無以肅觀瞻也。爰謀募化捐貲，庀材鳩……□□東西書房六間、廂房六間、正殿五間、獻殿五間，又三縣城隍、土地暖閣各一，鑒察殿一……及鐘鼓樓、樂樓、戲樓、山門、道院，莫不金碧輝煌，丹青黝堊。由是雝宮肅廟，赫聲濯靈，頂禮神……見，神降之福。時和歲豐，永永年代，共沐無疆之賜矣。是役也，諸公實董厥成，法宜備書。

　　吏部候銓□縣庚子科中弌□舉人賈葆業……

　　……

　　……化士張太成、李□□，信士任□、信士趙申、貢生李□□、增生任繼選。

　　龍飛道光二十一年歲次辛丑中秋月上浣之……

　　碑陰：

　　王福成、史登科、閆世隆、馬世隆、陳□桂、□□成、□福有、石新振、文得祿、茂林生、樊仲林、德盛金、三合舘、復盛舘，以上各捐銀二錢；王萬壽、王相娃、□成店、豐隆店、永長店、□□店、□□店、萬盛店、□□店、世□□、陳□□、侯克□、天豐成、朱映□、新盛號、長武眾鄉約，以上各捐銀一錢二分。

　　茂成和、劉恕、張奉蘭、樊大□、王克選、趙世□、張□己、甘□□、□和樓、□合樓、李福、任登進……劉映……老、□□祿……行提、□□聖、□□成、□進財、□□喜、□□信、□□明、□□常、文兆義、□東元、劉長□、王建勳、王建寅、史全、張□□、史□□、□□□、陳中□、陳祿、王隆、□合、□□永、□□新、□成合、新盛合、義□□、□□□、田□□、三合□、□生堂、全盛堂、興盛奎、永順公、長盛店、永興成……任登義、□興老、□毓秀、□□合、□□太……□□清、長□堂、德盛魁、奎盛和、居□和……□秀、牛啟惠、生員楊致明、石太、楊瑄、薛興唐、王永新、正心□、左登□、□□□、楊福春、路升階，以上各捐銀一錢。

　　恒升太、□祿，各捐銀五分，長盛店捐銀二錢，左所二屯捐銀八兩，左所一屯捐銀六兩，金村里捐銀三兩，永寧里捐銀□兩八錢，王曲里捐銀二兩四錢，□□里捐銀□兩二錢，□□所、左所三屯、□□所捐銀五錢，陽保里捐銀四錢，仁壽里、北作里、辛興里、養賢里、□□里、前所二屯各捐銀二兩，□八里、回中里、原店里、長受里、在城里、□盤里、前所三屯、後所二屯各捐銀一兩，永□里、涇川里各捐銀□□，李福□、李生枝化銀六兩，□九如化銀三兩，李福有

化銀八兩，張維新化銀二兩，楊福化銀三兩，楊世義化銀十兩，趙鳳舞化銀二兩，鄭思敬化銀二兩，孟萬齡化銀二兩二分，任進相化銀二兩，朱□□化銀十兩，張必麻化銀□□，□□化銀一兩八分，廩生張□□、生員張□□、廩生張□□化銀□□□，廩生□□□化銀□□，廩生何□功化銀□□□，廩生魏□□化銀□□，廩生魯秉□化銀二兩□□，□□□□化銀二兩□□，馬□□化銀八分，張□□化銀□□兩，□師白化銀一兩，□□、史□□化銀□□，史□□、史正志化銀一兩六分，姚世義化銀一兩六分，生員郭維清化銀三兩二錢，史□文、生員史□文化銀二兩，廩生王嘉謨化銀三兩，□□□化銀一兩，廩生溫□□、廩生史成富化銀六錢，生員史簡□、童殿□化銀□兩二錢。

【題解】

重修城隍庙碑勒石于清道光二十一年（1841年），今立于泾川县博物馆院内，由泾州举人贾葆业撰文，书丹者不详。碑石为砂岩质，下部有残损。残高153厘米，宽68厘米，厚14厘米。碑头为半圆形，碑阳额雕双龙祥云图案，额刻"皇清"2字，楷书，每字5厘米见方。碑面四周浮雕宝瓶插花、书卷飘带图案。刻文15行，行残存36字，楷书，每字2厘米见方。碑阴系功德主名录，额刻"福缘善庆"4字，篆书，每字7厘米见方。刻文22行，楷书，每字2厘米见方。录文系编者依据原碑石校勘。

【撰者】

贾葆业，生卒年不详，字乐天，清甘肃泾州（今平凉泾川）人。道光九年（1829年）戊子科举人，性淡雅，不求进士，工诗赋，多所著作。主讲本州阮陵书院十余年，勤于训课，游其门者，多具文名。

道光二十一年贾葆业道观厥成碑记

【录文】

道光十五年至二十一年□□□……赤金颜料□錢……磚瓦石灰□錢……棧□方……石頭……五十……木工三千四百……千二百七十文……畫工二千一百五……十文……小工二千九百五十……十文……以上其費錢一……除收使丁缺錢二百九十五……。

【题解】

道观厥成碑勒石于清道光二十一年（1841年），今镶嵌于泾川县文物管理所王母宫石窟寺院内碑墙，书丹者不详。碑石为砂岩质，高150厘米，宽70厘米。碑头为半圆形，阳刻花草图案，碑额刻"道观厥成"4字，楷书，每字6厘米见方。碑面漫漶严重，可见刻文10行，行残存2至7字，楷书，每字4厘米见方。录文系编者依据原碑石校勘。

道光二十三年贾葆业重修通济桥碑记

【录文】

重修通濟橋碑記

涇城西南隅之河子溝，細流涓滴，小湧蹄涔。渡止須乎橫石，涉無待於褰裳。乃其上則平橋跨水，飛閣凌雲，所以防連天之雨潦，避平地之風波也。奈何白馬潮吞、土非五沃、紅羊劫換石是三災，遂使訪天台而路杳，覓人跡而霜消。蓋自道光改元，夷則諧律，溝水漲溢於一時，而長橋湮沒者數載矣。每至夏秋之候，奔浪千尋，咫尺之間，濁泥百丈。惟我里人爰興義舉，謂以先世渠渠之夏屋，而不思肯堂肯構，徒委諸河伯不仁，非所以繩武也；以眾人熙熙之春臺，而不克攸芋攸躋，以與彼波臣爭霸，非所以貽謀也。方今雲爛星輝，年豐人樂。蒞茲土者吏盡良臣，孰非傅巖之舟楫；牧吾民者官皆眾母，何煩溱洧之乘輿？用集同溝共井之儔，都作障川挽瀾之計。結衛緣深布金滿地，媧皇術巧鍊石補天。縹緲丹梯，排行行之雁齒；玲瓏翠檻，掛曲曲之虹腰。中開鳳閣妥祀龍君，他日者或春而祈，或秋而報。祭脯合醵，飲蜡[1]歃[2]醯。胥吏偕來，農商沓至。憑欄東望，高峰春雨潤千家之屋瓦鱗鱗；隔牖西窺，涇水秋風吹萬井之烟雲簇簇。則有心曠神怡、安作息而泯知識者矣。若乃文人學士臨風冒雨，披襟而上、着屐而登，相與溯雅韻之留遺，慨風流之綿邈。為問地近瑤池，朱有之幻踪猶有存焉否耶？則橋也可以進留侯之履，可以走果老之驢；又問城連朝那，皇甫之勳名猶有繼之者乎？則斯橋也可以題右軍之扇，可以驚國士之馬。撫今追昔，興往情來，更有發浩歎而抒嘯歌者矣。擬諸金繩之開覺路，寶筏之渡迷津，此橋之所以濟濟之所以通也。豈若灞岸綠波，繫青驄而折柳；湖亭紅板，停畫鷁以採蓮。徒為離筵別宴歡慰情懷，畫本詩牌流連光景也哉！葆也身似仲宣，空作登樓之賦；才非司馬，敢摘題柱之詞。而董事諸賢於落成之日謬謂僕能文，猥乞余以記，畧述橋之所由建，並解橋之所得名。庶幾利涉乎，千秋而且壯觀於百代。城上題義山之句，敢云先岸能登；山中留陶氏之碑，亦曰後塵學步。

道光二十三年郡戊子科舉人賈葆業撰。

【题解】

重修通济桥碑勒石于道光二十三年（1843年），碑今已佚，亦未见存世拓本，规格等信息不详。录文原载清杨丙荣《泾州采访志》。

【撰者】

贾葆业，见前注。

【注释】

[1] 蜡："蠟"字异体。
[2] 歔：同"吹"。

道光二十三年重修皇甫圣祠碑记

【录文】

碑阳：

重修皇甫聖祠碑記

龍飛道光二十三年，歲次癸卯梅月上浣吉旦，捐銀開列於後：

特授涇州營都司興安牛正祿捐銀捌錢，署涇州營都廳雲騎尉世職馬龍圖捐銀貳錢，署涇州營司廳提標後營武舉候補千總袁崔捐銀貳錢，涇州營經制外委藍翎軍功呂生福捐銀壹錢，涇州營侯補外委蔭監生蔣元捐銀壹錢，涇州營藍翎武舉樊恩魁捐銀壹錢，署涇州營額外外委馬成喜捐銀壹錢，涇州營六品軍功府科掾吏王朝傑捐銀壹錢，署瓦雲驛汛[1]經制外委張登魁捐銀壹錢，涇州營經制外委五原張得捐銀壹錢五分，吏部侯銓分縣高世第捐銀五錢。

經理會首、吏員完顏繼賢。

搃[2]理會首、生員李琇，會首完顏桂林，會首完顏永章，會首完顏□學，會首完顏世有，會首完顏永寬，會首楊永常，會首完顏映隆。

分布會首完顏永江，會首完顏正旺，會首完顏所寅，會首李映宏，會首楊□煥，會首完顏映文，會首李映魁，會首楊文福，會首完顏永提，會首完顏世秀，會首完顏進□，會首完顏玉林，會首李成祿，會首完顏玉法。

東社：募化完顏得春、樊德、柳存喜、廕[3]監蔣元、生員完顏鳳齡、武生景星臨、廩生景惠、蕭鳴讓、李潔、景財、曹貴，化銀壹十四兩。

井鎮：募化完顏永仁、完顏桂林，化銀壹拾貳兩玖錢。募化吏員巨國鄉、完顏世有，化銀肆兩。募化吏員巨國相、完顏桂林、祁存喜，化銀肆兩。募化史乃文、會首完顏映奎，化銀壹兩叁錢。

劉家莊：募化劉□□、劉□申，化銀壹兩零二分。

□頭吳家合社，化銀貳兩。

永豐里：募化王恩舉、王士鰲、王德佐化銀貳兩。

坡頭上：募化生員張述文、完顏永□、生員李□，化銀五錢四分。

高崖頭：募化曹得才、曹永富、生員李琇化銀□□錢八分。

玉都鎮：募化楊性、鄧仲文、完顏進成，化銀五兩三錢。募化柳得意、會首完顏世元，化銀貳兩。禮生吳恒基，募化吳麥熊，化銀兩錢二分，工艮[4]一兩。

□徐家：募化徐溫、完顏正旺，化銀一兩零八分。募化完顏復炳、完顏永寬，化銀一兩零四分，化麥子一斗二□。

合道鎮：募化□萬生、張庭奠、會首完顏玉全，化銀壹兩□□

農官完彥[5]世双[6]，工艮二兩。

碑陰：

重修皇甫聖祠募化□□繳費共銀二百三十二兩五錢五分二厘。涇庠生員李琇薰沐書丹。

樓字嘴：募化陳啟庫、鄉□陳敬文、李成良、劉登兆、陳長文，化銀[7]一兩□□。二十里鋪：募化劉□□、劉福□、王萬□，化銀三兩六錢。合社化麥子。呂家□：募化呂生福、呂生德，化銀八錢五分。募化孫進祿、會首完彥正芳，化銀四兩四錢二分。陽坡庄[8]：募化王永旺、吳啟太、吏員完彥繼賢，化銀七分，化麥子五斗二升。拜□庄：募化拜凡彥、完彥□□，化麥子六斗。水泉□：募化溫□□、溫□□、完彥永□，化麥子四斗□□……募化史□采、完彥映□，化銀五錢一分。完彥窟：募化完彥永進、完彥永提，化麥子五斗。募化朱全福、完彥玉法，化麥子九斗，化莞豆一斗。大□鎮：完彥世秀，化銀三兩。募化金宗喜、會首□□□，化麥子五斗半，化□麥一斗二升。募化武世林、完彥永□，化麥子一石三□，化莞豆二斗，化銀三錢七分。李映奎、元豐裕號，化銀一兩二錢。象家溝：募化張玉林、化銀四錢。□家回：募化張寅，化麥子三斗。掌渠里：募化李玉、李純福、完彥玉□，化麥子六斗。□□鎮：募化完彥盛□，捐銀二兩。會首完彥繼儒，化銀六兩一錢。募化梁用楫、吏員完彥繼賢，化銀□兩……募化□□□、呂映登、仇傑，化麥子五斗。沙雷堡：募化張必良，捐銀

二錢。雷法雨、李生梅、完彥映□，化麥子九斗，化莞豆七斗。十里鋪：募化完彥如瑚、趙得福、完彥□□，化麥子五斗。募化□□、會首完彥永□……完彥林□，化銀九錢二分。募化魯長清、完彥玉林，化銀一兩零五分。瑤店鎮：募化史紀考、會首王萬年，化銀二兩三錢。募化□閏太，化銀五錢二分。平涼三和榮店、固原長成和號，捐銀一兩二錢。左所二屯：梁用棟、梁用林、梁用太、固原三□當、□乃□以□銀一兩，□□一□……八錢。□□合城號、□□村合社捐銀六錢。監生高爾祿、監生高爾傑、白水萬和店、平涼茂盛店、平涼仁義昌號、監察新盛桐號、新興桐號、靈州郭漢、邑城恒盛裕號、山西豐盛老店、固原長盛新店、孫進□、鎮原永興店、巨正□、吏員巨國卿、太蔚合社、完彥□滿、完彥□□、靈臺□□、靈臺□□王學□，以上捐銀五錢。監察德盛源號、固原永合店、和陽萬盛益號、和陽友興順號、王步雲、靈臺馮君寅、李中和、代可法、代中倫、王天禮，以上捐銀四錢。梁用□捐銀六錢，董孝明、靈臺多澤鎬、生員完彥如□、岐山隆順益號、生員□建德、鄜州……山西成鄧店、大□□□……萬喜、王浦、巨□相、萬順奎號、張□□、呂萬才、張雋花、張天奎、公盛和號、新興老號、□芝勤、總、史會均、新興和號、王進福、完彥鳳楨、郭□家□社□銀三錢。辛興里：募化史繼川、會首完彥世喜，化銀六錢。王秉□捐銀三錢六分。高□生、□士信、完彥□□、劉文祥、劉福兆、王萬祿、□興生號、□彥□、靖遠劉孝武、馬財芳、馬興□、生員吳維新、曹存奇、姚天明、玉都鎮中□程家溝合社、李如、□生、李家□、□暢、□□，以上捐銀……白旗賽合社，捐銀……平涼長興□□捐，銀二錢……兩。井上□□，捐銀八兩。□社□□二溝、井上李家……兩。□……，瓦匠高□□、□□，木工胡□□、完彥□喜、□工雷法□、吳登□、□□、完彥正□……進……□□義合號，□銀二錢。人等全[9]立。

【题解】

重修皇甫圣祠碑勒石于清道光二十三年（1843年），今立于泾川县王村镇完颜村皇甫圣母庙院内，碑石为砂岩质，通高167厘米，宽68厘米。碑阳额为双龙祥云纹饰，正中分2行刻"重修皇甫圣祠碑记"8字，楷书，每字6厘米见方。刻碑文22行，每行40字左右，楷书，每字3厘米见方。其碑阴为募化记名，由泾庠生员李琇书丹。碑头为日月祥云纹饰，正中碑额刻"万善同归"4字，楷书，每字4厘米见方。碑文部分剥泐，27行，每行50字左右，楷书，每字2厘米见方。录文系编者依据原碑石及图片资料校勘。

【注释】

[1] 汎：通"泛"。

[2] 揔：同"總"。

[3] 廕：同"蔭"。

[4] 艮：应为"銀"，系俗（讹）写。

[5] 完彥：碑阳中"完颜"氏多达30人，仅最后一处俗（讹）写为"完彥"。而碑阴从第一处完颜氏开始，将"完颜"全部俗（讹）写为"完彥"。

[6] 双："雙"字俗写。

[7] 銀：碑阴将"銀"字多俗（讹）写为"艮"，录文时统一作"銀"录入。

[8] 庒："莊"字俗体。

[9] 仝：同"同"。

道光三十年重修诸神庙经理会首姓名碑记

【录文】

經理會首姓名碑記

石工郭進士。

嘉慶四年重脩海龍聖母廟經理會首：生員要永隆、監生梁用楠、介賓梁凝道、監生梁用楷、僧人梁心普。

道光六年補脩白馬寺各廟經理會首：生員梁鳳岐、信士要述宗、僧人劉淨惚、住持梁源澄。

道光十六年重脩金剛廟、鐘樓經理會首：信士梁維舟、壽官要緒宗、鄉約梁存耀、信士梁代舟。

做工人：梁作棟、梁同舟、薛中義、田跟科、李中元、要效宗、要必信、要五倫、梁溪舟、梁成舟、呂應學、田盈科、梁興讓、李中魁、譙世祿、要武林、梁存寔[1]、梁海舟、薛永貞、劉桂、薛成文、要必成、要鵬程、王進存、要必貴、梁風臨、劉久存、田常氏、芦[2]生枝、譙世根、譙鋒、梁正文、薛永有、劉登魁、李科長、劉永喜、要功程、李保祥、梁鳳翔、劉信、譙世興、梁作橋、梁興湖、梁鳳鳴、梁興元、劉生榮、李桂林、李得興、王長久、白巨、要多祿、李俱祥、梁鳳舞、王申兒、譙世存、譙世滿、王朝南、梁棟、梁鳳居。

僧人：史淨怡，徒：梁常住。

道光三十年桐月生員喬鍾嶽敬書。

【题解】

重修诸神庙经理会首姓名碑勒石于清道光三十年（1850年），今镶嵌于泾川县汭丰镇三十梁村土地庙主殿外前壁左侧，由生员乔钟岳书丹。碑石为砂岩质，高55厘米，宽77厘米。碑面四周为祥云纹饰，刻文30行，楷书，每字2至2.5厘米见方。此碑记载了嘉庆四年（1799年）重修海龙圣母庙、道光六年（1826年）补修白马寺各庙、道光十六年（1836年）重修金刚庙和钟楼的各经理会会首及做工人等的姓名，其右侧对应位置镶嵌规格一样的柳抱槐赋碑一方，其笔迹及俗体用字均与本碑一致，应出自同一人手。录文系编者依据原碑石校勘。

【注释】

［1］寔：同"實"。
［2］芦："蘆"字俗体。

道光三十年梁巨材柳抱槐赋碑记

【录文】

柳抱槐賦

以人傑地靈，物華天寶成韻。

華山文栢，回嶺降真，皆勝地之佳景，寔樹中之絕倫。猶異一州瑞氣，縈獻汭濱。槐外是柳，柳慕槐而成孕；柳中為槐，槐附柳以相親。真千古之表異，寔兩聞之生新。想此樹之神妙，生植始于何人？發萌白馬寺前，紫光丕烈，佛祖古剎之沙密；感物神悅，魏文故土之苗裔。覽景心切，睹章台之三眠三起思□檻；周有同群，見壩岸之一笑一嚬[1]喜合植。岳者並峙□，固係于地灵[2]，亦誠關夫人傑。于是往乎佳境，搜尋扶蘇之條；適彼名山，選拔翁鬱之稛[3]。栽培之而欲其生，灌溉之而恐其墜。積時成日，枝暢茂兮並隆；累月成年，葉沃若兮交翠。借前人之功，能成今日之勝地。以故綠靄寶峰之院，青縈課誦之庭。槐藏于柳，似精金之在沙；柳翳夫槐，如衣錦而尚絅。遠瞻有青絲之勢，近視寔綠葉之形。過客□人，當之則目駭而心愛；鴻儒學士，遇之亦詠異而嘆矣。爾乃窺其根底，止一木之滋生；觀[4]其枝梢，寔兩樹之無拂。真汭水之美材，非棘薪之棄物。柳絲絲而向神，槐停停而依佛。第昆植于藥洞之前，八洞皆生其色；列乎壽山之左，千山尽[5]增其奢。西與崆峒並美，東合瑤池共嘉。弄態良多，柳迎春而飛絮；呈祥不少，槐應夏以吐華。由是溯厥由來，固不廢乎人力；揆其稟受，亦若操之自天。槐比柳而增榮，皆謂後來之居上；柳視槐而暢茂，咸知有開之必先。近者撫芳踪而景慕，遠者述往事以流連。聲名達於兩省，美景流乎一川。念彼久待夫皇上之敕封，寔超乎當代之珍宝[6]。風曳枝動，黃花不異於黃金；日高影重，官□何分乎夾道。摘槐工婦，翠眉與翠眉而爭妍；棲柳新鶯，異色合異色而並好。是以此樹賴神聖而長生，神聖佑此樹以不老。邑增生梁巨材撰文。

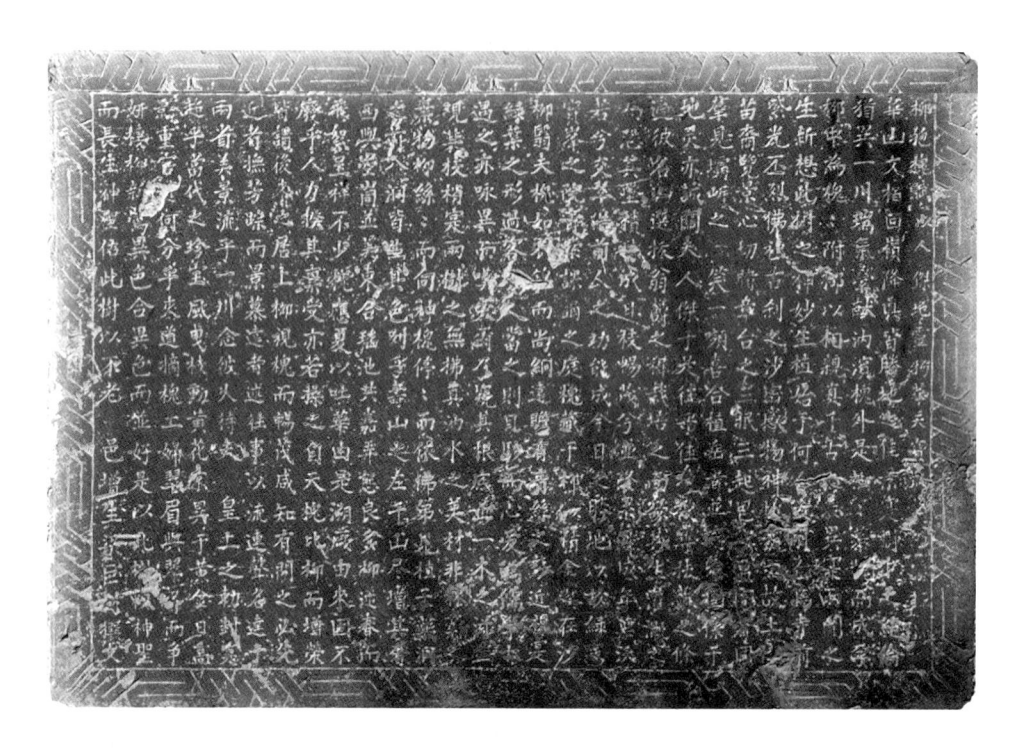

【题解】

柳抱槐赋碑勒石于清代，今镶嵌于泾川县汭丰镇三十梁村土地庙主殿外前壁右侧，由泾州增生梁巨材撰文。碑石为砂岩质，高55厘米，宽77厘米。碑面四周为回形纹饰，刻文29行，满行20字，楷书，每字2厘米见方。其左侧对应位置镶嵌镌石、规格一样的清道光三十年（1850年）"经理会首姓名碑记"一方，由生员乔钟岳书丹，笔迹及俗体用字均与"柳抱槐赋"一致，应出自同一人。录文系编者依据原碑石校勘。

【注释】

[1] 嚬：同"颦"。

[2] 灵："靈"字俗体。

[3] 稤：同"稬"。

[4] 观："觀"字俗体。

[5] 尽："盡"字俗体。

[6] 宝："寶"字俗体。

咸丰八年贾葆业晚游洪庆寺回文诗题刻

【录文】

晚遊洪慶寺回文

停屐晚尋幽寺遠，坐禪面壁透風涼。

經繙[1]貝認荒苔綠，地布金疑落葉黃。

鈴語亂搖驚鳥宿，磬音清散滿林香。

青槐古樣一龍臥，別趣真添詩興狂。

舉人心畲賈保業[2]撰，增生德輝薛名世書。

石工羅積銅鐫。
咸豐八年歲次戊午穀旦敬立。

【题解】

晚游洪庆寺回文诗碑勒石于咸丰八年（1858年），今存泾川县飞云镇南庄头村洪庆寺。由泾州举人贾葆业题诗，增生薛名世书，石工罗积铜鐫刻。碑石为砂岩质，高22厘米，宽43厘米，厚5厘米。刻文13行，满行7字，楷书，每字2厘米见方。录文系编者依据原碑石及图片资料校勘。

【撰者】

贾葆业，见前注。

【注释】

[1] 繙：同"翻"。

[2] 贾葆业：此处写作"贾保业"，或系书者俗（讹）写。在此诗碑镌立之十年前左右，其亦为"准时补修佛殿碑记""重修城隍庙碑记""重修回中王母宫山下关帝庙及药王洞龙王庙石宫寺五龙王庙碑记"三方碑记撰文。在清张延福《泾州志》、民国邹光鲁《泾川县志》中多处有载。

咸丰八年任廷选置买祭田碑记

【录文】

……除眾人……積少成多，置為祭田……日獻剛鬣一口，影戲三天……利，以作敬神公費之資，恐……久而廢弛，特立石以誌永遠不朽……為序。

泾庠廩膳生員任廷選沐手撰文并書。

計開置買祭田於右：

道光二十九年八月初十日，買魏生貴、魏生喜、仝姪[1] 來福祭祀壇下山地五段，計數七畝。其界東至任姓地，西至大溝崖邊，南至墻壠，北至古城牆。額粮[2] 銀五分整，價錢四十千文。

道光三十年七月初九日，買侯申常家溝端嘴地二段，計數七畝，樹林一所。其地界南至慕姓地，東、西、北俱至溝底水心。額粮銀五分整，價錢四十四千二百文。

經理：石信、蕭鳴立、張清、朱良福、任福義、任宗漢、史記張、魏自成、任多祿、魏天存、孫三元、朱成張、蕭鳴陞、劉祿、賀進成、李存、史文考、傅可治、李賡、袁跟福、蕭世長、蕭世清、杜福成、朱得義、甘倉、王進長、閻勸、賀存元、任陞、張世名，仝勒石。

山西稷山縣甯麗耀刊字。
龍飛咸豐八年歲次戊午辰月上浣之吉公立。

【題解】

置买祭田记碑勒石于清咸丰八年（1858年），今存泾川县博物馆，由泾庠廪膳生员任廷选撰文并书。碑石为砂岩质，右上部已残损，高60厘米，宽92厘米。碑面四周为回形纹饰，刻文28行，满行21字，楷书，每字1.5至2.5厘米见方。录文系编者依据原碑石校勘。

【撰者、书者】

任廷选，甘肃泾州人。以功保教职，加州同衔，代理灵台、镇原、清水等县教谕。

【注释】

[1] 姪："侄"字异体。
[2] 粮：同"糧"。

咸丰八年梁金墓志

【录文】

碑阳：

峕咸豐八年歲次戊午仲春中浣吉旦。

顯考恩榮壽官行一梁府君、顯妣待贈孺人馮氏梁內君之墓。

男富元、貴元、好元，姪魁元、清棟，率孫恩壽、長壽、增壽、永壽、恭壽，仝頓首勒石。

碑陰：

恩榮壽官梁公懿行序

人輒謂古，余人不相及，誠慨世情之澆薄也。然古道之在，人亦有未盡泯者，如梁公可以風矣。公諱曰金，字孔修，行一。少貧窶，為人傭工，視人事如己事，盡心盡力，以故人無不樂為之用。與胞弟協心家計，式好無猶。厥後南阡北陌，畛畷相望，無一非艱難中來也。而鄉隣[1]有急者，每面陳艱窘，無不慨然賙卹[2]之。公未嘗學問，且最敬重斯文，接遇里黨、儒士，恭而有禮。諸同人輒相謂曰："梁公雖目不識丁，實藹然有儒雅之風焉。"待子姪恩均一體，訓有義方，延師課讀，□文備至。余館於其家，蓋十年如一日矣。胞姪清棟，芹香泮水，克振家聲，豈非公培植之力哉！其為人也，立身誠，故不知人心之有偽；與物信，故不知人情之多詐；處心平，故不知世途之甚險。凡言行往往有古道氣，天性然也。元配馮氏，溫惠淑慎，能以勤儉成內助功。先公歿，生男三，長富元，次貴元，次好元。繼配何氏，亦未幾卒。余在公家久，知公深。姪清棟欲勒石以志之，以文來請。余不能文，聊以記實云爾。

儒學增廣生員、眷弟楊浴頓首譔[3]并書。

【題解】

梁金墓誌勒石于咸豐八年（1858年），今存涇川縣高平鎮上梁村，由增廣生員楊浴撰并書。碑石為砂岩質，高192厘米，寬64厘米，厚13厘米。碑頭為半圓形，碑陽額刻"皇清"2字，篆書，每字9厘米見方。四周為花枝飄帶紋飾，中間文字均為楷書，每字3至9厘米。碑陰額刻"碑陰"2字，楷書，每字9厘米见方。刻文 12 行，满行 35 字，楷书，每字 3 厘米见方。录文系编者依据原碑石及图片资料校勘。

【注释】

[1] 隣："鄰"字异体。

[2] 卹：同"恤"。

[3] 譔：同"撰"。

咸丰八年梁银墓志

【录文】

碑阳：

龍飛咸豐八年歲次戊午夾鍾月中浣穀旦。

顯考處士行二梁府君、顯姚孺人劉氏梁內君之墓。

姪富元、貴元、好元，男清棟、魁元，率孫恩壽、長壽、增壽、永壽、恭壽，仝頓首勒石。

碑阴：

梁公碑陰記

敬姜訓子云："民勞則思，思則善心生。"《酒誥》亦言："惟土物愛，厥心臧。"是以□□人尚多慚□，而門內無忝。恒在敦本力農之家，吾於梁公竊有慕焉。公諱曰銀，字提山，弱冠失怙。雖無財，維悅而能，哀毀盡禮，事兄極恭謹。事無大□，先諮諸兄而後行。幼□□備受勞瘁，克協兄心。繼貿易以義為利，無市井□氣。猶代理家政，與兄□□無違言。至今子孫雍穆大和，元□藹然一堂。其□兄弟既翕和樂，且耽□室家樂□□者乎！公德配劉氏，能嫻婦教，中饋□今周花甲矣，猶不忘文□母訓子之義焉。生男二，長清棟，□庠生，次魁元。□欲勒石以垂不朽。余稔知公之為人，能不樂為誌之哉！

　　□□儒學優廩生、眷弟□□□頓首拜譔。□□□□增廣生員、□弟楊……

【题解】

梁银墓志勒石于咸丰八年（1858年），今存泾川县高平镇上梁村，撰文、书丹者漫漶不详。碑石为砂岩质，高 182 厘米，宽 62 厘米，厚 13 厘米，碑头为半圆形。碑阳额刻双龙祥云图案，正中有"皇清"2 字，楷书，每字 9 厘米见方。

四周为蝙蝠祥云纹饰，中间文字均为楷书，每字 4 至 10 厘米。碑阴额刻"碑阴"2 字，楷书，每字 9 厘米见方。碑身四周为回形纹饰，刻文 11 行，满行 29 字，楷书，每字 2.5 厘米见方。录文系编者依据原碑石及图片资料校勘。

咸丰九年重修庙山九天圣母殿碑序

【录文】

重脩廟山九天聖母殿序

昔九王神道設教，明則有禮樂，幽明有鬼神斷……之東有廟山，去州治五里，高峰峙其後，涇水帶……□崩之慮，邑人募貲[1] 脩之。有正殿三楹、拜殿三楹……人云：禦大災，捍大患，凡有功德於民者皆列之……並□耶，或坤厚載物，為地、為母。□萬物者，萬物即……崇殷薦鼓瑟，帝子曾廟祀於□陵，擲米麻姑亦名……永其事，因製為迎神之曲六章，勒於貞石，俾里人……母來兮靈煌煌，□閣有神兮山□□，雲鬟霞帔香……為馬，飄[2] 伯清道，雨師西奔走，駭□□四野。聖母……思福履將。神之來兮兩廡靈旗拂拂襌風雨……瑤池見王母，羅□□□□□。聖母格思，福祿……

咸豐九年……

【题解】

重修庙山九天圣母殿碑勒石于咸丰九年（1859年），今存泾川县城关镇凤凰村九天圣母庙，撰文、书丹者不详。碑石为砂岩质，下部断佚，碑阴漫漶无字。残高80厘米，宽55厘米。碑头为半圆形，双龙祥云纹饰，中间碑额刻"皇清"2字，篆书，每字宽7厘米，高11厘米。碑面四周为花叶纹饰，残存刻文13行，单行残存最多19字，楷书，每字1.5厘米见方。录文系编者依据原碑石及拓本校勘。

【注释】

[1] 赀：同"资"。
[2] 飉：同"风"。

同治元年王梦馠残诗题刻

【录文】

……

派绥濂溪世泽长，素闻□德□寻常。

九原瘞玉□□□，萬古留名姓字香。

水抱山環毓秀氣，蘭芳桂郁顯韶光。

□瑻琨□偕□嶽，□□□皇□與揚。

……教諭王夢馠撰文。

……書丹。

……刊字。

同治元年歲次壬戌仲秋中浣穀旦。

【题解】

王梦馠残诗碑勒石于同治元年（1862年），今存泾川县太平镇口家村，由教谕王梦馠撰文，书丹者不详。碑石为砂岩质，多剥泐漫漶。高186厘米，宽69厘米。碑面四周为回形纹饰，刻文8行，单行最多者存14字，楷书，每字3厘米见方。录文系编者依据原碑石及图片资料校勘。

同治十一年许振祎泾州直隶州创建试院碑记

【录文】

涇州直隸州創始院記

粵稽唐代以帖經造士，而禮闈始設於京師。明初以提學衡文，而試館聿新於郡國。惟吏殊勤怠，地異肥磽。或連城乏弦誦之聲，或多士尠[1]壇坫之觀。非所以副聖天子菁莪敷化、棫樸作人，圜橋脫劍之宏模，辟雍執經之盛典也。涇州，阮陵[2]故地，共伯舊邦。瑻圃邅連，瑤池斯在。穆王轍迹，頓八駿之龍媒；武帝旌旗，止十旬之鳳輦。其所屬則楊栝澤藪，東控鶉觚。遊牧原陘，西鄰烏氏。百泉珠沸，孤樹壺環。好水瀏清，潛山標峻。是以英材霞蔚，秀嶷雲蒸。然建置維新，規橅[3]未備。馨流芹碧，抽毫者跋涉乎蕭關；期迫槐黃，挾冊者弛驅於木峽。屬以龍城俶擾，鶻部俯張，戈戟頻仍，膠庠闃絕，輶軒不至，俊乂荒蕪。青龍在元黙裙灘，余奉命視學雍涼，維時太子太保、湘陰左公□□□□，□□□□。夏，□□□□□□□，□□□□□□□。既略酒泉，將開效穀。爰今賢牧，來刺涇州。召君漢之飛蓋而避陽鱎，彈琴而馴雛雉。典麿賔[4]墜，政迺[5]肅和。屆州舉而邁征，憫寒畯之於役。因基廢驛，卜景高墉。鼖鼓雷鳴，應皋肇建。棧車霧集，眾庶偕攻。列棘圍垣，制足垂於久遠；雕楹刻桷，義無取乎靡奢。使操觚者儼登飛白之堂，珥筆者得就汗青之舍。銀袍鵠立，獻賦風檐。席帽廯[6]來，聯鏽月館。庭廡閎敞，丹堊精良。佔畢肄霄，復阮陵之訓詁；經營不日，伊蘇氏之贊襄。後之入斯宇者，懷蔽芾於甘棠，頌芃苗於膏黍。仰眺碧稅，俯察素臺。以視回中王母之宮，雍時穆公之祀，後先相輝映矣。工既蕆，屬余記其事且銘諸石。銘曰：

於為聖世，禮樂赫胥。銷鋋投刃，說詩敦書。維茲彰化，在涇之隅。邃巘韞璞，媚流匿珠。程材校藝，匪館曷居。召伯蒞茲，洒建厥廬。詞場結軌，文囿交衢。汰沙求鑛[7]，沈銕[8]網瑚。弁髦多士，雅雅魚魚。懷道抱德，翼我皇圖。

陝甘学正、翰林院编修、豫章许振祎撰。

同治十一年壬申黃鐘月[9]。

【题解】

泾州直隶州创建试院记碑勒石于清同治十一年（1872年），今已佚，亦未见存世拓本，规格等信息不详。由陕甘学政、翰林院编修、江西人许振祎撰文。录文系编者依据清张元漈《泾州乡土志》、民国邹光鲁《泾川县志·金石志》校勘。除纠正相同或相似之字的书写讹误外，对二志识读结果相左或存疑的部分均予以标示。

【撰者】

许振祎（1827—1899），字仙屏，清代江西奉新人。同治二年（1863年）进士，历任陕甘学政、河南按察使、江宁布政使、（山）东河（南）河道总督。是曾国藩之弟子，曾两次加入曾国藩幕府，负责起草书函、奏章、咨议等文案工作，先后跟随曾国藩十六年，其间，他还曾组织乡兵与太平军作战。光绪二十一年（1895年）调任广东巡抚，与湖南巡抚陈宝箴号为"江西二雄"。

【注释】

[1] 尠:"鲜"字俗体。

[2] 阮陵:《泾川县志·金石志》作"阮陵",《泾州乡土志》作"密须"。

[3] 橅:同"模"。

[4] 霣:同"陨"。

[5] 迺:同"乃"。后同。

[6] 廜:同"廪"。

[7] 鑛:同"矿"。

[8] 銕:同"鐵"。

[9] 黄钟月:指农历十一月。

彩绘迦叶铁立像铭

【录文】

発心僧:道□。

【题解】

彩绘迦叶铁立像今存泾川县博物馆,其造像风格经文物专家鉴定为清代。像高46厘米,底座宽16厘米,重3114克。立像面部消瘦,身着交领袈裟,上着披肩,双手合于胸前,双袖宽肥下垂,衣摆掩足,站立于圆形台座上,面部、衣领、袖口均涂金,其他部位用红、绿、蓝、白色填彩。身后腿部有铭文2行,残存5字,每行2至3字,正书,每字2厘米见方。录文系编者依据原造像及图片资料校勘。

彩绘阿难铁立像铭

【录文】

癹心僧:道□。

【题解】

彩绘阿难铁立像征集于1964年12月,今存泾川县博物馆,其造像风格经文物专家鉴定为清代。像高42.5厘米,底座宽14厘米。立像身着交领袈裟,上着披肩,双手合十于胸前,袖宽肥下垂,衣摆掩足,站于圆形台座之上。头部、胸部、衣领、袖口均涂金,其余部位用红、绿、蓝、白色填彩,身后腿部铸有铭文2行,残存5字,每行2至3字,正书,每字1.8厘米见方。录文系编者依据原造像及图片资料校勘。

百寿团圆铜镜铭

【录文】

百壽團圓。

【题解】

"百寿团圆"铭铜镜出土于泾川县丰台镇杨涝池村,今存泾川县博物馆,经文物专家鉴定铸于清代。镜直径11.8厘米,镜背中心为半圆形钮,钮外四个方框内阳铸"百寿团圆"4字,正书,每字2厘米见方。

状元及第铜镜铭

【录文】

狀元及第。

【题解】

"状元及第"铭铜镜出土于泾川县荔堡镇庙李村，今存泾川县博物馆，经文物专家鉴定铸于清代。镜直径9.7厘米，厚0.4厘米。镜背中心为半圆形钮，钮外四个方框内阳铸"状元及第"4字，正书，每字1.8厘米见方。

仿明龙纹底宣德铜炉铭

【录文】

大明宣德年製。

【题解】

仿明龙纹底宣德铜炉今存泾川县博物馆，经文物专家鉴定铸于清代，仿明代宣德炉形制。器高13厘米，口径18厘米，耳距19厘米。底部铸二龙纹饰，正中阳铸"大明宣德年制"6字，正书，每字0.8厘米见方。

仿明狮耳宣德铜炉铭

【录文】

大明宣德年製。

【题解】

　　仿明狮耳宣德铜炉今存泾川县博物馆，经文物专家鉴定铸于清代，仿明代宣德炉形制。器高 8 厘米，口径 20 厘米。两侧铸有狮面双耳，耳距 19 厘米。底部正中阳铸"大明宣德年制"6 字，楷书，每字 1.5 厘米见方。

仿明宣德铜炉铭

【录文】

大明宣德年製。

【题解】

仿明宣德铜炉今存泾川县博物馆，经文物专家鉴定铸于清代，仿明代宣德炉形制。器高8.1厘米，口径12.5厘米。底部正中阳铸"大明宣德年制"6字，正书，每字0.8厘米见方。

记开捐化银姓名碑记

【录文】

記開捐化銀姓名於後：

永積當捐銀六兩六錢。仁術堂化銀六兩。義盛合、興泰店、意誠隆，各捐銀三兩六錢。恒昇公、全仁堂、西斗行，各捐銀叁[1]兩。意誠德、鼎盛和、復興德、順裕隆、隆泰合、復盛公、聚成號，各捐銀二兩六錢。元吉恒、長盛豐，各捐銀二兩四錢。趙學理化銀二兩一錢二。隆泰張、扶邑刘[2]九，各捐銀二兩。雷瑞霖、吳登舉，各化銀二兩。瓦雲驛司廳蔣元、目兵……鎮番汪積連捐銀貳兩。王正福化銀壹兩八。王福泰化銀壹刄[3]六。興隆生捐銀一兩五。久盛豐捐銀壹刄四。梁中科、杜天鰲、朱文明、甘應元、王登霄，各化銀一兩四錢。刘清泰、富平全汝疆、益盛公、復順舘[4]、薛盛德、練長文、文瑞凝、恒久泰、薛宗周、呂興魁、永興合，各捐銀一兩二。其張明德、康正喜化銀貳兩。萬盛合、公信成、英盛福、馮科、三盛通，各捐銀一刄二。□興士、魯應海、南原王盛德、史文舉、楊廉、王士貴，各化銀一刄二。生員尚芳、益興永、職員于益謙、繼興德、廩生尚士魁、隆盛和、長邑二合成、雙盛合、峪頭斗行、工合祥，各捐銀壹兩。刘逢興、李福禧、洪朝有、尚大勤、高韻、梁花榮、樊永祥、尚秉政、常滿漢、李補、薛尚貴、丁滿寅、尚榮、王福興、刘安勳、馬福、練長秀、李生福、尚義、薛良倉、王五保，各化銀一刄。刘輔清、雷占熊、楊宗喜、刘福壽、司會業、刘萬合，各化銀九卜[5]。興隆成、王永魁、隆盛公、樊守廣、和順成、自興舘、保邑雲仲、復興泰，各捐銀八卜。甘玉元、李應祥、王正玉、郝兆臨、李邦治、王世仁、薛雙信、趙仁宗、陳學舉、樊永壽、薛有海、張文仲、李興財、常滿本、姜大成、張廷寵、李生林、常秉長、錢玉德、張玉賓、李長福、楊生花、刘遇隆、尚秉倉、張鳳鳴、董壇、洪邦直、王得玉、張正官、毛文魁、朱一保、楊雪東、□銀成，各化銀八錢。順成和、王積倉、天申福、常清玉、樊永福、王積連、刘應祥、張明正、曹義、王中元、常金有、刘攀桂，各捐銀七卜。長邑王□□、牛普秀、積成元、王建中、清盛昶、公義老、協盛福、雙[6]玉成、桂盛

舘、聚源隆，各捐銀六卜。王金和、曹大昌、毛兵倉、董萬盛、王殿元、洪興、□桂和、李廷選、王進武、胡萬杰[7]、薛善慶、楊金、劉自進、朱金玉、張宗保、胡萬中、申登玉、曹貴、毛世彩、王萬福、雷貞元、毛世仲、楊九經、王永庫、毛永會、張萬壽、王永清、位夫學、正其仁、李生義、樊宗清、雷正元、常秉忠、賈連城、高福壽、任得財、郭發玉、謝登漢、司有德、羅鳳鳴、席守魁、陳萬年、撒福星、吳貞安、薛正庫、梁克長、胡常寧、周喜魁、李成龍、賈鳳岐、張啟發、毛世隆、劉福昌、任天財、李永貴、楊逢春、張進德、樊逢興、朱全業、張進賢、薛明宗、李興海、劉士貞、梁克禹、朱進魁、樊永林、李自信、薛三保、洪樂元、楊得用、辛金善、毛培基、劉恒欽，郭□漢、李進財、胡貞、郭鎖兒、王悅、劉雪雪、樊起、胡臨兒、董治、王五十九、常昌、郭喜娃、李申，以上八十六人各化銀六錢。耆賓史鳳儀、李永魁、長發祥、恒裕舘、復成公、新興舘、義成公、大德舘、元興合、遠志堂、雙盛魁、頂興舘、劉年□、魁□□、劉元繼、胡長發，各捐銀五……。武生李彥清、楊成□、賈可代、韓賓、張明進、王兆財、常得托、崔豫、董進德、王興隆、常滿豐、楊印、王信士、李天剛、韓宗行、楊鳳儀、張治水、□□仁、高□中、楊士倉……、張□□、王□□、李□□、楊□□、張永□、王玉□、司□□、楊正榮、張興換、馬連喜，各化銀四錢。

【题解】

记开捐化银姓名碑勒石于清代末期，2014年出土于泾川县窑店镇文化馆建筑工地，次年编者主持泾川县博物馆工作时从镇郊私宅垫方物中访得并征集入馆。碑石为砂岩质，通高190厘米，宽68厘米，厚18厘米。其碑阳全幅剥泐，此为碑阴。碑面四周为回形纹饰，刻碑文24行，满行46字，楷书，每字2厘米见方。录文系编者依据原碑石及图片资料校勘。

【注释】

[1] 此碑化银数量繁简混用，编者据原碑写法录入。后同。

[2] 刘："劉"字俗体。后同。

[3] 刄：此碑化银单位部分以符号俗写，"刄"或为"两"，后同。

[4] 舘："館"字俗体，后同。一般情况下二者字义通用，古人指非饮食类馆舍时惯用"舘"。

[5] 卜：此碑化银单位部分以符号俗写，"卜"或为"分"，后同。

[6] 双："雙"字俗体。后同

[7] 杰："傑"字俗体。后同。

重建圣母祠碑记

【录文】

碑阳：

重建聖母祠碑記

從來建□廟殿□□□，自始……曰各處……財……

碑阴：

□議定廟上事件開列於上：

殿宇破壞，三社補修，勿令神像暴漏，此山極重首務也。

垣墻倒塌，各修一面，南□北袁東茂，西面合力同修可也。

常助田在眾買堡子山有地拾□畝，連庄[1]北堡頂上平處是也。

垣內植翠栢[2]四株以庇神培養護持，三社同心經管此蒼古景致也。

墙下四面栽椿、榆、柳、楊共十二株，以備後來補修之需焉。

殿東南角穿井一眼，遇修築過會、灌溉花木俱用水不難矣。

北建修樓子一座，上住持、下廚房，遇會便作湯飯，免三庄供送之勞。

殿前空地栽植各樣花木以献[3]神，且壯往來隨喜之玩賞。

正殿左右種園圃，一歲可生錢二三千文，以供香燭燈火之用。

戲樓南北地種禾稼蔬菜，每年可出錢一二千文，以充住持衣食之資。

以上十件，三社務要同心經營，切勿慢事不敬，以致有失。勉旃！

十方布施姓名開列於□：

山西客商喬大德、張□□、□正己、康□、康士榮，施銀四錢。慶陽府毛門尚氏，施銀五分。本州信士韓誥妻口氏，化穀[4]一石。禮生成顯名，化麥豆八斗。信士党翠，化穀六斗。生員王正，化麥三斗。信士楊璉，化穀四斗。生員張漢英，化麥豆二斗。生員□琮、陳熔，化穀五斗。信士楊濂、楊琯，化穀三斗。義妻李氏，化米二斗三升。李門馬氏，化麥豆二斗。信士韓謨妻，化穀一石二斗。信士薛文蒲，施銀二錢。生員閆學古，施銀一錢。生員李國基，施銀一錢。禮生田常慶，施銀一錢。信士王義，施銀一錢。俞大學，化穀二斗。船坡，穀斗半□。□騰□豆一斗。……

三社布施姓名開列於下：

會首介賓廩膳生□□□□，施銀……管事信士□進榮，施銀□錢……鄉正禮生□□□，施銀□錢……管事信士□□盛，施銀伍錢。王□□、景環、生員閆興文，施銀肆錢……管事王□貴，施銀肆錢。袁大周……管事史曰信，施銀肆錢。陳宝[5]……管事閆相堯，施銀貳錢肆分□□。管事任大壽，施銀貳錢肆分□□□。管事閆際時，施銀貳錢肆分……管事高若崙，施銀貳錢肆分……施銀貳錢。生員閆杰[6]周、生員閆際隆、史……生員高若岷、禮生高若岐、生員……禮生高□、高淮、趙聰[7]、王生英、史曰成、陳憲□、呂[8]夫……，施銀一錢六分。張丕正、信士陳學孔，施銀五分……施銀一錢。信士閆均周、趙君明、張□……曹十泰、劉[9]士相、蔣宥善、樊中庫……閆相啟、柳枝、王得邱、樊中顯……閆相帝、閆際泰、王杰英、王重英……□濯、趙景□、生員……王□、任，施銀一錢二分。管事高□□、王緒、禮生高□……管事李文儒、閆相姬、王忠……

【题解】

　　重建圣母祠碑勒石于清代末期，今立于泾川县城关镇茂林村皇天后土圣母殿右侧。碑石为砂岩质，通高157厘米，宽63厘米，厚14厘米，碑头为半圆形。碑阳额为双龙祥云纹饰，正中分2行刻"重建圣母祠碑记"7字，楷书，每字4厘米见方。碑面大面积剥沥，刻文可辨者20字左右，楷书，每字1.5厘米见方。碑阴为双凤祥云纹饰，碑额正中刻"皇清"2字，每字4厘米见方。碑身四周为波浪纹饰，刻文24行，满行50余字，楷书，每字1.5厘米见方。录文系编者依据原碑石及图片资料校勘。

【注释】

[1] 庒："莊"字俗体。
[2] 栢："柏"字俗体。
[3] 献："獻"字俗体。
[4] 穀：碑文均俗（讹）写为"谷"，应为"穀"。
[5] 宝："寶"字俗体。
[6] 杰："傑"字俗体。

[7] 聪："聰"字俗体。

[8] 吕：或为"閆"姓俗体，或系独立姓氏。古代泾州二姓并存，今均写作"吕"。

[9] 刘："劉"字俗体。

张规前移修永庆山诸神庙碑记

【录文】

……碑记

……皆有功德於世也。茲……

……龍王諸神，濟世祐文，錫嗣潤物，拯災捍患，持危扶顛，其有功德於世，亦不淺溯厥由來。庙[1]建於大明之……□所考。自大清雍正五年重修於永慶山之東，今復移修於永慶山。建廟四座，與諸神並享福禮，同格血……神之英靈如昨。呵護更新，諸社人罔不恃以康阜。仍恐其年之遠而或湮也，敬陳蕪詞，目[2]泐諸石，使後世……

……（第一列题名已残）

呂潤、呂永逢、楊登科、趙常、呂久会[3]、田應[4]交、趙林、呂喜朝、田應乾、楊登彭、趙官、呂順朝、鄭夫全、楊登庫、呂吉朝、趙進、呂永魁、田進玉、楊登岡、趙仁、呂樂帝、鄭夫迎、王存廷、趙聪[5]、呂開基、田進公、趙鳳、呂撫周、趙永、楊登保、田進才、趙居信、呂孝[6]、楊登孝、趙邦、楊前果、趙峨、楊世全、趙秋、楊登高、趙居礼[7]、楊德、王存雲、趙德、楊琴、呂乾、趙強、楊戊、趙心实[8]、楊芳、趙心正、趙裕、趙典、趙福、楊自保、趙奎、葉順春、田夫花、楊登灼、田夫忠、趙法、田夫正、趙魁、田夫江、張德正、田夫孝、田□吉、楊登迎、楊登福、王存德

泾庠弟子張規前沐手敬撰書並刊。

……刊石川河四社人等全敬立。

【题解】

移修永庆山诸神庙碑勒石于清末，今立于泾川县红河乡杨家沟沟口永庆寺内，碑头已残断不见，碑阴剥泐无字，由泾庠弟子张规前撰文并书丹。碑石为红砂岩质，上部已残，残高约97厘米，宽64厘米，厚17厘米。碑面四周为波浪纹饰，碑文23行，行残存2至40字，楷书，每字2厘米见方。

从仅存文字推断,该碑系永庆山移修龙王等诸神庙记和功德碑。功德题名中,赵氏居字辈,田氏进字辈、夫字辈,杨氏登字辈的人名较多,和同存于永庆寺的清乾隆年间"重修□□庙碑记"题名中的姓氏和字辈相一致,但却无重名者,可见"移修诸神庙"和乾隆时"重修□□庙"在时间上相去不远,应是当地同辈不同龄的大户人家积极参与的两期重修。

另外值得关注的是,此碑在书写中大量出现了以草法写楷的俗写文字。其中"庙""会""应"等字均与今简化汉字的楷书写法无异,"赵""叶""德"等字的部分笔画均取法草书。每个功德主后面有施银钱数,钱币单位以"双""卜"式符号简写,或为"两""分"。施银数额未录。录文系编者依据原碑石及图片资料校勘。

【注释】

[1] 庙:"廟"字俗体。

[2] 㠯：同"以"，"以"之本字，从篆法。

[3] 会："會"字俗体。

[4] 应："應"字俗体。

[5] 聪："聰"字异体。

[6] 斈："学"字异体。

[7] 礼：同"禮"。

[8] 实："實"字俗体。

义气千秋绿釉鼎铭

【录文】

義氣千秋。

【题解】

义气千秋绿釉鼎系泾川县博物馆旧藏，经文物专家鉴定制于清代。鼎为瓷质，高20.8厘米，口径25.1厘米，重2927克。微侈口，方唇，微束颈，圆鼓腹，壁部附有对称贯耳，耳两端镂空饰钱文。底微平，三兽蹄足，通体施绿釉，底足无釉，腹一侧有阳文"义气千秋"4字，隶书，每字6厘米见方。

魏母史氏墓志

【录文】

志盖：

清故魏母史氏墓誌銘。

志石：

清故魏母史氏墓誌銘

□□□□是，夫孟母□子以三遷……要貲[1] □□聖□誌其懿……有遺受也，去……吾父南□之□□欲求□誌既子……子者誌……兄也□將誰……出身……成□叨……度日，因伯父……夫婦相敬如賓，相□父……初□母□□□□笄總□□祖母……嘉其孝，是母德懿見於□□有如此……孫口其□□□□至母□□□□母以……□□□其……幾同親出……宜其家……以高其□□而……先□□□早……出……

【题解】

魏母史氏墓志勒铭于清代末期，今存泾川县文物管理所王母宫石窟寺内。撰文、书丹者不详。现存墓志盖、墓志各一方。志石为砂岩质，正方形，高、宽各57厘米，厚12厘米。墓志盖正面四周为波浪祥云纹，中间分3行刻"清故魏母史氏墓志铭"9字，篆书变体，当地百姓俗称"蛤蟆文"，每字12厘米见方。墓志铭漫漶严重，约存28行，满行28字，楷书，每字1厘米见方。录文系编者依据原碑石及图片资料校勘。

【注释】

[1] 赀：同"资"。

白门王氏墓志盖铭

【录文】

清待赠孺人白門王氏墓誌銘。

【题解】

白门王氏墓志盖勒铭于清代末期，今镶嵌于泾川县文物管理所王母宫石窟寺院内碑墙。碑石为砂质板岩，正方形，高、宽各35厘米。碑面四周为波浪纹饰，分4行刻"清待赠孺人白门王氏墓志铭"12字，篆书变体，当地百姓俗称"蛤蟆文"，每字6厘米见方。此为墓志盖，墓志已佚。录文系编者依据原碑石及图片资料校勘。

民　国

三年秦陇交界处碑记

【录文】

大中華民國三年十月。東至陝西省四百四十里，西至甘肅省九百七十里。

秦隴交畍[1]處。

隴東鎮守使吳中英立石。

【题解】

秦陇交界处碑刊立于民国三年（1914年），今镶嵌于泾川县文物管理所王母宫石窟寺院内碑墙，由陇东镇守使吴仲英立石。碑石为砂岩质，高171厘米，宽65厘米。刻文3行，每行5至29字。中间"秦陇交界处"5字为隶书，每字35厘米，两侧为楷书，每字4至10厘米见方。录文系编者依据原碑石校勘。

【注释】

[1]"畍"：同"界"。

三年张云亭夫妇墓志

【录文】

碑阳：

待贈封君張公、孺人郭氏之墓碑。

碑陰：

余觀讀書之成不成，亦有幸不幸耳。幸而有財有人，雖是□□，亦得身列膠庠；不幸而無財無人，雖穎達者，亦難□顯鄉里。行□□□□先生字雲亭者，固聰明中人，而亦謹細中□，□□□以□□□之□止讀書之念，與其內郭孺人日□振興家業，□□□雖□□□違□有拂亂之憂，而勤儉訓家，雷厲風行，有絲毫不□□惜老易□□□嚴君，老先生夫婦之謂也。迄今家道頗豐，子孫□□□□□□□婦之厚德所致乎。膏樗櫟庸才敢勒斯語，以志□□□□□□素著，不能不為之敘，以記其盛云。

邑高等小學校校長兼教習、愚……，邑前清增廣生員，愚晚……

中華民國三年，歲在閼逢攝提格季[1]冬涂月[2]中……

【题解】

张云亭夫妇墓志勒石于民国三年（1914年），今存泾川县罗汉洞乡土塹坳村。碑石为砂岩质，高153厘米，宽62厘米，厚15厘米，碑头为半圆形。碑阳额刻双龙祥云图案，中间有"皇清"2字，楷书，每字8厘米见方。四周为回形纹饰，中间文字均为楷书，每字8厘米见方。碑阴额刻"碑阴"2字，每字9厘米见方。碑额下横刻"芳规之式"4字，楷书，每字5厘米见方。碑阴四周为回形纹饰，中间刻文11行，满行26字，楷书，每字2.5厘米见方。撰文、书丹处题款剥落不详。录文系编者依据原碑石校勘。

【注释】

[1] 阏逢摄提格季：古代纪年别称，即甲寅年。

[2] 涂月：古代纪月别称，即农历腊月。

四年复铸铁鹤铭

【录文】

其一：

此對仙鶴，嘉慶十四年，前輩鄉飲介賓何諱同聰[1]等在咸陽縣鑄采。于光緒卅一年，有何順興將是鶴偶尔[2]戲傷。功未即成，以致一鶴孤立欤。秋，人等焚香，不忍袖手，集眾商議。該何順興私付匠費，准合社輪流管飯。即收德盛爐[3]金火匠人直隸董芝清、李萬忠，鳳翔孟師孔，來寺復鑄。

峕[4]在民國歲次乙卯桐月穀旦，合社仝[5]立。

維彼仙鶴，□自南山。興勞翔集，恭獻[6]神壇。高腳長頸，配尔豆籩。雙立簷[7]下，萬古流傳。

經理弟子何如□、經理生員何漢傑、經理生員何樹泮、武生何騰蛟、耆賓何步盛、弟子何維清、弟子何純清、弟子何□□。

其二：

金火匠人、富平縣東北鄉藏、淡二村居主，咸陽縣西門外南興順爐園[8]馬米進、張生發、田自勇仝造。

【题解】

复铸铁鹤铭文记载了民国四年（1915年）复铸铁鹤一事，1969年征集自高平镇东坡村古庙，今存泾川县博物馆。鹤为一对，分别立于圆台状龟座之上，其一高198厘米，其二高187厘米。铭文铸于铁鹤胸腹部。其一鹤铸文共17行，满行12字，楷书，每字2厘米见方。其二鹤铸文共9行，每行1至7字不等，楷书，每字2.5厘米见方。录文系编者依据原铁鹤及图片资料校勘。

【注释】

［1］聡："聰"字俗体。

［2］尓："爾"字俗体。

［3］炉："爐"字俗体。后同。

［4］旹：同"时"。

［5］仝：同"同"。后同。

［6］献："獻"字俗体。后同。

［7］簷：同"檐"。

［8］园："園"字俗体。

李母李孺人懿行道碑记

【录文】

李母李孺人懿行道碑记

《詩·周南·桃夭》篇有"宜其家人"之句，朱註謂：宜為和順之意，釋者更推衍而實之謂□□。時聞非儀，無有孝不衰於舅姑，教不違於夫子，慈不遺於卑幼，義不拂□□□□□外整肅，尊卑和睦，方可謂之宜。賢德如孺人，悉足以當之。然其□□□行之，當更有難能可貴者。在在履險如夷，曲折細微，各臻其極，誠令人滿心滿意，極口□□□□□樂道之者皆實錄，非溢美也。孺人者，鎮邑南莊李家李府君處士諱□德之女，清廩生□□諱良弼之妹。出自名門，內則模範卓然有可傳者。及於歸，以禁煙得□□□□府君諱萬傑之元配也。爾時雖云大家，尚屬少有。孺人夜寐夙興，以執婦道，即凡□□飯□酒□縫衣裳等件，皆所優為易。所謂無攸，遂在中饋貞吉。孺人以之□□□間拙且惰之愚婦人，不誠判若天壤哉？此其可貴者一也。當阿翁既耄之年，使其所樂，時疾□在床褥，問安視膳，猶可勉而致。特以病在二三年之外，阿翁寢室又在高□□□出入升降必歷樓臺，甚非易易。諺云：久病無孝子，況其地更非坦途乎？乃孺人日夜勤勤懇懇，甘心任勞，時為之供湯水，時為之洗衣裳，時為之滌溺器，始終如一□□□遑窺其隱。一若阿翁之疾，身疾也。孺人無疾之疾，心疾也。身疾瘳而心疾亦瘳，安知身疾之瘳非心疾之孝感所致宜？阿翁之於孺人，嘗對親朋贊美之無已也。□□前事阿姑，後事繼姑，均能曲為承順，以慰其心，彼兩姑亦嘗稱其孝敬焉，是又其驗也。此其可貴者二也。其相夫君也，必敬必戒，以順為正。永無反目之嫌，嘗有齊眉之舉。□能終，溫且惠，以助夫君之所不及。蓋以夫君生性剛強，於昆季天倫之樂，偶爾失和，兩不相讓，孺人於此規勸，其夫君不顧也，遂轉而溫言婉語以勸其叔。其叔聞賢嫂□己之言，遂將所藏之怒、所蓄之怨渙然冰釋，相安於無事。更憶其夫君當四十六歲之時，延至二三年有疾弗□，厥後病日臻。孺人奉事惟謹，茲不待言。惟當氣血失平，□□怒氣易發，發則將孺人喚來，或以手批其頰，或以杖擊其身，直受之而不避，蓋恐其一去而觸怒愈盛，氣愈不平，大有妨於□生也。夫何昊天不弔，夫君從此逝。孺人□一而終，是非賢明者能若是乎？此其可貴者三也。其課子孫也，寬而有嚴，教以多術。順序者激勵而勸勉之，不順序者繩愆糾謬而多方開導之，務使革其舊染之污而後□。其與孟母斷機訓如出一轍，較諸溺愛不明，莫知其子之惡者，原自大不相侔也。此其可貴者四也。其於窮人之補助也，例以孔子坤地吝嗇之說，似非婦人所易能，乃孺人有孚之惠心。不特親戚有然，即於鄉鄰，則亦有然者。觀於某當簞食豆羹、生死之間，竟推此斗□之恩，類於漂母之飯，信某即刻骨銘心。後以世途不靖，四鄉均受影響，而孺人家蒙保護，秋毫無犯，報施之巧有若此者。更聞其叔遠託異域，窮無所歸，孺人命其子歡迎到家，奉養終身，實為非常之義舉。從此大業富有，不數年間遠甚於昔。雖云有克家令子計劃過人，而究其發祥之速焉，知非孺人至順之德，分財之惠，有以積於中而著於外。是以猶周之王業，雖新於文王，成於武王，而實基於思齊之太任、嗣音之太姒，積之厚者流自光也。此其可貴者五也。現今女校林立，受業者實繁，有徒凡此諸姑姑、姊妹若而人畢業者屢矣。想必嫻內閫之儀學，如女士盡能若孺人之美玉無瑕。在在淑慎其身，則身修而家齊，家齊而國治，國治而天下平，則婦人亦與有力焉，不可拭目視之哉。

前清例授文林郎揀銓知縣、丁酉科舉人閻佐武鞠躬撰文
前清涇川縣第一高級學校畢業、愚晚閻思敏頓首書丹

【题解】

李母李孺人懿行道碑勒石于民国，今匍于泾川县荔堡镇粮管所内，碑阳不便校录，此为碑阴。由间佐武撰文，间思敏书丹。碑为石灰岩质，高160厘米，宽62厘米，碑身四周为花卉纹饰，右下略有残损，刻碑文21行，满行66字，每字1.5厘米见方。录文系编者依据原碑石及图片资料校勘。

【撰者】

间佐武（1862—1938），字渭川，号南村，甘肃省泾川县荔堡镇人，明朝贵州右布政使、礼部尚书间钲后裔。清光绪丁酉科（1897年）第十六名举人，分为甲等，例授文林郎，候补知县。由于举进士不第，于是退隐乡间，致力于治学和教育。光绪年间，在镜清书院担任主讲。后来，书院改制为高级小学，因他曾肄业于速成师范学校，所以聘请他主持学校工作，其间付出了大量心血。后来他辞职回家开办私塾，三十多年里再未离开过家乡，凡是经过他教授的学生，都处事恭谨，气度儒雅，多有成就。

十三年张兆钾题吕公祠诗题刻

【录文】

泾汭崆峒兩地思，范公祠接呂公祠。
存城殉國皆非易，一樣功名萬古垂。

新祠門外道平平，闢[1]土分茅此建營。
崇德報功吾有責，雲中靈爽或如生。

【题解】

原题为《泾川范公祠与平凉吕公祠先后落成既题吕祠碑阴再记七绝二首于泾》，碑今已佚，未见存世拓本，规格等信息不详。碑文原载民国邹光鲁《泾川县志·金石志》，并按："此诗与安御史范公祠记之碑石今已毁，由拓页抄录之，特附数言，编者识。"撰者系陇东镇守使张兆钾，其曾于民国十三年（1924年）书丹并刊立"清授建威将军记名简放提督范公祠碑记"。录文系编者依据《泾川县志·金石志》校勘。

【撰者】

张兆钾，字鼎臣，甘肃渭源人，清末武举出身。1920年任陇东镇守使，任内残暴贪横，1926年被国民军击败后寄居大连。

【注释】

[1] "闢"：同"辟"。

十五年郑濬旌表节妇完颜氏碑记

【录文】

碑阳：

……處地方軍務糧餉兼理茶馬管巡撫事升為

皇□旌表史節婦完顏氏之碑。

……汪若南敬書。

……講□：史文若。

……□長：朱□清。

左隣[1]：史受彩右隣：史廷實。

……勒石。

……十四年仲冬之月請准。

碑阴：

旌表節婦完顏氏之碑

史節婦完顏氏，其夫史尊德，家涇川之北水泉寺村。節婦年十七歸尊德，踰[2]八年，尊德死。有子二，長曰彥真，纔六歲；次者未朞[3]月，後十餘歲殤；女子一人，三歲耳。尊德之死也，節婦同兄嫂叔嬸居家貧甚，無以全活而節操獨堅。嬸利其去議奪嫁，嫁有日矣，節婦駿急，匍匐尊德墓次呼夫號，泣聲聞数里，以头触塚，血淋漓，草木皆染，晕绝者久之。孀知不可夺事，遂寝。未几叔亡，孀更适，而兄亦物故，嫂以食指夥分爨，给节妇子女四人麦五升餬[4]口。不赡旬日，节妇以所给麦五升者磨麵货之，赢其麸以疗饥。家有硗田七亩，耘耔刈穫一身肩之。更三十馀年，蚤[5]夜操作，心力俱瘁，所茹辛苦皆人家所未有，乡里莫不怜之。昔归熙甫作韦节妇传谓："韦夫人所处，视他妇人守节者艰难殆百倍之。"今以视节妇艰难，盖又有百倍于韦夫人，所处者恨不得能文章如熙甫者为之传耳比。光绪丁未，节妇年六十，所生六岁子彦真者，业商平凉，始有奇赢，为节妇坎坷狼狈老且死去也，纳赀[6]为从九品以娱之。而族绅史和钧复同孙佩□、徐永周、完乐善、闾文煜、史赞尧诸君子书白其事，学官上之大府，以闻得旨，允建牌坊，竖碑鎸姓氏，颁匾额四字曰"清标彤管"。史和钧者重气节，矜孤寡长者也，节妇守义，得有今日，和钧与有力焉。始□□□□□□虏[7]至，势汹汹锐甚。节妇时为处女，义不辱身，投悬崖高五六寻，濒死者数矣，卒迺[8]无恙。尊德耳其为而贤之，遂娶焉，竟其所成为史氏门闾光。其尊德相妻，别具只眼欤！今年丙寅，为民国十五年，节妇于是年七十有九矣。其子彦真以言，予为次其崖署[9]寿之石，俾人士知回中之麓，泾汭交会处有此贤女子也。彦真又谓，节妇生彦真时，嫂亦生子，年衰乳不赡，节妇减彦真乳乳之，彦真常有饥色，不少恤。已而岁大饥，人相食，节妇以脱粟者饭兄嫂，而自啗[10]草根树皮。自来归事兄嫂，一如事舅姑，见者辈以谓儿妇也者，初不知其为弟妻也。嗟乎！是固然，然兹不录，录其尤以饷治国，闻者辞曰：

回中之麓，泾汭所会。扶舆清淑，萃于巾帼。巾帼人杰，曰完颜氏。当迺夫亡，家徒四壁。有言再适，食不咽下。不谓孀氏，欲夺而嫁。夺嫁不已，呼夫号泣。碰头出血，事遂中止。未几分爨，粮[11]不一斗。坎坷狼狈，人家未有。年逾六十，其事□闻。建坊鎸碑，匾额颁文。其文维何，清标彤管。煌煌纶綍，光生里闾。闺□□阀，莫此为大。闻者兴起，百世之下。吁嗟女子，树立芳此。堂堂须眉，能不愧死。千秋万岁，视兹刻语。

　　二等文虎、嘉禾章特授厚威将军、勋四位陆军中将、陇东镇守使张兆钾书赠匾额。

　　二等大绶嘉禾章任命甘肃于[12]酒局长、调代甘肃甘凉道尹、光绪庚子、辛丑并[13]科举人郑濬甫哲侯撰。

　　七等嘉禾章陇东镇守使署参谋署理环县知事郭凤藻蕴岑篆额。

　　一等金色奖章前平凉商务会长、山右涑南居士王礼敬斋书丹。

　　　　大中华民国十五年岁次甲寅季秋之月立。
　　　　岐山铁笔匠傅心元鎸石。

【题解】

旌表节妇完颜氏之碑勒石于民国十五年（1926年），2016年6月出土于泾川县城关镇水泉寺村农宅房基下，时编者主持泾川县博物馆，将其动员征集至县博物馆保存。碑为石灰岩质，高242厘米，宽78厘米，厚20厘米。碑阳、碑阴四周均为八仙及花卉纹饰，两面字迹除个别剥蚀外其余清晰可辨。其中碑阳楷书，每字2至10厘米见方。碑阴刻文17行，满行79字，楷书，正文每字2厘米见方，落款每字4厘米见方。碑阳因编者将资料遗失，囿于场地限制不便再录，以当时所存局部照片暂录部分文字。录文系编者依据原碑石及照片资料校勘。

【题匾】

张兆钾，见前注。

【撰者】

郑浚（1870—1939），字哲侯，甘肃省平凉市崆峒区草峰镇夏寨村郑家洼人。清光绪二十七年（1901年）乡试第十名举人。平凉同盟会先驱之一，曾任国民党甘肃支部平凉分部第一任部长、平凉县议会第一任议长、省议会秘书长兼国民党甘肃支部《大河日报》总编辑、省立第二中学

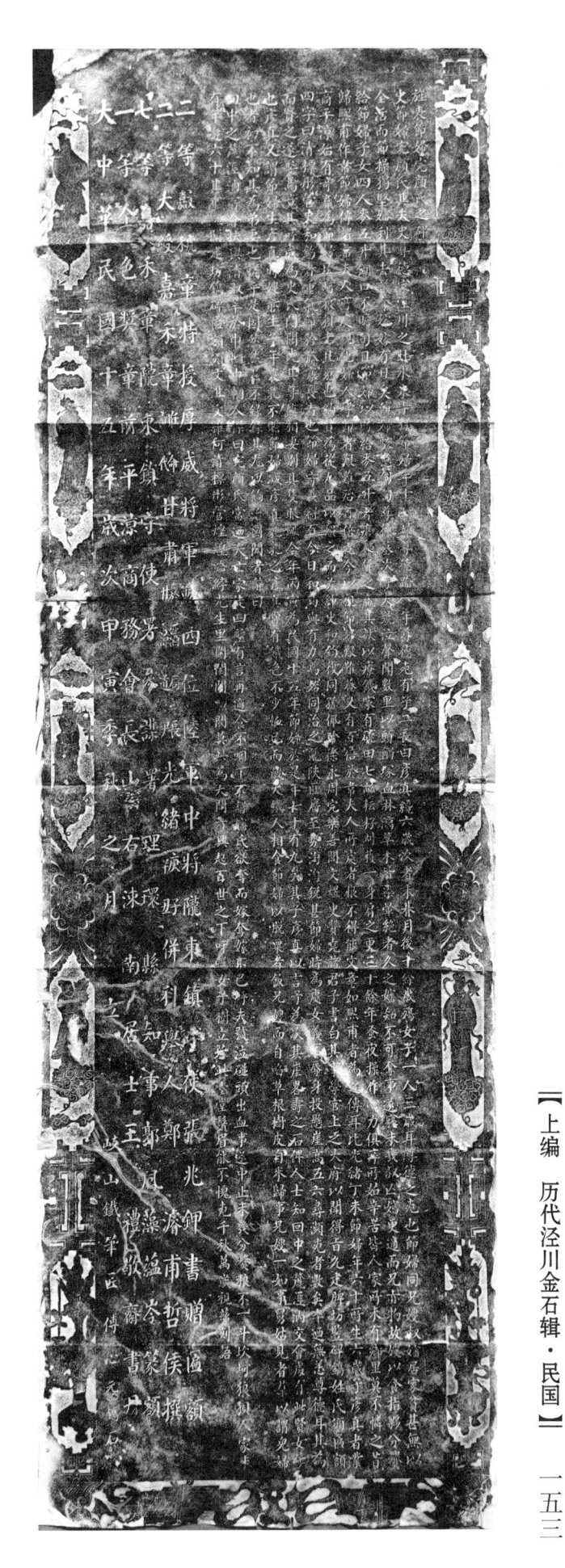

（现平凉一中）第一任校长、环县县长、甘凉道尹、甘肃官银号总办、烟酒事务局局长、民政厅厅长等职。因功绩卓著，被民国政府特授"二等大绶嘉禾勋章"。晚年安居东关举人巷，逝世后葬于南山台地上。

【篆额】

郭凤藻，生卒年不详，字蕴岑，甘肃渭源人。甘肃法政学校别科毕业，受同乡张兆钾举任庆阳环县知事。能文章，工书画，晚年潜心修佛，知名佛教居士。

【碑阳书者】

汪若南（1873—1960），字小泉，号石塘、伴琴道人、东湖隐士。祖籍安徽，其父在左宗棠西征时随军队来平凉，后定居于此。工书法，绘画尤擅竹、兰，与曾鲁斋、张观雪、刘芳铭并称"陇东四家"，曾参加莫斯科画展等展出。

【注释】

[1] 隣："鄰"字异体。后同。

[2] 踰：同"逾"。

[3] 朞："期"字异体。

[4] 餬："糊"字异体。

[5] 蚤：通"早"。

[6] 貲：同"资"。

[7] 廩：同"廪"。

[8] 迺：通"乃"。后同。

[9] 畧："略"字异体。

[10] 啗：同"啖"。

[11] 粮：同"糧"。

[12] 扵：原碑作"扵"，应为"兹"。

[13] 併：同"並"。

孝思维则题刻

【录文】

孝思维则。

【题解】

孝思维则碑系2023年从泾川县城关镇水泉寺村征集，现存泾川县博物馆。碑为石灰岩质，高60厘米，宽96厘米，厚12厘米。仅碑阳阴刻四字，行楷书，每字19厘米见方。据原收藏者史小刚反映，此碑或为民国十五年（1926年）郑浚撰旌表节妇完颜氏之碑的碑亭横额，其字迹与旌表节妇完颜氏之碑碑阳汪若南题书相似。录文系编者依据原碑石校勘。

十六年冯玉祥宣政碑记

【录文】

我們一定要把貪官污吏、土豪劣紳掃除淨盡。我們誓為人民建設極清廉的政府。我們為人民除水患、興水利、修道路、種樹木，及做種種有益的事。我們要使人人均有受教育、讀書識字的機會。我們訓練軍隊的標準是為人民謀利益。我們軍隊是人民的武力。

中華民國十六年馮玉祥。

涇川縣長梁在岐立。

【题解】

冯玉祥宣政碑内容系民国十六年（1927年）其在西安就任国民革命军第二集团军总司令时发布的政治主张，同年泾川县长梁在岐刊碑立石，今镶嵌于泾川县文物管理所王母宫石窟寺院内碑墙。碑石为砂岩质，高125厘米，宽65厘米，刻文8行，满行15字，楷书，每字6厘米见方。目前在甘肃、陕西、河南、山东等地均存有同样内容的碑刻，也被称作冯玉祥"训令碑""告谕碑""誓词碑"。录文系编者依据原碑石校勘。

【书者】

冯玉祥（1882—1948），字焕章，原名基善，原籍安徽省巢县（今安徽省巢湖市），生于直隶青县（今河北省沧州市青县），国民革命军陆军一级上将，西北军首领。有"基督将军""布衣将军"之称。

十七年甘肃泾原区界址碑记

【录文】

中華民國十七年四月。

甘肅涇原區界趾[1]碑。

隴東鎮守使陳毓耀、涇原區行政長王楨，刊立。

【题解】

甘肃泾原区界址碑刊立于民国十七年（1928年），今镶嵌于泾川县文物管理所王母宫石窟寺院内碑墙。碑石为砂岩质，高155厘米，宽60厘米。刻文3行，每行8至10字。中间"甘肃泾原区界址碑"8字为行书，每字15厘米，两侧为楷书，每字5厘米见方。录文系编者依据原碑石校勘。

【注释】

[1] 趾：通"址"。

十八年田生旺墓志

【录文】

碑阳：

……旺……人之墓碑。

……逸民、作民、健民、新民、智民、佑民、育民、惠民、養民、拓民，曾孫：國柱、國材、國維、國棟、國梁、國楨，敬勒石。

碑阴：

……第知其熾昌蕃衍而不知其艱難締造，種……公行三，生十九歲，值□□，流離奔走。逮……農商業十五載，家道始有起色。語云：勤……人則危坐門首，潛藏食物於襟下，以俟……治家嚴肅有條，故子孫輩均能繼承父……先歿，易簣之時，猶斤斤以為念，召家人至……成父志，亦孝行人也。公咸豐元年十月十……年十二月十二日生，民國十八年七月十九……嗣乃兄子實。蘊玉[1]，字崑山，畢業中國大學，因……誠正直，公而忘私，國而忘家，以故中樞當道，咸……使其然耶。是為表。

……世愚侄劉葆鍔頓首撰文。

【题解】

田生旺墓志勒石于民国十八年（1929年），刘葆锷撰文。碑石为石灰岩质，上半部已断佚，残高72厘米，宽65厘米，厚20厘米。碑阳四周为仙禽瑞兽及宝瓶插花纹饰，中间文字均为楷书，每字2至11厘米。碑阴四周为花叶及蝴蝶纹饰，刻文12行，行最多18字，楷书，每字3厘米见方。录文系编者依据原碑石及图片资料校勘。

墓主田生旺系田生秀（另存有墓碑）之弟，此碑未署书丹者姓名。但与现在同存于泾川县王村镇王村西沟口的"王子谟教泽碑""田生秀墓碑""田母张太夫人墓碑"三方碑刻书法应出自一人之手，此三碑书丹者均为刘靖卿。

【撰者】

刘葆锷（1894—1960），字养锋，庆阳市西峰区肖金镇人。1919年由兰州中学被甘肃省教育厅保送日本留学。1926年9月投笔从戎，任吉鸿昌第十九师师部秘书兼政治处处长，1929年此碑勒石时任宁夏省政府秘书长、宁夏教育厅厅长。1933年秋弃政从教，在平凉中学、甘肃学院任教。擅书法，有《习字入门》等论著出版。

【注释】

［1］蕴玉：即田蕴玉（1890—1959），字昆山，泾川县王村镇人。曾任民国甘肃省粮食管理局局长，国民党中央执行委员、中央评议委员、中央常务委员等要职。1959年卒于台湾，葬于阳明山。逝后国民党中央将台南中学改建为昆山工业专科学校，并树立铜像，以示纪念。

田生秀墓志

【录文】

碑阳：

顯考田太封君諱生秀、顯妣張太夫人之墓碑。

孝男、侄：美玉、貢玉、懷玉、種玉、渾玉、璞玉、蘊玉，孫：育民、惠民、養民、拓民、健民、逸民、佑民、作民、新民、智民，曾孫：國柱、國材、國棟、國維、國樑、國楨。敬勒石。

碑阴：

子實田太封君墓表

公諱生秀，字子實，世居涇川王村鎮。兄弟三人，公為仲。性誠慤、寡言笑，友於兄弟、慈於幼卑，處理家務井然有條。當□□己巳，□□□，兵燹熾，人民死於鋒鏑者十之八九，公家亦蕩焉。乃偕其弟生旺逃亡於外，備嘗酸楚。逮亂平旋里，僅餘蕪田二畝。無已，命弟職鐵工，己則孤身苦撐，倍力而耕，雖風寒暴雨弗敢輟也。以節衣縮食之儲，購置田園。經營越五年，家業始復繁昌，里人皆頌公之勤。王邨[1]今尚以勤儉稱者，實公之教也。公對家人弟子，待以至誠，訓導維殷，雖法肅辭嚴，終身未嘗一傷骨肉之雅。至今家人談及，莫不怵然敬、凜然畏。其夫人張氏早逝，乏嗣。以乃弟之子美玉、貢玉承祧，有女三。公生於道光二十二年十一月二十八日，卒於光緒三十四年，享年六十八。贊曰：和而禮，儉以勤。天錫嘏，嗣無窮。

　　　　　　　寗夏省教育廳會計主任、世愚晚劉靖卿頓首書丹。

【題解】

田生秀墓志碑由民國寧夏省教育廳會計主任劉靖卿書丹，今存涇川縣王村鎮王村西溝口。碑石為石灰岩質，高154厘米，寬65厘米，厚20厘米。碑陽四周為八仙及寶瓶插花紋飾，中間文字均為楷書，每字2至11厘米。碑陰四周為花葉及蝴蝶紋飾，刻文11行，滿行30字，楷書，每字3厘米見方。錄文系編者依據原碑石及圖片資料校勘。

墓主田生秀卒于光绪三十四年（1908年），但此碑非卒后即刊。一是文中有"至今家人谈及，莫不怵然敬、凛然畏"之句，应非刚去世立碑时所表达的语境。二是书丹者为宁夏省教育厅会计主任刘靖卿，由其书丹并与此职务完全一致的"田母张太夫人墓志"勒石于民国二十二年（1933年）。三年后，刘靖卿已升任宁夏省财政厅庶务主任，故此碑勒石时间应在民国二十二年左右。

【书者】

刘靖卿，生卒年、籍贯不详。国民革命军陆军少校，民国二十二年至二十五年（1933—1936）先后任宁夏省教育厅会计主任、宁夏省财政厅庶务主任。

【注释】

[1] 邨：同"村"。

二十二年田母张太夫人墓志

【录文】

碑阳：

中華民國二十二年八月一日。

顯妣田母張太夫人之墓碑。

孝男育民敬勒石。

碑阴：

顯妣張太夫人行述

育民不□□七歲而喪母。□母□育之恩，未獲一報。而育民之長未成人，吾母□及見。□□憶□齡時，聆祖母□太夫人證曰："爾母寡言，性勤慎，孝敬父母，和睦姒娌，家庭之□□全倚之。不意天不假年，一疾而卒。且臨終時顧念汝及汝兩妹幼稚，哀乞余抓養，氣息垂絕，猶未瞑目。"迄今二十四年矣，每念此語，泫然淚下。嘗聞之：居官正，戰陣勇，能顯親揚名者，即謂之孝。育民對吾母，生未能奉菽水之養，誠期効忠國家，努力上進，果能將吾母之懿行稍事表述，使社會人士知吾母尚有此子，於願足矣。民十四投筆從戎，轉戰於甘、陝、豫、冀、魯間，歷任書記、軍需、軍械等職，未敢稍失，蓋念母也。二十年於京都任職蒙藏委員會科長。翌年，又調充安徽省政府視察專員，即欲為吾母之□□碣，以示不忘。惜道路遼遠，人事糾纏未果。今春，甘肅省政府命委辦平涼

□税□□家門□事，順手乃命匠鳩工，刊石為銘。一以□歷□□念之宿願，一以答吾母生育之鴻恩。時民國甲戌秋八月，孝男育民謹述。

寧夏教育廳會計主任劉靖卿拜書。

【題解】

田母张太夫人墓志勒石于民国二十二年（1933年），今存泾川县王村镇王村西沟口。由墓主张太夫人之子田育民撰文，宁夏省教育厅会计主任刘靖卿书丹。碑石为石灰岩质，高143厘米，宽68厘米，厚20厘米。碑阳四周为人物祥云和玉佩如意纹饰，中间文字均为楷书，每字3至11厘米。碑阴四周为花叶纹饰，刻文12行，单行最多35字，楷书，每字5厘米见方。录文系编者依据原碑石及图片资料校勘。

【书者】

刘靖卿，见前注。

二十三年田氏墓庐蒋介石题刻

【录文】

民國二十三年七月。

明德啟後。

蔣中正。

【题解】

蒋介石题田氏墓庐碑刻制于民国二十三年（1934年），系蒋介石为泾川籍政要田昆山家族墓庐所题，今存泾川县文物管理所王母宫石窟寺院内"三碑室"。碑石为砂岩质，高95厘米，宽73厘米，厚10厘米。碑面四周刻有祥云及五福捧寿图案。中间"明德启后"4字，每字15厘米见方，两侧题款每字3厘米见方，均为楷书，印章5厘米见方。录文系编者依据原碑石及图片资料校勘。

二十三年田氏世代宗祖之墓志

【录文】

碑阳：

中華民國二十三年國曆八月……。

田氏世代宗祖之墓碑。

後裔種玉、美玉、蘊玉、貢玉、懷玉、渾玉、璞玉，率子逸民、育民、健民、新民、智民、佑民、作民、惠民、養民、拓民，偕孫國柱、國材、國維、國棟、國梁、國楨，敬勒石。

碑陰：

其一：

……辦甘肅軍務、會甯楊思敬題。

……橋蔭高岑……獨邁德音……裁式古型今……琢璞玉精金……胤驥子駸駸……國器宇宏深……舍福備壬林……吉高躅可尋……采視此碑陰。

其二：

朱紹良敬題。

懿歟田氏，隴右世家。德昭里閭，慶洽桑麻。後啟有秀，黨國之華。福澤綿遠，樂祉無涯。

其三：

紹興邵力子謹贊。

火牛驅燕[1]，海魚城薛[2]，代有聞人，流風岡歇，種德留春，鋤經帶月，天錫爾類，蘭芽玉茁，革命奔馳，□□□哲，鬱鬱佳城，松□□□，□□□近，永甯……

【题解】

田氏世代宗祖之墓志勒石于民国二十三年（1934年），今存泾川县王村镇王村西沟口。碑石为石灰岩质，已断裂，部分碑体已佚。拼接后残高162厘米，宽68厘米，厚14厘米。碑阳四周为透雕八仙及缠枝花叶等纹饰，中间文字均为楷书，每字2至16厘米。碑阴四周为花叶纹饰，中间分别为民国政要杨思、朱绍良、邵力子所题三方赞辞。录文系编者依据原碑石及图片资料校勘。

【注释】

[1] 火牛驱燕：即《史记·田单列传》的典故。用以褒扬田氏先祖的功绩。下同。

[2] 海鱼城薛：即《战国策·齐策一》中齐王封田婴于薛的典故。

二十四年闫清海墓志

【录文】

前清武庠生闫府君之墓碑记

太古無文字，中古無書籍。夫文字書籍且無，況碑記乎？秦漢而下始有碑，晉魏以來則漸盛，今則琅玕林立，觸目皆是。士大夫之有財力者，類皆為之，正所謂司空見慣也。然碑之貴在於文，不在於石；文之貴在乎實，不在乎華。如憑空立說，揄揚溢美，不惟取誚當時，亦將貽笑後世，奚可哉？郡人閆文顯者，純孝子也。本年春為其先考閆府君立墓碑，事前求文於余，余弗應，以為生今之世，苟非推□科金□仕，則人微而言輕。人微而言輕，則不足以取信於人。非謂不足取信也，併將以輕人之故輕此碑。烏乎[1]，可余不許，懇之再三，余重違其意，不得已勉承其命，以成此仁孝之志。且激濁揚清，亦大雅君子之所樂為者。因為之記曰：先生姓閆氏，諱清海，字鏡堂，涇之東區金村里人也。世居荔鎮閆家新庄[2]，系明贈禮部尚書諱鉦之後裔。清初由老戶閆家喬遷於此，蓋已數世矣。父諱創財，以齒德舉農畯。母王氏早卒，繼母賈氏撫養成人，視先生如己出，先生亦以孝服事之，始終無間言。先生幼時即倜儻不群，承兵凶之後，四方多事，未得攻書。然天性高明，遇事自能條理，彼老師、宿儒、頗有學識者往往瞠乎，其後識者固已知其不凡矣。及壯年，膂力過人，好馳馬試劍，遂學射於李岳山夫子門下，卒以英武絕倫得入本州武庠。後因家務羈絆，不遑上進，致使奪標，成□□人佔元，惜哉！先生性沉靜，寡言語，雖無喋喋利辨之才，然雄勇有為，料事、料人類能中之，誠所謂知彼知己也。假使遭逢際遇，登壇拜將，當亦□城之□□□之材也，豈止作一方保障已哉？然世人好以成敗論人，如先生之不遇，常人安知其優為此也？中年後管里事十餘年間，民受其賜，官吏亦重之。故歷任縣長多以青眼相待，而以"見義勇為"四字獎之。自入民國，重青年，斥老成，先生遂杜門謝客，優遊邱園，不復問時事矣。二十四年春，偶得疾，百藥無效，遂至不起。臨終囑，天事皆諄諄，仁至義盡。語有負債難償者，輒囑其子勿究。升遐之日，誄祭者踵踵相接，大有陳實一郡畢至之概。享壽六十有四，生於同治十一年十月十六日，卒於民國二十四年七月十五日，卜葬新塋，癸山丁向。嗚呼，先生一生事蹟盡在於斯，先生從此已矣，後世如先生者能有幾人哉？爰為之銘曰：

哲人已逝，典型在焉。遙想風度，恍若目前。記君之體，碩大且儼，東坡之腹，子產之肩。記君之貌，虎頭燕頷，封侯有相，三□在望，各為君穿。記君之才，可立可權，排難解紛，大似魯連。記君之品，如圭如璇，豪俠尚義，諾不輕然。記君之德，周急為先，凶歲之穀，飢民之遇合無緣。記君之技，拍馬控弦，天。記君之靈，業已遊仙。記君之魄，現葬九原。記君之事，刊石編年。記君之名，萬古流傳。

高等學校最優等畢業丙辰科俊元、姻愚弟魏金海頓首拜撰。
涇川縣高等小學校畢業秀士、現任初級學校校長愚弟景啟運鞠躬敬書。
峕中華民國二十……月穀旦敬立。

【题解】

同清海墓志勒石于民国二十四年（1935年），今置于泾川县荔堡镇粮管所内，碑阳不便校录，此为碑阴。由魏金海撰文，泾川县初级学校校长景启运书丹。碑为石灰岩质，高162厘米，宽68厘米，刻碑文20行，满行60字，每字2厘米见方。录文系编者依据原碑石及图片资料校勘。

【注释】

[1] 烏乎：同"嗚呼"。
[2] 庒："莊"字俗体。

二十五年慕寿祺泾川王子谟先生教泽碑记

【录文】

碑阳：

中華民國二十五年八月穀旦。

襄贊者：李嗣秩、張炳蘭、口成章、趙國彥、教育局、口善諭、王存德、閻師恭、路義、劉尤志、朱文錦、余鴻俊、周鎮岐、郭維民、李生福、党國翰、王國治，仝敬立。

王老夫子子謨先生教澤碑。

門生：朱炳南、高培蘭、雷震東、劉文傑、高其暢、朱貫三、田育民、路炤章、梁濟川、張國維、趙清化、王紹先、許步瀛、朱正豐、趙廷棟、劉光耀、郭自立、王俊儒，仝敬立。

碑阴：

涇川王子謨先生教澤碑

涇川北原王家庒[1]子距城三十里，中有文士焉，曰王君子謨。與余魚雁往還，相交以心，蓋教育界中人也。晚復宣力黨務，有聲於時，今已忽忽作古人矣。君諱丕顯，子謨，其字也。生於清同治十二年，卒於民國十八年九月。幼聰穎，家故貧，半耕半讀，補博士弟子員，專攻舉子業，文有根柢，試高等食餼，飛黃騰達指顧間事耳。光緒歲甲辰，詔停科舉，各省籌辦教育。甘肅得風氣晚，苦無師資，迺[2]設優級師範學校於蘭州，選科舉時代之品學兼優、聲望素著者來省脩[3]業，涇州牧以子謨應選。余與子謨時相晤談，一聚三年，棠棣之好，何以加茲。及卒業歸，服務鄉邦，殫厥心力。民國初任縣參議會議員，慨然曰："溺身案牘中，日托空言，何如見諸行事之有益地方也。況國而曰，民百端待理，趨新進化，其在小國民乎？"迺創辦党原[4]高等小學，時民國二年也。落成，僉舉子謨長校，循循善誘，士子莘莘。七年，又創辦王村高小學校，子謨以教党原者教之。受業於門者，如朱貫三、田育民、劉文傑、路炤章，以及高其暢、雷震東、梁濟川等七十餘人，皆先生所培而成焉者也。嗚呼盛矣，不寧惟是。子謨為縣督學時，復勸設國民小學二十餘處，涇川學界中人類能歷歷言之，余亦聞之稔矣。子謨歿已八年，其高足朱貫三等追念函丈，志在表章。以王村地當孔道，集

貲[5]立碑。復以余知子謨深，屬為文以紀其事。余正編纂《甘寧青史畧》[6]，見夫魏崔延伯與万俟醜奴大戰於党原，有明中葉套虜犯邊，竄至王村，是涇川固自古用兵地也。今則枹鼓不驚，人文蔚起，十步之內，必有芳艸[7]。然非子謨苦心經營，曷克臻此？余既攝其行事，復為之銘曰：

涇水之清，哲人挺生。詩書篤好，簪纓是榮。泰茹斯拔，怒鵬莫程。身遭其厄，而昌厥聲。當其壯時，遊學金城。晚而設教，重在初萌。廼建黌序，慘澹經營。門前桃李，一時之英。樹碑道周，歿世留名。

三等嘉禾章、簡任職存記省政府顧問、前參議院議員、甘肅省議會議長、癸卯科舉人慕壽祺拜撰。

國民革命軍陸軍少校、寧夏省財政廳庶務主任、銓敍部甄別委任一級劉靖卿拜書。

石工：張伯謙。

【題解】

王老夫子子謨先生教澤碑勒石于民国二十五年（1936年），今存泾川县王村镇王村西沟口。由民国甘肃省议会副议长慕寿祺撰文，陆军少校、宁夏省财政厅庶务主任刘靖卿书丹，张伯谦刻石。碑石为石灰岩质，高192厘米，宽75厘米，厚23厘米。碑阳四周为八仙及瑞兽鲜花图案，中间文字均为楷书，每字2至11厘米。碑阴四周为花叶纹饰，刻文16行，满行54字，楷书，每字2.4厘米见方。录文系编者依据原碑石及图片资料校勘。

【撰者】

慕寿祺（1874—1948），字子介，号少堂，甘肃镇原人。曾任民国甘肃省议会副议长。

【书者】

刘靖卿，见前注。

【注释】

[1] 厓："莊"字俗体。
[2] 廼：同"乃"。后同。
[3] 脩：同"修"。
[4] 党原：古称"当原"。唐宋时期，陇东一带多有党项部落聚居，故名称由

"当原"渐变为"党原"。后同。

［5］赀：同"资"。

［6］畧：同"略"。

［7］艸：通"草"。

二十五年胡邵新建泾河长庆桥碑记

【录文】

新建涇河長慶橋碑

陸軍騎兵軍同上校主任秘書胡邵撰。

郃陽党[1]晴梵書。

涇川、長武間司家河渡口，涇、汭、蒲、茹諸水匯焉，乃通慶陽、環縣，及于寧夏之要津。冬春築土橋赀跨越，而厥工弗繕。夏秋雨作，交通輒斷。行人往來，僉為疾首。軍旅轉輸，亦因之梗滯。乙亥歲抄，何軍長督軍□□駐節西峰鎮，慮桃汛為災，或償兵事。迺[2]請于陝、甘兩省府，以丙子歲五月，命技士樊錫梁、楊復春二君來董其事。並由涇、長、靈、寧四縣各出民工日二百人，擇卤[3]郭村河幅較隘處，築灰石漫水橋。以其銜接長武、慶陽兩縣，兼寓[4]"長慶安瀾"與"長途慶慰"之義，曰[5]命名曰"長慶橋"。並修緩坡盤道於南岸，以接西蘭公路。計閱時約半稔，斥資兩萬七千圓，始觀厥成。所以貫通寧陝公路之捷徑，而利濟三[6]民，不獨軍運稱便已也。惟是保厥久遠，尚必有賴于來茲之修護者，為殷且鉅。爰紀其始末而勒之于石。

陸軍中將騎兵軍軍長何柱國監修。長武縣縣長党佰弧、涇川縣縣長張東野、甘肅第三區行政督察專員胡抱一、靈臺縣縣長何世英、寧縣縣長王序賓協修。陝西省建設廳技士樊錫梁、甘肅省建設廳技士楊復春設計。關中王尚璽刊字。

中華民國二十五年雙十節立。

【题解】

新建泾河长庆桥碑勒石于民国二十五年（1936年），原立于泾川县泾明乡长庆桥附近路口，后在公路改建中被推倒，并拉回到泾川交通部门保存。由陆军骑兵军主任秘书胡邵撰文，合阳党晴梵书丹，关中王尚玺刊字。碑石为石灰岩质，碑高222厘米，宽90厘米，厚22厘米。碑额分4行刻"新建泾河长庆桥碑"8字，篆书，每字12厘米见方。正文及落款共11行，每行约36字，均为隶书，每字4厘米见方。录文系编者依据互联网图文资料校勘。

【撰者】

胡邵（1907—1983），后更名为胡苹秋，原籍合肥，生于保定。18岁入段祺瑞执政府秘书厅任科员。21岁入张学良东北军，一直身处抗日前线，官至少将秘书处长，亲历"九一八事变""西安事变"等重大军政活动，曾随骑兵军何柱国军长赴南京谒蒋介石，谋释张学良，又随何秘访延安，受毛泽东接见并交谈。1949年参加中国人民解放军，任西北军区京剧院研究员，旋随军入渝为西南军区京剧团导演，1954年转业至成都新声剧社任编导，1960年调山西省晋剧院任导演。1983年病逝于郑州，享年76岁。胡邵擅长京剧表演，为民国"四大名票"之一。尤以诗词闻名现当代，仅存手稿中，诗近3000首，词逾2000阕。

【书者】

党晴梵（1885—1966），名瀛，字晴梵，号待庐、灵泉村人，别署晴帆、听梵，陕西合阳人。上海中国公学毕业，中国民主同盟成员，曾任政协陕西省第一、二、三届委员会副主席。

【注释】

［1］党：姓氏。泾川当地亦多有此姓。后同。
［2］廼：同"乃"。
［3］卤：同"西"。
［4］厲：同"寓"。
［5］囙："因"字俗体。
［6］亖：同"四"。

二十七年张东野题刻

【录文】

泾川縣縣長張東野敬題。

百世流芳。

中華民國二十七年花月謹立。

【题解】

张东野题字碑勒石于民国二十七年（1938年），今由泾川县党原镇完颜洼村村民私藏，由民国泾川县长张东野题字。碑石为砂岩质，高42厘米，宽70厘米，厚8厘米。碑面四周刻有花卉祥云纹饰。中间刻"百世流芳"4字，每字10厘米见方，两侧题款每字3厘米见方，均为楷书。上方正中钤印"泾川县县政府"，印面6厘米见方。录文系编者依据原碑石校勘。

【书者】

张东野（1889—1974），安徽潜山人。清光绪三十一年（1905年）考入江西陆军讲武堂，并加入同盟会。历任北伐军校团司令，国民革命军师、旅参谋长，来甘后任甘肃省军法处处长和灵台、泾川、礼县、民勤等县县长。民国二十九年（1940年）被安徽省政府聘为参议员。中华人民共和国成立后历任合肥市民建、工商联主委，合肥市副市长等职。

二十七年完颜廷玛夫妇神道碑志

【录文】

碑阳：

期服侄：兴明、兴成、兴仁，孙：□得、都仓、有仓、仓仓、得仓、乃仓、世仓、仓满，曾孙：天成、天禄，刊石。

驰赠显考府君完颜公行四、显妣太君完颜曹孺人之神道碑。

孝男：汝珍，孙：琛、采、杰、芳，曾孙：步荣、登荣，勒石。

大中華民國貳拾柒年歲次戊寅花月穀旦敬立。

碑阴：

完顔公夫婦神道碑誌

伊古以來，立大業、致大富、享大壽，未有不本諸德者也，若吾戚完顔公尚矣。公諱廷璵，字映臣。賦性誠篤，存心忠厚，洞達事理又取與分明。其持身也，能獨立自主，有英姿卓犖之概。其理家也，一秉先父勤儉治家之旨，罔敢或逾。服田力穡，箕裘克濟其美。茹苦耐勞，家聲得以丕振。又復仗義輕財，樂善好施，輒濟鄉鄰之急，可謂富而仁矣。□享福有之大業，也固宜然。此非惟公之德所致，其得賢內助曹氏之力足多。蓋公當少壯時，出營商。氏則操臼井，易田

疇，無稍懈□。以婦而兼盡夫道，宛似丈夫，是巾幗而有鬚眉氣者也。今則閭里景仰家聲，欽崇德範，家道益隆，厥後克昌者，皆公與氏之盛德有以致之也。公生於清同治四年四月三十日吉時，有子一，曰汝珍，其性行一肖乎公，奈先公而卒。其妻王氏，克盡婦道，孝事翁姑，勤理家務不遑。生孫四，長琛，少就學，有英勇氣，高小學校畢業後即從戎。未幾，以其父喪，解甲歸農。次采，經商。又次曰傑、季曰芳，□年幼讀書。曾孫二，長步榮，采所出。次登榮，琛所出，俱年幼。現公年幾八旬，其精神矍鑠異常，日以撫育諸孫、庭施教誨為事。誦螽斯之章，詠瓜瓞之什，濟濟一堂，堪稱極盛，非有大德者易克臻此。茲於斯年菊月吉日，為公七旬晉六榮辰，其孫琛等為之祝壽樹碑，屬余為文。余久佩服其德，遂弗辭謭陋，樂敘梗概，不作浮誇之詞，竊附頌禱之義，永垂不朽云爾。

中央陸軍第四十三師二五八團上校團長梁樹森題額。

清增生，甘肅優級師範校畢業，曾任涇川縣教育、建設局長，慶陽縣政府秘書孫佩瑛撰。

清涇郡儒學一等優廩生、鄉愚晚趙邦鈞校閱。

清例授修職郎、吏部侯銓州判、庚戍科歲進士孫佩琛贈。清涇郡儒學生員、國語講習所長、愚弟高應瑞書丹。

同鞠躬恭祝。

【題解】

完颜廷玙夫妇神道碑勒石于民国二十七年（1938年），今存泾川县党原镇完颜洼村私宅。由民国庆阳县政府秘书孙佩瑛撰文、泾川国语讲习所所长高应瑞书丹。碑石为石灰岩质，从中部断开，拼接后高185厘米，宽71厘米，厚20厘米。碑阳四周雕有人物花卉纹饰，中间文字均为楷书，每字2至6厘米见方。碑阴为飘带祥云纹饰，中间刻文16行，满行50字，楷书，每字2至3厘米见方。录文系编者依据原碑石及图片资料校勘。

三十二年东联小学门楣题刻

【录文】

中華民國三十二年七月吉日。

文化源泉。

縣長胡維陞題。

【题解】

东联小学校门楣砖刻勒铭于民国三十二年（1943年），今存于泾川县党原镇东联小学，由民国镇原县长胡维陛题。东联小学所在地在民国时为镇原县所辖，今属泾川县党原镇。题刻青砖高52厘米，宽110厘米。中间刻"文化源泉"4字，每字20厘米见方，两侧题款每字3厘米见方，均为楷书。

【撰者】

胡维陛，生卒年不详，湖南常德人，北平朝阳大学法律系毕业。曾于民国三十三年（1944年）任泾川县长。

三十二年原完颜洼小学门楣题刻

【录文】

民國卅二年秋。

泾川縣玉都鎮第一保國民學校。

校長蔣得潤。

【题解】

原完颜洼小学校门楣砖刻勒铭于民国三十二年（1943年）秋，今存于泾川县党原镇完颜洼村三圣庙大门，由时任校长蒋得润题。题刻高70厘米，宽160厘米。中间刻"玉都镇第一保国民学校"，每字20厘米见方，两侧题款每字6厘米见方，均为楷书。

三十三年端贤小学门楣题刻

【录文】

中華民國三十三年。

教育英才。

涇川縣縣長胡維陞。

博文、樂禮。

教善正人心，助長人群進化；

育才備國用，增高國際光榮。

【题解】

端贤小学校门楣砖刻勒铭于民国三十三年（1944年），今存于泾川县玉都镇原端贤小学校门建筑上。由民国泾川县长胡维陞题，其于斯年从庆阳镇原县长转任平凉泾川县长。门楣横批题刻青砖高52厘米，宽125厘米，中间刻"教育英才"4字，每字20厘米见方，两侧分别为时间和题名，每字5厘米见方。大门两侧题刻青砖高145厘米，宽15厘米，每字10厘米见方。以上均为楷书，双钩刻法。

【撰者】

胡维陞，见前注。

三十三年谷正伦汭丰渠碑记

【录文】

汭豐渠記

汭豐渠者，以引汭河水而名也。汭河源出華亭之湫頭山，至涇川城北而匯涇河。平日深僅及足踝，寬不過十公尺至二十公尺，若值洪水暴漲，則泛濫橫溢，河槽廣達三百公尺，一瀉無餘。附近農田鮮獲灌溉之利，縱鑿井挹注，澤終弗溥。三十年六月，甘肅省政府始議引汭河為渠，置汭惠渠工務所，從事測量設計。八月，委託甘肅水利林牧公司主持經營，改設汭豐渠工程處。三十一年四月，以工事歸天成建築公司承辦。三十三年四月訖功，自涇川縣城西百煙村導汭河水入渠，流十三公里一百四十一公尺，仍還至西郊閤子溝入汭河，約可灌田一萬市畝。運用國家銀行叆[1]田水利貸欵[2]，凡糜國幣一千萬圓。董其事者，甘肅水利林牧公司總經理沈怡，水利部總工程師周禮，汭豐渠工程處主任吳惇。而貸欵代表銀行、中國農民銀行蘭分行經理崔叔仙悉心籌濟工欵，亦與有力焉。

中華民國三十三年四月立石。

【题解】

汭丰渠记碑刊立于民国三十三年（1944年），今已佚。民国邹光鲁《泾川县志》有载，由民国甘肃省政府主席谷正伦撰文。录文依据中国国家图书馆移动阅读平台拓本图片校勘。

【撰者】

谷正伦（1889—1953），字纪常，贵州安顺人，中国国民革命军中将，有"现代中国宪兵之父"之称。

【注释】

［1］ 辳：同"農"。

［2］ 欵："款"字俗体。

三十三年梁世启等四烈士墓志

【录文】

中華民國三十三年五月三十日。

……下士梁世啟（陝西漢陰）……

四烈士生前曾奉余命，研究迫擊砲[1]平射，經多次之□□試驗，已全部成功，惟於一月三十日……國家……移。

……五十九師第……

【题解】

梁世启等四烈士墓志勒石于民国三十三年（1944年），局部文字遭毁，今镶嵌于泾川县文物管理所王母宫石窟寺院内碑墙。碑石为砂岩质，高183厘米，宽65厘米，碑头为半圆形，上刻青天白日图案。中间刻文8行，残存2至21字，楷书，每字2至6厘米见方。录文系编者依据原碑石校勘。

【注释】

［1］ 砲：同"炮"。

三十六年成鸿志重修泾川县党部碑记

【录文】

重脩涇川縣黨部碑記

總理云：事有順乎天理，應乎人情，適乎世界之潮流，合乎人群之需要，而為先知先覺者所決志行之，則斷無不成者也。總裁亦云：精神勝物質。本縣黨務歷二十餘年，其間經田昆山、朱貫三諸先生宣導之於先，趙俊卿、路子儀、劉勗三、強撫庭諸同志光大於後。所謂莫為之前，雖美弗彰；莫為之後，雖盛弗傳者也。逮趙書記長冠英領導工作，宣揚黨德，熱心事業，久而彌篤。三十五年秋，以內部禮堂狹小，頭門傾斜，深為憂慮，遂商同地方各機關首長，由工賑項下撥來小麥一百市石，即鳩工庀材，不三月而堂舍輝煌，此皆領會總理、總裁訓示之作用也。因囑予為文，余雖不敏而知之切，故敬述顛末，以為之序。

甘肅省黨部監察委員兼涇川縣縣長成鴻志敬撰，涇川縣黨部監察委員兼參議會議長魏顯庭敬書。

中華民國三十六年三月二十九日立。

【题解】

重修泾川县党部碑刊立于民国三十六年（1947年），今已佚，未见存世拓本或其他资料记载，规格等信息不详。录文系编者依据民国邹光鲁《泾川县志·金石志》手抄本校勘，纠正了原文个别笔误。

【撰者】

成鸿志（1909—1951），甘肃秦安人。民国三十五年至三十八年（1946—1949）任泾川县长，后兼任甘肃省汭丰渠管理所所长。

【书者】

魏显庭，生卒年不详，甘肃泾川人，先后任民国泾川县教育局局长、参议会议长等职。

三十六年刘廷贵墓志

【录文】

劉府君廷翁先生碑誌

蓋聞世之人創業之難，千古有同慨焉，而守成亦殊不易耳。嘗有畢生受盡艱辛能致福於躬者，固屬可幸。而不能致福於躬者，豈非其不幸也哉？雖然苟有所以可稱之處，則生前之幸與不幸，均得因其可稱而傳焉，斯則廷翁先生者可述已。先生諱廷貴，其祖籍陝西岐山縣蔡家坡東南鄉鳳劉村人，少孤，家甚貧。清光緒二十七年，歲大祲，先生奉母率弟逃至甘肅涇川，為人傭工而度荒年。災後遂於邑屬荔堡鎮大寨子村而家焉。先生性剛直，待人誠懇，事親至孝，雖於逃難中，亦未嘗不設法而博母所歡。惟以少時遭遇不佳，以致學業未成，因以餕[1]為業，兄弟怡怡，慘談[2]經營，其固為空手創家，畢生飽嘗艱苦。而況又係寄居，輒遭人之白眼，先生以全力支撐，益加勤勉，始終並未稍懈。不數年，事業日興，遂稱素封焉。自茲舉家和樂，安享天倫，何莫非先生勤儉有以致之耳。其持家至為周密，舉凡婚喪喜慶之大日，用酹[3]酢之細無不酌盈劑虛，儉而中禮。其應世尤以樂善為懷，周恤鄉黨。親戚貧人借貸或佃戶負租，無力歸還者，輒當面毀契，全數慨讓，以故仁風遠播，初與先生為難者而反道其德焉。先生早年雖為境遇所困，略讀經書，卒克以義方訓子有成。嗣子一，名佐漢，字輔丞，係甘肅省立平涼中學校畢業，曾任涇川縣荔堡鎮中山中心國民學校校長、三民主義青年團甘肅支團涇川分團幹事會幹事，旋調涇川分團部第三股股長，以家務未克就任。因歸田里，秉承遺訓，從事耕稼，亦善於守成耳。孫四，長執信、次執學、三執琪、幼執禮。先生生於清同治九年十二月初八日吉時，終於民國三十二年二月十四日吉時，享壽七旬有二。先生既歿之四年，其子來請於予為文，以彰其生平之功苦。予以誼屬師弟，未容以固陋辭，爰撮其嘉言，勒諸貞瑉，非徒垂於不朽，當亦可以風世矣。

銘曰：翁性剛強，品又端莊。幼年失怙，家境不康。辛丑歲祲，奉母逃荒。來至甘肅，奠居涇傍。持家勤儉，艱苦備嘗。待人寬讓，教子有方。樂善好施，仁風遠揚。宜乎壽考，望重一鄉。克家有嗣，式煥膠庠。丕承世澤，長發其祥。

前任三民主義青年團甘肅支團涇川分團部幹事兼書記，現任涇川縣參議會秘書蕭毓清敬撰。

前任涇川縣政府教育科科長，現任涇川縣參議會議長魏顯庭撰額[4]。

甘肃省立第七师范学校肄业，曾任泾川县教育委员晚景启运敬书。

【题解】

刘廷贵墓志碑于墓主殁后四年刊立，即民国三十六年（1947年）。今置于泾川县荔堡镇粮管所内，碑阳不便校录，此为碑阴。由民国泾川县参议会秘书萧毓清撰文，参议会议长魏显庭撰额，曾任泾川县教育委员景启运书丹。碑为石灰岩质，高185厘米，宽68厘米，碑身四周为回形纹饰，刻碑文16行，满行61字，每字2厘米见方。录文系编者依据原碑石及图片资料校勘。

【题额】

魏显庭，见前注。

【撰者】

萧毓清，生卒年不详，泾川人。民国二十三年（1934年）年任泾川县教育会干事，后任文庙小学校长，民国二十七年（1938年）兼任泾川县童子军理事会常务委员、战时服务第四十团团长，民国二十九年（1940年）任三民主义青年团甘肃支团泾川分团筹备处干事兼书记，民国三十三年（1944年）任县参议会参议员，民国三十六年（1947年）任国民党泾川县党部执行委员。

【注释】

[1] 辳：同"農"。

[2] 談：原碑作"談"，应为"淡"。

[3] 酧："酬"字俗体。

[4] 撰额：原碑作"撰"额，或应为"篆"额。

三十六年何本韩洪庆寺创修通真观碑序

【录文】

碑阳：

……飛龍山洪慶寺剏[1] 修通真觀碑序

……見性，超脫苦陁[2] 為宗旨，而衍其流者，遂欲斷除塵根，滅絕五蘊，冀得阿耨多羅三藐三菩提。因之上焉者，務除惡因……羽化；中焉者，擬求福田利益，以趨吉而避凶；下焉者，畏輪迴報應，不敢肆無忌憚。此歷代廟宇所以容納僧徒而……祀典者，盖[3] 有深意存乎？其中亦非盡信迷信也。況神道□□，原以範圍人心約束下愚，使人人感發興起，泯其權……安分清靜態度，而不敢為非作奸。其對於世道人心，豈□□□□哉？距縣治六七十里有寺，曰"洪慶寺"，廟貌巍然，……供之，南庵救濟續報□尊為最靈應，開壇□世，捨藥濟人，□一般善男信女拈香羅拜，熱誠景仰，奔走號呼。募……應診疾愈靈應，無□有感，斯通者□□然歟！寺之下院，荒蕪已久，以不暇兼顧，直至民……亥三皇宮峙其中，□□祠居於□□，□花洞、朝源洞、救苦宮鼎立於後，戲臺突現於前。……神功，於是諸善□□曰：寺□□□啟教原為無上通真教速報門九杆十八枝，三乘九……因囑韓為序。韓□□□文，□又益衰，再四辭而不得，遂就諸善士之來意而述其梗。

……育局長何本韓沐手謹撰。

……分會財務股長□含仁頓首書丹。

……楊興善、薛律善。□生：楊普善、王天善。副測：薛倫善、何國善。經理：薛還善、薛信善、薛合善、薛兆善、閆樂善、劉□善。紀錄：袁進善。外經理：薛祿善。相生：雷□善。掌院：王開善。住持：馮強善。

……歲次丁亥古桐月下浣穀旦敬勒。

碑阴：

……

江西省劉□、□德社長薛培蘭、前高平鎮長閆文翰、陝西岐山縣梁州州、補龍庵□生梁玄善、壇長魯重善、講生梁慧善、校□趙尚綱、閻家山薛嘉善、相生雷天成……□書文、辛鴻□、辛鴻福、辛榮貴、辛金順、辛貴保、張甲明。

南峪村：閻□清、閻裕貴、閻三□、賈自□、閻□□、閻貴□、何本□、閻世□、閻□□、閻□□、閻新□、閻五信、閻□□、閻□□、閻□□、閻承朝、閻明山、閻新彰、閻元寶、閻有貴、閻双[4]恩、閻存保、閻新善、趙永、趙得勳、趙禿子、趙天喜、趙田海、趙□倉、趙□成、趙□□、趙魁□、趙□祿、趙福成、趙有□、趙蠻牛、趙連□、趙刁娃。

棗□村：薛九慶、薛興義、薛守財、薛步元、薛維俊……薛維民、王之傑、王自賢、薛培華、薛双喜、楊春榮、薛佐唐、薛允才、薛允。

閻崖頭：薛純仁、薛丙榮、□□□、薛□自、薛双守、薛餘安、薛高才、任俊秀、任俊祥、薛□學。

□復咀：薛兆齊、薛芝芳。

老□：薛天財、薛茂春、薛光四、薛步儒。

……薛定□、薛正□、薛彥榮、王宗魁、薛得有、薛彥全、薛祿□。

坡頭村：趙保安、趙原傑、趙□□、趙升魁、梁生林、趙□□、趙中利、趙□□、趙□貴、趙□榮、趙□□、趙□□、趙□□、趙存沾、趙瑩、趙□□、趙英傑、趙治國、趙利兒……□廷中、□奉璧、□桂林、□文學、□□安、□□治、劉□□、劉正□、袁双□、劉邦富、袁正合、劉邦仁、劉顯榮、楊□茂、袁進財、劉天照、袁保財、袁五具、劉邦權、袁照娃、楊貴倉、劉邦英、楊月喜、袁文錦、楊買娃、薛富全、薛金芳、薛道芳、薛祥瑞、薛三萬、薛忠信、袁忠儒。

南庄[5]村：薛彥芳、薛書善、薛科倉、薛庁洲、薛丟子、薛有才、薛乃倉、薛萬倉。

□子坡：薛信芹、薛□學、薛□學、薛文周、薛□學、薛□順、薛□奇、薛□□、薛□生、□□成……薛聚倉、薛遇賢、薛萬倉、薛順元、薛五魁、閻牛禿。

信女：史靈草、修義姑、成維姑、雲德姑、修因姑、守廉姑、祝因姑、馮玉姑、修蓮姑、存賢姑、劉修成、成妙姑、閆[6]富全、丁悅喜、趙連文、樊金寶、薛清第、薛福祿、辛培儒、楊如鑑。

薛有才、薛彥斌、□鴻娃、王進虎、薛双□，畫工：劉漢臣，薛治□、閻傑善、薛彥威、薛仁俊。

……費洋六萬二千二百元，三十四年修建戲樓費洋十一萬二千九百三十六元。

……花洞孤魂祠內功共費洋四十三萬八千二百一十元。立碑記費洋一百九十四萬三千八百元，麥五斗。

陝西岐山縣張治□梁生□。

【题解】

洪庆寺创修通真观碑今存飞云镇老庄村洪庆寺内。由何本韩撰文,口含仁书丹。碑石为石灰岩质,已断裂,现存三方,拼接后残高103厘米,宽66厘米,厚16厘米。碑阳四周雕有人物花卉纹饰,中间刻文14行,单行最多残存44字,楷书,每字1.5厘米见方。碑阴为花卉纹饰,中间刻文32行,单行最多存近百字,楷书,每字1厘米见方。录文系编者依据原碑石校勘。碑阴具体捐银数量未录。

【撰者】

何本韩(1894—1955),字子成,后改名澍膏,泾川县高平镇城南村人,民国初年迁居飞云镇南峪村。平凉中学毕业后在优级师范进修,后留任平凉柳湖书院,历任平凉县白水镇及镇原县四郎庙高级小学校长,曾获甘肃省教育厅金质奖章。民国邹光鲁《泾川县志》"中华民国官吏表"载:"民国十四年(1925年),劝学所长:何本韩,邑人。"可见其任职时单位称作"劝学所",后改为教育局。文末"丁亥"为1947年,时距其在任已历20余年。

【注释】

[1] 刱:同"創"。
[2] 阸:同"厄"。

[3] 盖："蓋"字俗体。
[4] 双："雙"字俗体。
[5] 庄："莊"字俗体。
[6] 閆：泾川当地常见姓氏。今当地"阎""閆"姓氏均写作"閆（闫）"。

薛氏祖茔碑亭联刻

【录文】

其一：

……，祖宗積德有餘祥。

其二：

……，榮先耀祖忝所生。

其三：

……書香……

【题解】

薛氏祖茔碑亭联勒石于民国，今由泾川县王村镇上塬村薛家庄的后人私藏。联石应为三幅六条，现仅存其中三幅三条。其一"祖宗"联高106厘米，宽23厘米，厚11厘米，楷书，每字10厘米见方；其二"荣先"联断为两截，拼接后高135厘米，宽21.5厘米，厚11厘米，隶书，每字12.5厘米；其三"书香"联残高33厘米，宽22厘米，厚11厘米，楷书，每字10厘米见方。录文系编者依据原碑石校勘。

据薛氏后人、泾川县文物管理所所长薛宝春转父辈陈述，薛氏祖茔原来规模较大，后毁于"文革"期间，墓石散藏于后人宅基周围或沉于庄基附近水池。除编者已校录的"薛占魁夫妇墓志碑""薛先生高孺人墓志碑"和本碑亭联石外，调查时在周边废旧庄基内或路边尚见到精美的墓碑首、仅存数字的墓碑残石等若干。

薛占魁夫妇墓志

【录文】

子元薛先生暨信孺人之墓碑

薛君讳占魁，系临封公之令子，秉性……者幾徧[1]而未嘗有踰[2]閑，行为乃君子……操婦工，夙興夜寐，無時或輟，繼而運生……兄弟或家與謀生存，雖未猝至於巨富，而……胡天不恤，竟未及不惑而終也，深堪痛……妻王氏，生孫一，收住均能兄友弟……壽而終。生曾孫七，佐仁、佐寅、乙……統出，乙己與三叔承祧，侮義……日之志氣，撫養諸子成人……是積有餘資置良田、修……升入中學。生玄孫十……否極泰來，陰盡陽生……□之誠謹……

甘肅省……

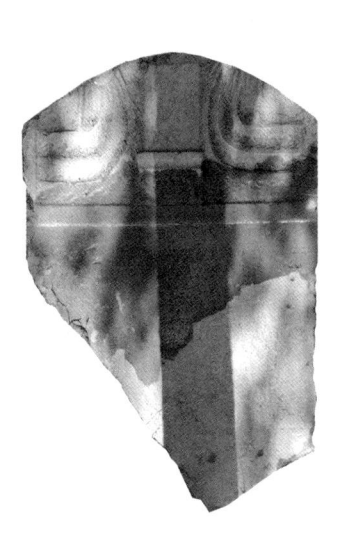

【题解】

薛占魁暨信孺人夫妇墓志勒石于民国，今由泾川县王村镇上塬村薛家庄的后人私藏。此为碑阴，因不便搬动，碑阳情况不明。撰文、书丹者不详。碑石为石灰岩质，现仅存中上部分，残高72厘米，宽65厘米。碑阳两边雕有人物花卉纹饰，中间刻文13行，单行最多存16字，楷书，每字2厘米余。录文系编者依据原碑石校勘。

【注释】

[1] 徧：同"遍"。
[2] 踰：通"逾"。

薛先生高孺人墓志

【录文】

……配高孺人之墓表

……西之中原薛家莊，為人秉性忠宜，持……空匱，生計維堅，先生不憚精力之勞……力，至於櫛沐維紉，猶其餘事耳。然先生……先其得侄男也，憂樂與同，患難相卹……崇輝配妻柳四，崇德配妻吕均能，繼……餘布豐裕之象大者。□生孫六……係涇川縣立師範講習課畢業，曾……長柏葉，適陳；次玉葉，配王；三巧葉……可見一班[1]。若非先生之修德有善，何……二月十八日吉時，享壽七旬有八。孺人……五，均塟於北郊艮山坤向之祖塋，畧[2]……

瑤池生香，涇汭分流。龍脉……

……級師範畢業、現任涇川……

……優級師範畢業、現任……

【题解】

薛先生高孺人墓志碑勒石于民国，今由泾川县王村镇上塬村薛家庄的后人私藏。此为碑阴，因碑镶嵌于宅外界墙上，碑阳情况不明。撰文、书丹者不详。碑石为石灰岩质，现仅存中上部分，残高68厘米，宽44.5厘米。中间刻文为楷书，每字2厘米余。录文系编者依据原碑石校勘。

【注释】

[1] 班：原碑作"班"，应为"斑"。

[2] 畧："略"字异体。

巾帼生色题刻

【录文】

巾帼生色。

【题解】

巾帼生色碑勒石于民国，今镶嵌于泾川县文物管理所王母宫石窟寺院内碑墙。碑石为砂岩质，高49厘米，宽79厘米，行书，每字14厘米见方。

当 代

1992年李子奇题甘肃省实现绿化第一县碑记

【录文】

甘肃省实现绿化第一县

李子奇，一九九二年十月。

植树造林，绿化祖国是一项功在当代、造福子孙的伟大工程。建国四十多年来，泾川县历届县委、县政府发扬愚公移山精神，开展造林绿化接力赛，全县人民积极响应党中央号召，在甘肃省委、省政府领导下，加快"三北"防护林建设，战天斗地，艰苦奋斗，持之以恒，成效卓著。有林地面积达到六十七万六千亩，森林覆盖率由建国前百分之一上升到百分之三十四点九，初步形成了以工程措施和生物措施相结合，乔、灌、草、带、片、网多材种相结合，农、林、牧协调发展，生态良性循环的防护林体系，显示出了越来越明显的综合效益。全县五十四万基本农田得到绿化屏障保护，水土流失综合治理程度达到百分之六十六点七。不仅促进了全县经济发展，而且使林业在农业中的比重逐年上升，一九九一年全县林果业产值占农业总产值的百分之十五点八。林业已成为富民、富县、振兴农村经济的一大支柱产业。从一九八四年开始，先后多次受到国家绿化委员会、国务院"三北"防护林体系建设领导小组、林业部、人事部和省委、省政府表彰奖励。一九九二年二月，甘肃省林业厅按国家规定，对泾川县实现绿化达标进行验收，各项指标均达标准。为了表彰泾川人民丰功伟绩，弘扬创业者，激励后来人，特此立碑，以志纪念。

甘肃省人民政府
一九九二年十月

（止一九九七年底，全县有林地面积六十九点六万亩，林果业总产值八千一百万元，占农业总产值的百分之二十四点九。）

【题解】

甘肃省实现绿化第一县纪念碑于1992年建在县城北门花园，1998年在该处修建回中广场时拆除，重刊并镶嵌在回中广场主席台东侧廊下。碑石为灰色大理石质，通高180厘米，宽300厘米，由十方高90厘米、宽60厘米的石材分两层拼接而成。碑文竖刻，前两行为"甘肃省实现绿化第一县"10字和李子奇题款，标题每字18.5厘米见方。正文共27行，满行（含标点符号）22字，每字6厘米见方，电脑楷书简体。

1998年水土保持工作纪念碑记

【录文】

泾川县人民政府在水土保持工作中成绩显著，荣获全国水土保持先进单位称号。

全国水资源与水土保持工作领导小组
中华人民共和国水利部
中国水利电力工会全国委员会
一九九二年四月

泾川县水土保持试点县验收合格。

水利部黄河水利委员会
一九九六年九月

至目前全县累计完成水土流失综合治理面积一千一百四十四点八平方公里，治理程度达到百分之八十二点四，水平梯条田占总耕地面积的百分之七十六点六，荒山造林占宜林面积百分之八十九。"黄土高原沟壑区县级区域水土保持综合治理开发途径与效益研究"课题鉴定意见称："泾川县水土保持成果在整体上已处于国内领先，达到国际先进水平，是具有中国特色的水土保持领域一项重要研究成果"。

为持续改善生态，治理水土流失，创建富庶未来，特立此碑，以激励奋进。

中共泾川县委
泾川县人民政府
一九九八年九月

【题解】

水土保持工作纪念碑勒石于1998年，镶嵌在回中广场主席台东侧廊下。碑石为灰色大理石质，通高180厘米，宽300厘米，由十方高90厘米、宽60厘米的石材分两层拼接而成。碑文分三部分组成，分别为国家部委对泾川水保工作的表彰，水利部对泾川水保工作的验收结果以及泾川县委、县政府对水保工作的记载。全碑共24行，满行20字，均为电脑楷书简体，每字5至10厘米不等。

2002年人民日报记者林碑记

【录文】

碑阳：

《人民日报》记者林

云杉映蓝天，青松戏白云，这是一片不同寻常的树林，它是人民日报社职工捐款在泾川大地播下的绿、洒下的爱，它会像夸父峰一样永远在这块高原厚土上，给泾川人建设美好山川以巨大的鼓舞和力量。

这是一片不同寻常的树林，它是一座里程碑。五十年，泾川县十三届领导的智慧，三十万人民的汗水，长成了绿树，化成了青山，升华成了"与时俱进、敢为人先、持之以恒、团结奋战"的泾川精神。二〇〇二年七月十三日《人民日报》头版头条刊登了记者李战吉采写的长篇通讯《泾川人的自豪》和评论员文章《山川秀美大有希望》，这是对泾川人民几十年坚持不懈造林绿化、勤奋创业的最大褒奖，也是对泾川精神的肯定与弘扬。

这是一片不同寻常的树林，它把记者们的心血和期望植在了泾川大地，植在了人民心上，它会生长希望，浇灌理想，变成泾川人永恒的财富，激励泾川人以此为起点，弘扬泾川精神，坚持与时俱进，建设秀美山川，它将激发全社会关注西部开发，关注生态环境建设，使绿色染遍西北大地。

青山常在，绿水长流。为《人民日报》记者林建成，为激励我们建设美好家园的斗志特立此碑，以表永念。

中共泾川县委
泾川县人民政府
二〇〇二年八月五日

碑阴：

二〇〇二年七月十三日，《人民日报》头版头条刊登了本报驻甘站记者李战吉采写的长篇通讯《泾川人的自豪》，并配发了评论员文章《山川秀美大有希望》。人民日报社总编辑王晨、副总编辑梁衡、记者部主任杨振武特为泾川县林业建设题词：

弘扬泾川精神，坚持与时俱进，建设秀美山川。

王　晨　二〇〇二年七月

愿泾川的绿色染遍大西北。

梁　衡　二〇〇二年七月十八日

青山常在，绿水长流。泾川人民是西北的榜样。

杨振武　二〇〇二年七月十八日

【题解】

人民日报记者林碑，2002年刊立于泾川县城关镇（原温泉经济开发区）甘家沟村夸父峰北侧半山腰靠西处。碑石为砂岩质，高126厘米，宽185厘米，厚13厘米，文字均以横排、简体镌刻。碑阳上刻"《人民日报》记者林"7字，其中"人民日报"4字为电脑毛体，记者林3字为电脑魏体，每字8厘米见方。中间4段横刻正文14行，满行41字，共486字（含标点符号），电脑仿宋体，每字4厘米见方。下方署名3行。碑阴上刻题记3行，满行37字，共107字（含标点符号），电脑魏体，每字5厘米见方。下方从右至左竖刻3人题词。

2003年新华社记者林碑记

【录文】

碑阳：

新华社记者林

中共泾川县委
泾川县人民政府
二〇〇三年三月十二日

碑阴：

新华社记者林

西部，牵动着一个时代；绿色，凝聚着一种期盼。二〇〇三年三月，国家权威新闻媒体——新华社职工怀着关注西部秀美山川的崇高心愿，自发捐资，在夸父逐日之振履堆——夸父峰营造记者纪念林，以拳拳之心为泾川大地撑起一片绿色。这是对泾川人民接力造林绿化的最大褒奖，是对泾川精神的最好弘扬，更是对泾川生态治理、林业建设的激励和鞭策。

在过去的五十年，泾川十三届领导紧握接力棒，带领三十三万人民，坚持不懈，造林绿化，为营造山川秀美、瓜果飘香的新泾川奠定了坚实的基础。在西部大开发深入推进、生态建设再上台阶的大好机遇面前，全县上下应以夸父追日的执着、愚公移山的意志、女娲补天的智慧，使泾川的生态林业建设有一个突破性发展。

山高水长，情谊无价。新华社记者林的绿荫，将激励泾川人民与时俱进，艰苦创业，加快实现小康目标。为让全县上下永远记住新华社记者在泾川大地上植下的一片绿，播下的一片爱，特立此碑。

中共泾川县委
泾川县人民政府
二〇〇三年三月十二日

【题解】

新华社记者林碑于2003年刊立在泾川县城关镇（原温泉经济开发区）甘家沟村夸父峰北侧半山腰靠东处。碑石为砂岩质，通高121厘米，宽182厘米，厚11.5厘米，文字均以横排、简体镌刻。碑阳中上部刻"新华社记者林"6字，其中"新华社"3字为电脑毛体，字高34厘米，宽22厘米，"记者林"3字为电脑魏体，字高27厘米，宽20厘米。下部三行题款为电脑仿宋体，每字4厘米见方。碑阴上刻"新华社记者林"6字，其中新华社3字为电脑毛体，记者林3字为电脑魏体，每字8厘米见方。下为正文13行，满行35字，共411字（含标点符号），电脑仿宋体，每字4厘米见方，右下题款三行字略小。

2003年樊晓敏宋家大桥落成纪念碑记

【录文】

泾、宁二州，唇齿相依，所辖泾明乡与长庆桥镇，同为首尾相连之地，世代耕读传家，同饮泾、蒲河水，子女联姻，形同兄弟。远古时代，这里为丝绸古道，驼铃声声，人来人往，为出陇入秦必经之途，曾名震陇东。后因两河阻隔，国道改辙，使周遭经济文化落后，人民生活相形见绌。然今逢盛世，百业兴旺，为解河涨水塞，不可到达彼岸之忧，彻底根除制约经济发展的瓶颈隐患。羊年四月，新一届泾明乡党委、政府审时度势，偕庄头村党支部、村委会以实践"三个代表"为己任，动员宋家社民众自筹资金，由宁县太昌乡工程队能工巧匠历时三月，精心修建，同年七月五日吉时竣工剪彩，交付使用，即可惠及两县三乡（镇）六万余众。实乃顺民之举，必将造福后代，功德无量，真正成为便民之路、小康之桥、友谊之桥。闻讯，泾明籍在外工作人士及周边乡村群众慷慨解囊捐助一点七万余元，其情可表，其义可嘉。遂将捐款单位个人名单附后，树碑纪念，以昭后世。

有联赞曰：

路连民众达盛世，福佑小康到家园。

甘肃省作家协会会员、甘肃省楹联学会会员樊晓敏撰文。
泾川县泾明乡庄头村党支部、村委会
公元二○○三年七月五日立。

【题解】

宋家大桥落成纪念碑原立于泾川县泾明乡庄头村宋家社跨蒲河大桥之南端，现因碑座坍塌，倒于原址一侧。碑为青石质，高200厘米，宽230厘米，厚10厘米。碑阳由樊晓敏撰文，电脑楷体雕刻，每字约5厘米见方，碑阴功德名录编者未录。

【撰者】

樊晓敏，笔名笑龙，泾川县泾明人。中国作家协会、甘肃省摄影家协会会员。先后任泾川县旅游局局长，县文联党组书记、主席等职，兼任平凉市作协副主席、泾川县作协名誉主席、中国范仲淹研究会理事、关陇民俗学会理事、《西王母文艺》季刊主编。在地市级以上报刊发表文学作品400余篇（首），获第四届甘肃省黄河文学奖、《人民文学》首届"观音山杯·美丽中国"游记征文大奖赛优秀奖、中国散文学会第五届"漂母杯"主题散文大赛优秀奖等各类文学奖30多个。著有诗集《恋爱季节》、散文集《泾川散笔》《称谓》等，编著有《泾川古今散文选》等。被评为平凉市十佳文化艺术工作者、第四届甘肃省中青年德艺双馨文艺工作者。

2007年泾川一中建校六十五周年校庆纪念碑记

【录文】

碑阳：

铸魂　广智　健体　修美

碑阴：

泾川一中建校六十五周年校庆纪念

泾川承崆峒祥脉，秉王母瑞气，世代尊师重教。一九四零年先贤为抗日救国创办泾川中学，始建于泾川水泉寺，后迁址杨柳湾。此地闻宫山晓钟，沐高峰细雨，依天池胜境，傍汭水曲幽，实读书佳境，育人良苑。

六十五年风雨，学校经岁月洗礼，历时代变迁，在艰难中创业，在发展中壮大，历炼了团结文明勤奋成才之校风。一九八一年创建为全省首批"办好"的重点中学，二零零四年成为甘肃省示范性高中。

六十五度春秋，学校秉承"铸魂、广智、健体、修美"之校训，集泾州英才，育华夏栋梁，采众家之长，创自身特色，为社会培养人才一万六千余名，为高校输送新生近六千人，桃李满陇原，英才遍五洲。

回眸赞跨越，蓄势待腾飞。二零零三年，县委、政府顺应民意，科学决策，得项目支持之功，聚各方相助之力，筹资三千六百万元实施改扩建。翌年工程即竣，校园扩大，布局合理，环境优美，设施配套，功能完善。二零零五年校庆之际，校友云集，各界响应，计捐物捐资单位二百多个，个人一千余众。为志庆典、励后人，争创陇上名校，特树此碑。

中共泾川县委

泾川县人民政府

二零零七年八月

【题解】

泾川一中建校六十五周年校庆纪念碑以立石形式竖于泾川一中院内科技楼前。石材取自山东泰山，长810厘米，高180厘米，宽86厘米，重40吨。正面中间自左至右横刻校训"铸魂 广智 健体 修美"8个大字，电脑魏碑简体，字高80厘米，宽60厘米。背面碑文共48行，满行9字，电脑隶书简体，每字高5厘米，宽8厘米。

2010年张怀群王金生启明寺大雄宝殿复修碑记

【录文】

启明寺大雄宝殿复修碑记

启明寺居邑东五十里之雷马沟西侧，襟南塬之北坂，带泾水之南干，朝迎启明，暮映长庚，座西面东，象征佛法西来，大行东土，启众生静心明性，此或即寺名启明之本欤。据清光绪甘肃省《泾州直隶州地理调查表》载：庄内有古寺一所，三面靠山，北靠泾河蒙学堂一所。故老传云，今存之大雄宝殿重建于清朝，早年寺中曾掘得一残碑，上有"大魏"二字依稀可辨，惜碑已佚失。考古史，北魏为鲜卑族拓跋氏所建，极盛时约公元五百年前后，曾占有北部中国，隔江淮与南朝对峙。其时佛教鼎盛，如此则启明寺与百里石窟长廊为同时代之文化遗存，距今至少有一千五百岁矣。

上世纪五十年代初，启明寺尚存清代复建之殿宇五座，计大雄宝殿供如来，右偏殿供十八罗汉，左偏殿供三清。大雄宝殿后山巅有三官庙、魁星楼各一座。寺内庭院中曾有柏两株、槐一棵，皆大数围，不知其年凡几，惜今已不存。寺院利用地势因势成台，高出平地数米，台周围砌石条，三殿宇及山门均耸立台上，呈俯察尘世状。出山门有石阶，两旁护以石雕栏杆与人行道。通道东有土丘高可一仞，上建焚字纸炉一座，刻"敬惜字纸"字样，与山门门楣上"启明寺"三字相得益彰。寺院建筑简约，布局谨严，气势不凡。与溪东庙山上下之药王洞、三霄殿、五圣宫、文昌阁等殿宇遥相呼应，连成一气，宛似仙山琼阁，真乃人间福地。上世纪五十年代初至八十年代末曾作为校址，近半个世纪为培养新中国人才作出过应有贡献。但因久作校舍，又经"文革"，故启明寺历史风貌、宗教遗存亦泯[1]灭殆尽，寥若晨星，仅存行将倾坍的大雄宝殿三楹，残缺不全之石佛像五尊、石香炉一个而已。

改革开放大潮令十亿神州人心振奋，春意盎然，政通人和，百废俱兴。于是本村有识之士、社会贤达如雷俊儒等首倡，俊儒先生并承捐修复资金过半，此举得到合社民众齐声响应。公元二零零八年七月，顺应广大村民意愿成立重建启明寺大佛殿理事会，制定总体规划、分步恢复方略。决定先由抢救破损严重的大雄宝殿起步，于当年十一月二十一日拆除旧殿，在原址按原样动工重建。在拆下旧殿之中檩上，发现墨书记载"大清光绪十六年（公元一八九零年），岁在庚寅闰二月十三日（公历四月二日），启明寺大殿由三社弟子历时五年，耗资无算，于今告竣。"噫！光绪兴殿岁在庚寅，当代复修又在庚寅，非天意孰巧合？如此，则当代重建距光绪告竣整整两个甲子，已过第三个庚寅。此次复建工程进展迅速，广大村民父老积极投工献料、捐钱捐物，在外工作之本村人员不拘职位高低、收入厚薄，慨解义囊，争为恢复桑梓古迹作贡献。历时一年又半，耗资九万有奇，终于聚沙成塔，众志成城，建成大雄宝殿，使古迹延寿，石佛生辉，结一方善缘，修无量功德，诚莫大善举也。为使启明寺历史得以延续流传，众父老自觉抢救古迹，维护祖国文化遗产，建设产业人文生态园林旅游小康新农村之善行不致泯灭，特叙事成文，勒之于石传之永久云。

撰文：泾川县政协副主席、兰州大学宗教研究所兼职教授张怀群，中国楹联学会会员王金生。

书丹：泾川县文化馆原馆长王羲焕。

勒石：富平石刻工艺师姜定民。

重修启明寺园景理事会
二零一零年岁次庚寅四月初八谷旦。

【题解】

启明寺大雄宝殿复修碑现存泾川县泾明乡雷家沟村。碑为青石质，高181厘米，宽75厘米，厚10厘米。碑头浮雕龙凤图案，龙凤中间竖刻王羲焕手书"启明寺"3字，每字约5.5厘米见方，繁体楷书。碑阳碑记为电脑楷体，每字约2厘米见方，碑阴功德名录编者未录。

【撰者】

张怀群，见本书序一作者简介。

王金生，甘肃泾川人。中国楹联学会会员、甘肃楹联学会会员、平凉市作协理事。主要著作有《槐森堂诗稿》《泾川楹联选》（合著）等。被平凉市楹联家学会授予楹联艺术家称号。

【书者】

王羲焕（1944—2018），又名喜焕，甘肃泾川人。毕业于兰州艺术学院戏剧系舞台美术专业，曾任职于泾川县文化馆，并担任平凉市戏剧家协会副主席，泾川县书法家协会主席。甘肃省戏剧家协会、甘肃省舞台美术家学会会员、甘肃省楹联学会会员。先后创作、导演秦腔历史剧、眉户戏、小戏、舞蹈等二十余部，其中眉户戏《中心户长》获文化部第十一届中国艺术节"群星奖"银奖，眉户现代戏《梁九品》被推选为全国优秀剧目，获曹禺戏曲文学奖。舞美设计、美术、书法作品多有获奖。被平凉市文联授予"德艺双馨"文艺家称号。

【注释】

[1] 泅：应为"湮"。

2015年魏海峰重修官村寺碑记

【录文】

重修官村寺碑记

官村属玉都镇，古为泾州之安定县辖境。乡者皆云：官村有寺，传之久矣，然不知其所始。嘱余考之，惜官史无载，殿宇不存，亦独惶惶而不自知也。然纵观泾州古代佛事之盛，自丝路凿空以降，绵延一千五百余载，创寺开窟数以百计。据清末《泾州采访志》载，几经战火劫余，境域尚存寺院概数百余处，官村寺即为其一。其间兴废凡几，俱莫能知。盖先有官村，村人创寺，名曰官村寺耳，或先有官寺，而后聚村人亦未可知。但其历史久远，亦数百甚或千余稔矣。官村民风淳厚，善心清澈，然百姓多系祖上陆续迁居于此，村史传承不逮，而官寺或官村能以"官"者名，非民间可僭越也。

今国泰民安，百姓祀庆，继承传统，弘扬民俗，乡者高贤发心重建。其间虽倾资不足，乃极力募化，远近闻之，莫不争相施财捐物，以成善果。历时岁余而佛爷殿、五圣宫相次落成，并于乙未春竣役。宫殿内塑像庄严，丹垩炳焕，香火辐辏，趋之若鹜，皆谓之远胜故刹云！祈寿祀福，职此之由。

今勒石铭志，兹作备录，昭示后人，盖有所待也！

重修官村寺经理会立石。

中国民间文艺家协会会员、甘肃省民俗学会理事、村人 魏海峰敬撰。

玉都赵继元镌石。

公元二〇一五年孟夏之月吉时立。

【题解】

重修官村寺碑现存泾川县玉都镇官村,该村历史上曾建有官村寺,2015年编者主持县博物馆工作时发现并征集到从原官村寺遗址出土,后挪置到遗址西侧的重修官村寺院内保存的北周天和二年(567年)造像砖一方,可证官村寺历史之悠久。重修官村寺碑为青石质,高180厘米,宽68厘米,厚10厘米,碑阳碑记为电脑楷体,每字约3厘米见方,碑阴功德名录编者未录。

【撰者】

魏海峰,见本书作者简介。

2023年李存林重修丰台九龙山太白殿碑记

【录文】

重修丰台九龙山太白殿记

盖闻日月有数,阴阳有定。生生世界,法轮常转。老庄立道,应天顺人,融合儒佛,阐道释法。自西汉道教盛行,感化万物于宇内,普度众生于无极。然其之于人也,所以净心目,抑性情,忍怨愤,消灾避难,有求必应。觉悟其道德,泯灭其私欲。故能互爱善仁、互济善义。

三太白者,或泰伯、仲雍、季历,或伯夷、叔齐、周贲,或尧、舜、禹,或郭、马、李。虽各尊有异,然其初衷一也,即保一方平安,驱四季灾难,佑风调雨顺,祈五谷丰登。九龙山三太白者,郭、马、李三神是也。

九龙山乃陇右之古迹,人文宗教之所也。始建于清顺治年间,历时三百余载。其地处泾川之腹中,位居北原之冠首。二水环以赋其灵,九岭拱以壮其威。衔湫池以毓秀,根黄土以固本。与夸父峰相对,与王母宫相望,此胜境也。

古之九龙山,有太白大殿三楹,宫殿式结构,斗拱交错,檐牙交啄,雕梁画栋,金碧辉煌。禅林幽静,供养不乏。村居之人,俱能尊承慧业,敬受法门,香火鼎盛,信众常集。况殿宇非常,柏妍松秀,径深林幽,实阖村祈福之处、瑞应之所在也。每逢古七月十五,引陕甘宁青万计游客前来敬香祈福;正月十五,数十家社火相聚庙前,敬神告天,祈时运昌吉,国泰民安;逢年过节,各社弟子抛却繁[1]事前来焚香化表,为家人求安。

然因世事翻覆之变,太白殿历四兴三毁,三迁神位。曾经时,三片青瓦作神台,半间土屋安尊神。垣宇夷平,荒草蔓生,空留残砖败瓦。落寞凄凉之状,诚不忍目睹矣。

时逾三纪，改革开放，政通人和，百废俱兴。一九八五年始，四社五庄乡耆高贤顺应民愿，发心重建。遂募化筹资，鸠工庀材，然因财力所限，仅修土木结构太白神殿三楹。依山神之灵气，布施不断；化信众之愿心，争相捐款，众志成城，积沙成丘。二零一一年，宜尽其教化之功用，扩建殿宇。谋既出，乡人俱感奋，无不捐钱资物，出劳投工。遂邀请平凉知名古建公司，翻建太白正殿三楹，新建拜殿三楹，恢复宫殿式构造，十八柱立体，三转五带廊，琉璃瓦，神兽脊，飞檐翘角，斗拱彩绘。辅以修缮王灵官殿、子孙宫、二圣宫、赵王爷殿、白马殿、戏楼、厢房。今新建一山门，花岗石，精雕工，三门四柱帽二层，四龙绕柱腾，二狮迎门笑，石鼓门墩扎地久，顶头明珠共天长。二十余载，投资四百多万元，成四殿二宫一山门，安奉神像十一尊，规模空前矣。

今观夫九龙山，殿宇峻起，五气凝结，塑像庄严，五黄相乘。布局严谨，气势恢宏，薨楹壮丽，崇阶萦纡。飞檐列栋，丹垩粉黛，莫不具焉。与群山松柏相呼，含蓄温蕴，见者莫不叹为观止。其规模观瞻，美轮美奂，迥异畴昔，雄冠一方。香火再起，仙山重光。殿宇新而神式凭，堪可提振地方人文，甚宽信众祭祀之情，而使一方之百姓悉受其福祉矣。

工程之浩大，历时之久长。九龙山民俗理事会，悉合力董理日常事务，社员踊跃参与，出资出力，凝聚一心，方成其功也。为使此盛功之举，不致因时久湮没，不为人知，工成之余，嘱余为文。余亦因闻其名，仰其功，不揣愚昧，略述其事，志之贞珉云尔。

中国书法家协会会员、泾川县书法家协会主席李存林　撰文。
丰台九龙山太白殿民俗理事会立碑。
公元二零二三年古元宵日。

【题解】

重修丰台九龙山太白殿碑现存泾川县丰台镇丰台村。碑为青石质，高226厘米，宽160厘米，厚15厘米，碑阳碑记为电脑楷体，每字约3厘米见方，碑阴功德名录编者未录。

【撰者】

李存林，现为中国书法家协会会员，中国楹联学会会员，甘肃省书法家协会篆书委员会委员，平凉市书法家协会副主席，泾川县书法家协会主席，进修于中国艺术研究院书法院。甘肃省"书法进校园"先进个人。作品入展全国第三届青年书法展、全国第二届篆书展、"平复帖"全国书法展、"魏晋风度"全国书法展、中华龙文化全国书法展、中国书法院优秀学员邀请展、首届"印象周宁高山茶"全国楹联书法展、甘肃省"中青展"、甘肃省首届公务员书法展、"瘗鹤铭"全国书法篆刻展、"北兰亭"全国书法展等展览。获甘肃省青年电视书法大赛"三等奖"、平凉市"崆峒文艺奖"书法一等奖。

【注释】

[1] 蘩：应为"繁"。

下编

王母宫·大云寺金石专辑

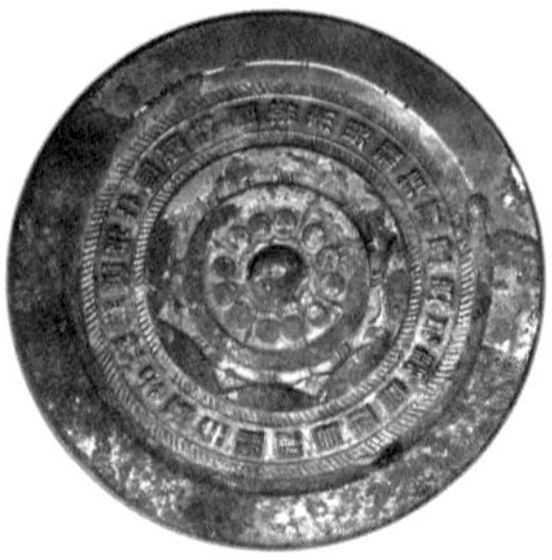

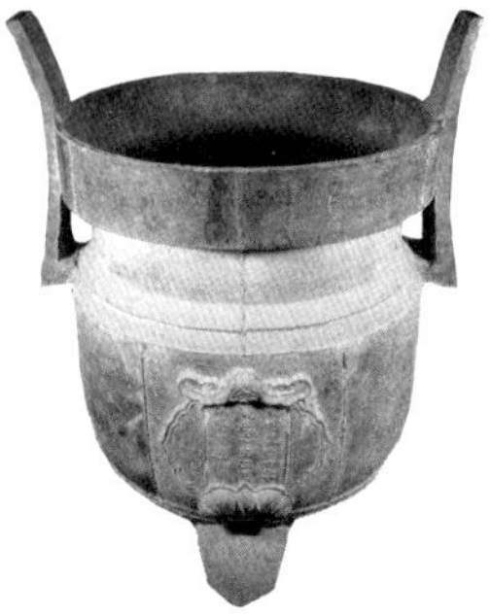

北朝

北魏永平二年敕赐嵩显禅寺碑记

【录文】

碑阳：

敕賜嵩顯禪寺碑記

……

……神□□□□□□□不夜者也。□□□□垂慈，暉□□□□之上；久□□□，□□化於億載之下。□亻大千，燭茲昏□，且隱顯弗恒契乎！□□□□□常，□□□□非。運資廣因，樹應曩[1]世。豈能開扇道風，施沾法雨者哉！仰惟皇帝陛下，纂統重光，紹隆累聖。德洽三才，道均五緯。政極辰□，□□□。乃□□□源，遊神法菀。慧鼓既振，普天聞般若之音；類網更開，率土悟火宅之□。□□□□□場斯趣矣。自惟啓蹤冀，方樹基勃[2]海，奕[3]世冠冕。著姓神州，靈降盛□。□□□□□得，戚聯朝旭，昵親夕囧。內秉望舒之讚，外整阿衡之翼。入總謀議出□□□□□沖波，坤津潛液。寒族貫春日之榮，幽胕沾夏辰之蔚。輝顯春華而□□□□□□渥而涓心罔謝。遂仰慕皇緯報施之功，俯[4]尋聖經緣果之旨。言詳羣□□□□□簡厥靈岑，擇茲飄嶺。上涌[5]沖天之峯，下帶□巒[6]岫之險。重基雲搆[7]，廡殿[8]□□□□□槃屈虯龜，暐豔琨成。瑛[9]若資神，乃□□質沉堅翠□外□麗□炙□至□之□□□在希世之相。千像吐琦，万[10]形挺妙。苕苕焉暉赫萃乎堯日，修修焉感發□

□□□。□□斯誠，冀微功鍾於至德，顯福應於道祚。述遵𣅷[11]風，遂興頌曰：

修哉渾源，寔[12]化琨成。道氣既開[13]，□像垂形。紛華競耀，至猷淹經。聖覺匪□，□□□□。恢恢至謨，苕苕遐宣。道流三界，化溢大千。幽衢啓轍，靜境□埏。隱顯弗恒，□□□□。聖皇冲感，靈液遐融。潤均法海，扇協道風。悟因訓萃，果隨業崇。□區莨□，□□□□。靈降盛[14]德，二后經綸。内光椒掖，外允九臣。帝思渭陽，嘉爵交臻。誓被□□，□□□□。沉溪賁鑿，峰山霄星。風雲交液，吐化含巘。玄堂暐豔，聖容啓靈。樹銘興□，□□□□。

大魏永平二年歲在已丑四月戊申朔八日乙卯使持節都督涇□□

碑陰：

府長史張洪□，字寶□，遼東郡人也。

威遠將軍、司馬吐谷渾珂，字伏□，吐谷渾國人也。

別駕從事史皇甫軌，字文則，安定人。

治中從事史梁微，字定顯，安定人。

征虜將軍、安定內史、臨澤伯□□，字天□，河南人。

平涼太守、朝那男皇甫□，字文遠，安定人。

新平太守、寧伯元憲，字叔期，河南人。

寧朔將軍、趙平太守、臨涇縣開國子□，字宏明，太原人。

隴東太守張華，字樂生，河南人。

功曹參軍郭□，字眾延，山□人。

倉曹參軍梁穆，字文和，安定人。

中兵參軍王□，字□□，樂浪人。

府主簿魏文，字子揚，鉅鹿人。

外兵參軍宋和，字天順，敦煌人。

騎兵參軍元鎮，字石安，河南人。

長流參軍梁□，字寶賢，天水人。

主簿路彰，字□樂，安定人。

主簿韓邕，字法和，安定人。

西曹書佐梁瑞，字成起，安定人。

西曹書佐彭顏，字永度，趙平人。

祭酒從事史程熙，字保願，安定人。

安定令、滎陽子陰潛，字僧念，南陽人。

朝那令、東阿子叱呂起，字延興，河南人。

臨涇令、居延男茹榮，字□生，河南人。

威虜將軍、烏氏令、揚威子元蚪，字青龍，河南人。

石堂令段德，字天□，威武人。

陰槃令元延，字長壽，河南人。

三水令、臨洮太守楊英，字伯儁，恒農人。

參軍事□□，字□儁，天水人。

參軍事龐顯，字茂宗，南安人。

法曹參軍□□，字□□，遼東人。

鎧曹參軍裴□，字□理，河東人。

田曹參軍□□，字□□，河南人。

默曹參軍尹顯，字季□，天水人。

□□將軍兼軍主張□，字文□，魏郡人。

部郡從事史彭襲，字胤祖，趙平人。

部郡從事史張熾，字安昌，安定人。

部郡從事史張□，字光□，□□人。

部郡從事史馮堆，字金堆，新平人。

部郡從事史負祐，字天念，平涼人。

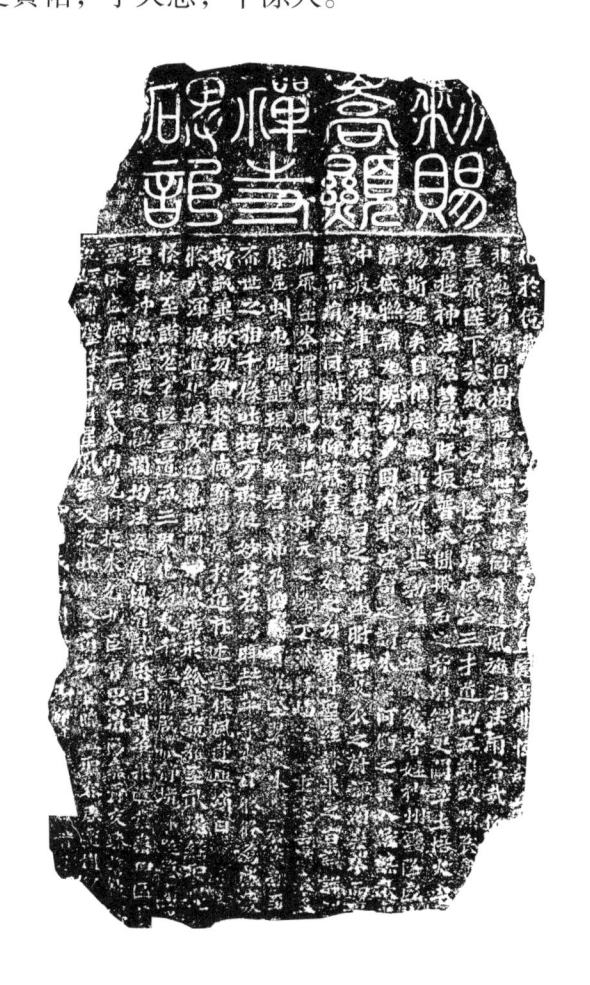

高平令王沖，字景□，□□□人。

鹑觚令、中陶伯姚玉，字珍寶，□□人。

俎厲令梁通，字樂逸，□□人。

撫夷令黃□，字惠□，□□人。

【题解】

敕赐嵩显禅寺碑勒石于北魏永平二年（509年），民国张维《陇右金石录》有录并按："嵩显寺碑，在泾川县南嵩山，今存。"原碑今已佚，泾川县博物馆馆藏拓本高183厘米，宽74厘米。碑阳额分4行阴刻"敕赐嵩显禅寺碑记"8字，篆书，每字15厘米见方。正文存18行，单行存8至26字不等，正书，每字3厘米见方，无撰书者题名。碑文记载了高飏族人感报皇恩修建嵩显禅寺并得以敕赐的事情，是泾州境内有据可查的历史最早的敕赐寺院。清叶昌炽《缘督庐日记》赞其"书法精整雄劲，饶有华贵之气，魏碑能品。"碑阴未见存世拓本，录文原载张维《陇右金石录补》卷一。其题名与同期"南石窟寺之碑"碑阴题名多有重复，互证能纠《魏书》多处舛误，是研究地方志、职官志和泾州北魏世族大户的重要实物资料。录文系编者依据泾川县博物馆馆藏拓本，并结合《陇右金石录》《陇右金石录补》等载录文校勘。

【注释】

[1] 囊：《陇右金石录》作"襄"。应为"囊"。

[2] 勃：所有可见版本均作"渤"，原碑拓作"勃"。"渤海"即"勃海"。

[3] 奕：《陇右金石录》未录。疑为"奕"。

[4] 俯：《陇右金石录》作"亦"。应为"俯"。

[5] 涌：同"湧"。

[6] 孌：《陇右金石录》未录。疑为"孌"。

[7] 搆：通"構"。

[8] 廡殿：《陇右金石录》作"□级"。应为"廡殿"。

[9] 瑛：《陇右金石录》作"瓊"。应为"瑛"。

[10] 万：同"萬"。

[11] 烋：《陇右金石录》作"休"。原碑拓作"烋"。

[12] 寞：同"冥"。

[13] 开：《陇右金石录》作"閟"。原碑拓不可辨，二者词义截然相反。

[14] 盛：《陇右金石录》作"聖"，有误。应为"盛"。

北魏永平三年南石窟寺碑记

【录文】

碑阳：

南石窟寺之碑

夫玄猷沖囧而繁霞[1]塵其暉，冥淵澄鏡而綺波或[2]其潤[3]。□使神滅氵盪於俗流[4]……使三[5]有紛離，六塵囂藹。輪迴幽塗，迷趣靡返者也。是以至覺垂悲，拯彼沉溺。闡三乘之……火宅。秉湛一之維，則騰蓋[6]於妙境[7]。正[8]夕暉盛日之旦，大千矚常樂之净。道[9]風既……若不遷之訓，周誨於昏明。万[10]化無[11]虧之範，永[12]播於幽顯。通塞歸乎有緣，行藏[13]盛乎□□，……皇帝陛下聖契潛通，應期纂曆。道氣籠三才之經，至德蓋五常之緯。啟[14]唐□□魏气……五教遐融，禮風遠剷。慈導開章，真宗顯誥。戒網羈乎有心，政聚變乎□才。彼塽[15]起……於茲將濟矣。自惟鴻源帝鄉，庇鄰雲液。議蹤翼親，論疇懿胕。榮要山河，連基齊晉。遂得……金於雲階。斑爵五等，垂玉於丹墀。内備幃幄，外[16]委霜議[17]。專節戎場，闢土之効未申，耀威□志靡建。豈謂乾蔭雲敷，皇澤雨灑。沖旨徧加，春華交暎。勢均兩嶽，曜軒三蕃。列土……崇海量，介焉罔[18]酬。遂尋案經教，追訪法圖。冥福起於顯誓，鴻報發於涓心。悟尋訓旨，建……厥涇陽，簡茲名埠。重巒煙蔚，景氣之初交。川流泱瀁，鮮榮之後暢。飛峭合霄，玄崖吐液……峙冥造之形。風水蕭散，瑶韻之勢。命匠呈奇，競工開剖。積節移年，營構乃就。圖雙林之遺……于玄堂。規往聖之鴻資[19]，則巍巍於虛[20]室。群像垂霄囧之朗，眾影表珠[21]光之鮮。暉暉[22]焉若分……㲋，岌岌焉如踊出之應法機。又構以房舍[23]，建之堂閣。藻[24]潔淳津，蔭□殊例。靜宇禪區，眾……窮微之僧，近[25]跧通寂之儔。誶塵誠裨乎治端，豪績瑍乎不朽。刊銘寺[26]庭，遂興頌曰：

攸攸冥造，寥寥太虛。動以應有，靜以照无[27]。穹經垂像，厚[28]化亦敷。囂□紛[29]藹，道隱昏途。道經□□，□□四色。俗流競波，愛根爭殖。迴往[30]幽衢，沉淪邪或。聖覺匪運，真圖誨測。至哉大覺，持暢靈姿。□□□，靡[31]茲聖維。大千被化，幽境蒙暉[32]。潛神吐曜，應我皇機。聖皇玄感，協揚治[33]猷。道液垂津，冥被□□。□□九區，慧鏡長幽。三乘既駕，六度[34]斯流。湌沐法膏，藻心道津。鴻源流衍，是近是親。均感[35]遐舊，□□□□。應躬罔報，建斯嘉因。重阿疊巘，蔚映陽川。遂戶飛窗，翠錯暉妍。雙林[36] 運矣，遺儀更鮮。盈暉□□，□□永證。

大魏永平三年，歲在庚寅四月壬寅朔十四日乙卯，使持節都督涇州諸軍事、平西將軍……涇□州刺史、安武縣開國男奚康生造。

碑陰：

第一排

平西府長史、河南陳平。

司馬、敷西男、安定皇甫慎。

錄事參軍、扶風馬瓚。

功曹參軍、寧遠將軍、華容男屈興，字允若[37]，昌黎人。

倉曹參軍、奮威將軍、赭陽子梁瑞[38]，字鄉貢，天水人。

中兵參軍、略陽王舛[39]廣。

府主簿、天水尹寧，字慶安。

外兵參軍、金城趙忻，字興慶。

騎兵參軍事、督護、安定內史、遼西段迤，字豐回。

長流參軍、昌黎韓洪超。

城局參軍、新平馮澄，字清龍。

參軍事馮翊，字□□。

鷹揚將軍、參軍事、北海邴哲□。

別駕從事史……。

安遠將軍統軍治中□□史安……。

征虜將軍安定內史臨涇……。

平涼太守朝那男□□。

新平太守參軍永寧伯……。

寧朔將軍、趙平太守、臨涇縣開國……。

隴東太守、領汧城戍、河南……。

別駕從事史、安定胡武伯。

平漠將軍、統軍兼別駕、主簿、安定胡文安。

主簿、平涼貟祥。

主簿兼州督、別駕從事史、安定梁僧授。

西曹□□、主簿、趙平彭聲。

第二排

法曹……。

鎧曹參軍、趙平□□。

田曹參軍、隴西董辨。

默曹參軍、□□□達。

（以下殘缺）

祭酒從事史、安定皇甫詢。

□□□□、涇陽王胤祖。

□□□□、趙平雷熾。

□□□□□原郭松茂。

□□□事□、安定席道原。

□□從事史、□□張廣昌。

部郡從事史、平涼貟英。

部郡從事史、馮翊田雍芝。

門下督、北地傅神符。

省事安定胡季[40]安。

第三排

西□說沓法□□□萬發西不朽歌詠乎品仲……□於高跪□兩能眾□□成於幼稚，此橋於郁哲，謀誠約員孿尸鳩，故以剋捷之□□施於安子使溫飽是陶豈非天性，陶又武□□刺刑部，終后襲封爵者，當非不義□，以吾封非□淹兄弟不得獨自跨擁……逮盛輝，則不及孫，故以銘之[41]。

安定郡丞、沛國劉紀。

平涼郡丞、濟南侯、安定胡虯。

新平郡丞、京兆韋文恪。

趙平郡丞、上谷趙椿。

隴東郡丞、黃龍馮法孫。

安定令、滎陽子、武威陰憨。

臨涇令、□□男茹□河南……。

石堂令、□□□□□□。

朝那令、□□□□□。

烏氏令、□□□□德。

（以下殘缺）

第四排

白土[42]令、南陽鄧生。

臨洮太守、三水令、恒農楊[43]伯儁。

爰得令、司郡[44]羅宗。

泾川金石录

南石窟寺之碑

鶉觚令、□□□、南安姚玉。

陰密令、扶風、馬允咸。

岨厲令、□□□法逸[45]。

撫夷□、□□□明。

陰槃令、□□□□。

高平令、□□□□。

涇陽令、□□□□□。

【題解】

南石窟寺之碑勒石于北魏永平三年（510年），今存泾川县文物管理所王母宫石窟院内"三碑室"。据陈万里《西行日记》记载，碑原存泾川城东7.5公里的王家沟境内的南石窟寺，民国六年（1917年）移置于泾川县文庙保管。另据刘玉林、王金生等高龄老人回忆，20世纪五十年代左右曾保存在县城教会女子学校，他们在童年时多有接触。碑石为砂岩质，通高225厘米，宽130厘米，厚17厘米。碑头为圆形，高65厘米，碑阳顶部阴刻"石窟寺主僧斌"，1行6字，正书，每字6厘米见方。碑额正中分3行阳刻"南石窟寺之碑"6字，篆书，每字18厘米见方。碑文存23行，满行38字，正书，每字3厘米见方，碑下部有残损，无撰书者题名。碑阳录文系编者依据原碑及泾川县博物馆馆藏拓本（罗振玉1919年题签版），并结合日本二玄社《南石窟寺之碑》（1976年）、日本印度学佛教学会《印度学佛教学研究》（1980年第12期）、李洪智《关于北魏"南石窟寺之碑"的释文及书法艺术》（《书法丛刊》2006年第3期）三版释文，结合手工钩摹、电脑PS等技术手段逐字校勘。碑文所录文字在代表编者观点或倾向的同时，为了保留前人著录研究成果，对识读结果相左或存疑的部分均予以标示。本碑以下注释中，李洪智录文称"李版"，日本印度学佛教协会《印度学佛教学研究》刊录文称"印版"，日本二玄社刊录文称"二版"。

南石窟寺之碑为南、北石窟寺唯一的开窟记碑，且具有较高的书法价值。范寿铭在《北魏南石窟寺碑跋》中评价其"书体雄朴，犹存太和时造像风度"。陆维钊在《书法述要》中说，此碑属于六朝书法中"近于《石门铭》而用笔方圆皆能"一派的"整齐"者，"与其学《爨宝子》，尚不如学《南石窟寺》"。

碑阴题名分上下四排排列，每排12至15行不等，满行10余字。正书，每字2至3厘米见方。碑阴录文系编者依据原碑石及拓本校录为主，参考了民国张维《陇右金石录》、日本印度学佛教学会《印度学佛教学研究》所载释文，对原碑及拓本上无法确认的信息采取从众原则，注释中保留了以上著录中相左或存疑的意见。

【注释】

[1] 霞：李版作"霞"，印版作"藏"，二版未识读。疑为"霞"。

[2] 或：仅李版作"或"，其他版均作"式"。该字右半部略残，经编者校验为"戈"旁，结合本碑中"口"部在书写中多以左右两点代用的惯例，应为"或"。

[3] 潤：印版识读出"氵"，其他版未识读。应为"潤"。

[4] □使神滅氵盪於俗流：系综合原拓及印版录文所录，其他版未识读。

[5] 三：李版作"三"，印版作"無"，二版未识读。应为"三"。

[6] 蓋：李版未识读，印版作"道"，并标示为存疑，二版作"蓋"。疑为"蓋"。

[7] 境：李版、二版均作"境"，印版作"攬"，并标示为存疑。疑为"境"。

[8] 正：李版均作"正"，印版作"乚"，并标示为存疑，二版作"叵"。经编者校验，其"乚"部写法带篆意，与碑额书法用笔一脉相承。应为"正"。

[9] 道：三版均未识读。应为"道"。

[10] 万：同"萬"。

[11] 無：除印版作"共"字，并标示为存疑外，其他版均作"無"。应为"無"。

[12] 永：李版作"永"，其他版未识读。疑为"永"。

[13] 行藏：二字仅二版未作识读，其他版一致。应为"行藏"。

[14] 啟：仅印版作"局"，其他版均作"啟"。应为"啟"。

[15] 垾：同"岸"。

[16] 外：三版均作"外"，其他可见资料多作"永"，有误。结合上句文意和编者校验，应为"外"。

[17] 議：李版作"绒"，二版、印版作"議"，并标示为存疑。应为"議"。

[18] 罔：三版均作"罔"，其他可见资料多作"冈"，有误。原碑写作冈，系"罔"字异体。

[19] 資：印版、二版作"資"，李版作"質"。

[20] 虛：印版作"虛"，并标示为存疑，李版、二版未识读。应为"虛"。

[21] 珠：李版作"珠"，其他版未识读。应为"珠"。

[22] 暉暉：仅印版作"曄曄"，并标示为存疑，其他版均作"暉暉"。二词意近，同文中有"暉"字，经编者比对校验，应为"暉暉"。

[23] 舘："館"字俗体，后同。一般情况下二者字义通用，古人指非饮食类

馆舍时惯用"舘"。

[24] 藻：李版作"藻"，二版、印版均作"漆"，印版标示为存疑。同文中有"藻"字，经编者比对校验，应为"藻"。

[25] 近：仅二版作"匠"，有误。其他版均作"近"。应为"近"。

[26] 寺：印版作"寺"，李版作"乎"，二版未识读。经编者校验，应为"寺"。

[27] 无：同"無"。

[28] 厚：三版均作"厚"，其他可见资料多作"淳"，有误。应为"厚"。

[29] 纷：李版作"纷"，印版、二版作"終"。应为"纷"。

[30] 往：三版均作"住"。结合文意，应为"往"，或为古人俗写。

[31] 靡：二版、印版作"靡"，李版作"廓"。应为"靡"。

[32] 晖：仅二版作"平"，其他版本均作"晖"，印版同时标示为存疑。应作"晖"。

[33] 治：除二版未识读外，其他版均识作"治"，但李版、印版标示为存疑。应为"治"。

[34] 度：李版作"度"，印版、二版均作"塵"。应为"度"。

[35] 感：李版作"感"，并标示为存疑。二版、印版作"戚"，印版标示为存疑。

[36] 林：李版作"林"，印版、二版未识读。

[37] 若：印版作"府"。

[38] 瑞：印版作"端"。

[39] 舛：印版作"卯"。

[40] 季：《陇右金石录》作"委"。

[41] 故以铭之：此句以上整段非题名，似叙述某事，地方文献多未录，印版和张维所录差异较大，不逐一罗列。编者结合原碑及文意重新校订，供参考。

[42] 土：印版等作"土"，其他资料多作"士"。

[43] 楊：三版均未识读，疑为"楊"。

[44] 郡：三版均作"部"，疑为"郡"。

[45] 逸：其他资料多作"進"。

北周天和二年宝宁寺舍利石函铭

【录文】

真容虛寂，妙愍疑神。聖智無私，言譚[1]訟絕。然寶寧寺比丘慧明，謹捨衣缽之餘，仰為七世所生，法界合識，敬造石像一區[2]。琢磨已就，瑩餝[3]殊麗。雖不釋氏見存，与[4]冥蹤無異。籍此善曰[5]，願上來可列，合國黎庶，俱登正覺。

維周天和二年歲次丁亥八月庚子朔廿三日壬戌敬。

【题解】

宝宁寺舍利石函勒铭于北周天和二年（567年），1969年冬出土于泾川县城关公社水泉寺大队五队的耕地内，今存平凉市博物馆。函为青砂岩质，长方体。长67.5厘米，宽49.5厘米，高46厘米。盝顶式盖，盖与器子母扣合。函体正面浅浮雕两供养人像及双狮图案，背面为铭文。刻文15行，满行7字，正书共103字，无撰书者题名。该石函内套装有大铜函一个，大铜函内盛小鎏金铜函一个，小铜函内置琉璃瓶。同时出土的还有玉带环、玉发钗、琉璃杯、鎏金开元通宝、剑、金钗、银钗、银篦等文物。2015年3月19日，在石函原出土地再次出土一身北周早期立式佛造像，并在该区域内发现古建筑基址。该套函形制明显为舍利容器，但铭文却仅记"敬造石像"一事。它与后来出土的佛像、古建筑基址之间的逻辑关系，有待考古发现进一步例证。录文系编者依据甘肃省博物馆相关图版资料校勘。

【注释】

[1] 譚：通"談"。

[2] 區：通"軀"。

[3] 餝：同"飾"。

[4] 与：同"與"。

[5] 囙："因"字俗体。

北周天和六年释迦牟尼造像题刻

【录文】

天和六年歲次辛卯四月戊寅朔十七日甲午，佛弟子畢僧慶自忖昏□難居翹思惠日，故割衣食之須，敬造釋迦牟尼像一區[1]，伏願壽命延萇[2]，後嗣□□□□□兒□□法界生成無上道。

【题解】

北周天和六年（571年）释迦牟尼造像，2013年出土于泾川龙兴寺遗址（今大云寺舍利塔东侧），今存泾川县博物馆。像为青石质，圆雕工艺，头部已断佚。残高36厘米，其中底座高6.5厘米，左右及背面残存题记21行，满行4字，正书，每字1.5厘米见方。录文系编者依据原造像及照片资料校勘。

【注释】

[1] 區：通"軀"。

[2] 苌：应为"長"。

北周天和造像碑题刻

【录文】

……天和……佛弟……仞眾……

【题解】

北周天和造像碑，2013年出土于泾川龙兴寺遗址（今大云寺舍利塔东侧），今存泾川县博物馆。像为砂石质，残高25.5厘米，宽26.5厘米，厚7厘米。正面为文殊菩萨与维摩诘辩法场景，碑右侧下部刻发愿文，现仅存3行6字可辨，每字2厘米见方。录文系编者依据原造像及照片资料校勘。

北周文殊菩萨和维摩诘辨法造像碑题刻

【录文】

……次庚辰□月辛……戊寅比丘法起……軀[1]爲七世父母……善知識願生生……法若悟洛非處……薩來助振出世……安養法界所願……形之同登正……女供養仏[2]時。

【题解】

北周文殊菩萨和维摩诘辨法造像碑，2013年出土于泾川龙兴寺遗址（今大云寺舍利塔东侧），今存泾川县博物馆。像为砂石质，残高36厘米，宽33.5厘米，厚6.5厘米。正面残存造像两层，其中底层为文殊菩萨和维摩诘辨法场景，背面刻发愿文。发愿文现存9行6排，正书，每字约2厘米见方。录文系编者依据原造像及照片资料校勘。

【注释】

[1] 軀：通"軀"。
[2] 仏：同"佛"。

北周圆拱顶造像碑题刻

【录文】

夫至聖能人敢化……有尋童子戲指介……不動国是以清信女……波等於甲申之稔仲父……十九日發心爲子造釋……區[1]，庶因兹福，願使恒過□……難消滅，普及法界，景生……

左側

願成等正覺。丁亥歲八月十一日。

【题解】

北周圆拱顶造像碑，2013年出土于泾川龙兴寺遗址（今大云寺舍利塔东侧），今存泾川县博物馆。像为砂石质，残高39厘米，宽25厘米，厚8厘米。正面残存一层半造像，背面刻发愿文。发愿文现存7行9排，正书，每字约2厘米见方。录文系编者依据原造像及照片资料校勘。

【注释】

[1] 區：通"軀"。

隋

开皇元年李阿昌造像碑记

【录文】

造像记：

維開皇元年歲辛丑四月庚辰朔廿三日壬寅，佛弟子李阿昌等廿家去歲之秋，合為仲契，每月設齋，吉凶相逯[1]，今蒙皇家之明德，開興二教，然諸人等謹請比丘僧欽為師，徒名曰大邑，遠尋如來久之蹤，擇親為行本，競施財物，營造精舍，土木之所存，遂採名山之石建于碑像，莊麗於工□精奇，盡於思巧。林果山池，靡不有備，瞻仰周曲，□開迷悮[2]，路人觀者，無不念矣，既成□□□□緣此興造之功，一願鍾報於帝王[3]□□□□□實素之文□□□□於北祠谷□□□□□康隆□□□□□□□□春[4]大□□□□□及□□□□□□□□□□□□□值□□□□□□□□

右上題名：

像主左赤[5]頭、浮圖主霍定

都邑主寧遠將軍右負[6]外常侍鶉觚令李顯

邑師比丘僧欽，化主董伯奴

左上題名：

邑師比丘道珍，都化主楊奴奴

都邑主前宜陽郡守李阿昌

都邑正白李香□□□□□

下部題名：

都維那胡元□，典錄負[7]安和

典錄華繼世，香火郭序礼[8]

香火郭道集，齋主李運祥

齋主杜伏榮

邑生長安縣人車騎將軍左光祿韓定□

邑生周延智[9]，邑生李……

邑生長安縣人劉小洛，邑生李道□

邑生龐猛集，邑生李道□

邑生梁孟先，邑生孟□□

邑生胡苟奴，邑生呂□□

邑生袁元真

邑生輔國將軍前河東郡守梁令伯

【题解】

李阿昌造像碑造于开皇元年（581年），碑原存泾川水泉寺，今存甘肃省博物馆。碑石为砂岩质，高146厘米，宽50厘米，厚16厘米。碑阳三层，其上部中间为佛龛，龛内饰一佛二菩萨，两旁各题名3行。中部为造像记，共13行，行18字，下部题名12行。碑阳文字基本等大，楷书，每字2厘米见方。碑阴作五层，皆凿龛，刻佛像。碑两侧亦为造像。录文系编者依据甘肃省博物馆高清资料图片，并结合张维《陇右金石录》、张宝玺、秦明智等论著所载录文校勘，其中张宝玺先生《甘肃佛教石刻造像》一书中的录文与原碑更为接近。民国邹光鲁《泾川县志》所载录文错讹及缺字较多。以下注释中保留了存疑信息。

【注释】

[1] 逯：其他版录文多作"逮"。应为"逯"。

[2] 悮：同"誤"。

[3] 王：张宝玺作"主"。字漫漶，应为"王"。

[4] 春：张宝玺作"眷"。字漫漶，应为"春"。

[5] 赤：其他版均释为"寺"，原碑字法更近似于"赤"。秦明智《隋开皇元年李阿昌造像碑》（《文物》1983年第7期）亦作"赤"。

[6] 負：通"員"。

[7] 負：作姓氏时音yùn，系泾川地区常见姓氏。

[8] 礼：同"禮"。

[9] 智：已有论著录文多作"矩"，原刻疑作"智"。

开皇四年倚坐菩萨像题刻

【录文】

維大隋開皇四年歲次甲辰十月庚寅朔八日丁酉，佛□□□鶴延□，仰為七世父母所生。□亡父真王，亡母皇貴□，妻張□暉，息男立仁，息女英□。

【题解】

开皇四年（584年）倚坐菩萨像，2013年出土于泾川龙兴寺遗址（今大云寺舍利塔东侧），今存泾川县博物馆。像为青石质，圆雕工艺，腰部以上已断佚。残高16.5厘米，其中底座高6.5厘米，侧面四周残存题记19行，满行3至4字，正书，每字1.5厘米见方。录文系编者依据原造像及照片资料校勘。

唐（周）

武周延载元年泾州大云寺舍利石函铭并序

【录文】

函盖：

大周涇州大雲寺舍利之函揔[1]一十四粒

潘守靖、司馬玄珪、席爽□、侯文□、翟何乾、胡寶□、皇甫亮、成思忠、韓慶子、陳伏德、秦福瞖、龔玄福、劉純陁、簫玄瞖、翟仍興、李長德、男思□、金崇嗣、和忠立、張知己、賈埏秀、牛思絢、張二娘、趙思運、王思亮、支仁昉、康育是、鄭師壽、公孫美、都化主李揩、僧惠遠、翟藥上、僧忠乙、梁道獻、僧道冲、胡靁膺、僧武瑅、張懷意、尹玄應、任弘濟、趙思貞、釗元貞、鄭崇義、王崇節、侯夫、趙夫、李夫、常卂括、劉大智、僧法海、僧悟玄、王仙挺、馬崇禮、楊虔福、僧智遠、張善寶、楊弘靜、僧法超、僧道證、和思廉、田君整、王思泰、朱思忠、吳文哲。

函側：

涇州大雲寺舍利石函銘并序

朝散大夫行司馬平昌孟詵撰。

若夫能仁幽贊，沿聖敬以開祥；妙善冥扶，徇貞明而效彩。故難思鉅[2]相，形於廣濟之辰；希有殊姿，顯自揔持之運。恭惟瑞景，允應茲猷者焉。爰有古塔餘基，在茲寺之右。高惟及仞，袤劣無[3]常。壤甓既零，榛蕪遂積。建茸之始，訪耆顏而靡詳；光影之奇，在休辰而屢警。維那舌[4]法言於司馬孟詵，以爲伊昔拘夷，爰分舍利。甫覃八國，俄遍十方。斯阯[5]騰輝，必是遺好。每將穿究，苦乏資力。詵謂之曰："自香薪既燎，珍塔具修。理契則通，道符乃應。當今圓常攝運，方等裝期。闡持綫之微言，贊結繩之景化。融之以慧晷，潤之以慈雲。行使家勵四勤，人弘五力。諸佛現喜，幽瑞騰光。彩發散身，復何疑也。勉加開顯，當申資助。"於是厖徒具錘，揆勢施功。言未倍尋，便臻藏所。遽開磚室，爰得石函。中有琉璃瓶、舍利十四粒。詵與長史濟北史藏諸安定縣令穎川陳燕客，並當寺徒眾俱時瞻奉。法公嚴持香水，誠祈就浴。倒瓶佇降，虛器匪延。合眾驚嗟，咸沮情望。既而言曰："接神在敬，奉覺以誠。茲理或睽，冥應自阻。願眾等少湔意垢，暫拉情塵。注仰內專，虔恭外肅。同申懺露，共取感通。於是言既逗機，人皆勵歟[6]。進力堅猛，諦受精嚴。復寫茲瓶，方下神粒。於函之側，仍勒銘云：

神皇聖帝，埊[7]同穴[8]合。○[9]拱辰居，川潮海納。偉哉睿后，顯號著於銘刊；鑱矣康期，景度熏[10]於冥紀。乘變之機不測，先物之軌難尋。彰妙本之宿圓，證善權之今發。舍穴形而演慶，彩葉大雲；懷地品以宣慈，化敷甘露。豈與夫風君絙瑟，火辟軫琴。黃祁出名丹，靈則□大誥。其沖興校哉，神通者哉。昔八萬四千，育王起光明之塔；三十六億，首聶楞平等之龕。乃睠規模，敢忘修措。爰以大周延熏元秊[11]，歲次甲午七圉[12]癸未朔十五日已亥，遷於佛殿之下，崇聖福焉。廣廈清泠，曾軒蕭穆。基倖象戴，隧擬龍緘。采涅槃之舊儀，遵宴坐之遺則。香說法而為蓋，花韜覺以成臺。若諸穴之赴臨，疑列仙之降衛。夫以炎祁遞運，流峙或移。不茂委於琱鐫，詎永宣乎殊妙。式詮斯祐，用刊於側。庶乎宸微亹亹，與僧伽而永存；靈彩昭昭，歷遐劫而常現。重宣睿感，乃作銘云：

滿圉為容，攢曦表相。一音攸述，萬法斯亮。鶴林遷映，龍步韜威。芳薪罷炳，構璨凝暉。五分餘函，千齡翔聖。駢升慧彩，允□慈政。雪龕囊飾，圉殿新封。昔悲雙樹，今棲四松。念□難留，□□不測。願言景□，長揮太極。

中散大夫使持節涇州諸軍事守涇州刺史上騎都尉源修業，朝散大夫前沙州長史博陵崔撝，奉義郎行錄事參軍尹元綱，參軍韋晉，通直郎行司功參軍事冠基亮，宣義郎行司戶參軍李恁，博士鄭元禮，奉義郎行司倉參軍獨孤思禮，通直郎行司法參軍張景略、郝師式，參軍張守範，參軍皇甫說、王僧言，幽州宜祿縣尉檢校營使汲人趙貞固書，定遠將軍守左衛涇陽府折沖都尉，宣義郎行許州長社縣尉寶少繹，征事郎行安定縣尉寶少微，參議郎行同州參軍姜昕，涇陽府右果毅遊騎將軍薛智靜，通直郎涇陽府長史趙思一，登仕郎行涇州錄事董玄挺，僧大量、僧行恭、僧悟寂、惠覺，上座復禮、除疑、崇道、無著。寺主志筠、處寂，僧嘉、慶小，羅漢僧廣法、諰嚴、師叡、道寂。

【题解】

泾州大云寺舍利石函勒铭于武周延载元年（694年），1964年12月出土于泾川县城关公社水泉寺大队贾家庄生产队，今存甘肃省博物馆。由朝散大夫、行司马孟诜撰文，豳州宜禄县尉、检校营使赵贞固书丹。石函为青石质，呈长方体，高42.5厘米、长50.5厘米、宽49.5厘米。函盖呈覆斗式，四周刻缠枝莲纹，顶部正中分4行4列阳刻"大周泾州大云寺舍利之函总一十四粒"16字，隶书，每字7厘米见方。函盖上部沿四边亦刻有64个功德主和僧人姓名，楷书，每字2至3厘米见方，前人著述均未见收录，编者依据拓片资料校录。函侧四周每侧刻文22行，满行12字，楷书，每字2厘米见方。全文满千字余，记载了孟诜走访古塔遗迹并组织重瘗舍利之事。石函内从大到小，依次套装铜匣、银椁、金棺、琉璃瓶和14粒舍利。出土后，石函保存在平凉专区博物馆，而石函内的金银棺等文物则上调到甘肃省博物馆保存。1971年郭沫若在省博参观金银棺时，听到还有刻满文字的石函后说"舍利石函，贵在石函"，随后石函被调往省博一并保存。

【撰者】

孟诜（约 621—713），唐代大臣，著名学者、医药学家、食疗学家。汝州梁县人（今河南汝州市），孟子三十一世孙。

【书者】

赵贞固，生卒年不详。《新唐书》卷一百七《陈子昂传》载：赵元者，字贞固，河间人。祖揔，号通儒，在隋，与同郡刘焯俱召至京师，补黎阳长，徙居汲。元少负志略，好论辩。来游洛阳，士争慕向，所以造谢皆缙绅选。武后方称制，惧不容其高，调宜禄尉。到职，非公事不言，弹琴莳药，如隐者之操。自伤位不配才，卒年四十九。其友魏元忠、孟诜、宋之问、崔璩等共谥昭夷先生。"中国作家协会会员、文史学者张怀群先生《泾州大云寺舍利之函书法作者是赵贞固》（《平凉日报》2020 年 3 月 27 日）一文首次明确提出并考证，赵贞固即大云寺舍利石函铭并序的书丹者。

函盖录文系编者依据原拓图片校勘。函侧录文系编者 2018、2019 年受泾川县博物馆、平凉市博物馆委托，依据甘肃省博物馆提供的碑拓资料，结合杜斗城《〈泾州大云寺舍利石函铭并序〉跋》（《敦煌学辑刊》2005 年第 4 期）等论著所载录文校勘，录文保留了武则天创制汉字。

【注释】

[1] 揔：同"總"。

[2] 钜：同"巨"。

[3] 無：目前可见资料均释为"兼"，原字略显漫漶，但字法及文意均应作"無"。

[4] 𡈼：武则天所造"正"字。杜斗城作"壬"。其他论著均释为"出"，有误。

[5] 阯：同"址"。

[6] 欵："款"字俗体。

[7] 埊：同"地"。

[8] 兲：武则天所造"天"字。从篆书"天"字写法。后同。

[9] ○：武则天所造"星"字。

[10] 𡕀：武则天所造"载"字。后同。

[11] 𢆉：武则天所造"年"字。

[12] ㋪：武则天所造"月"字。后同。

大中二年郑弘裕大唐新修高公佛堂碣并序

【录文】

大唐新修高公佛堂碣

新修高公佛堂碣并序

朝議郎、前議太子通事舍人、上柱國鄭弘裕[1]撰。

皇唐十六天子建號大中，應乾嗣統，□歷二載。□□□□□□□□……夾輔華夷□□□會昌五年，當武宗皇帝省天下佛署，□海內僧徒……前□納言程公[2]與……威□□□捧詔布令像□□□□□近郊郡東……賴碑之□矣。其額曰嵩顯，有西魏此郡守高公餘烈名爵，歲時碑亦存也。圖經所纂，耆舊所傳，里□昔……公……可輔天惠能□下信乎哉？暨宣皇猷，橫□□□獨……警□之暇，單騎延覽，□□□……守釋子之□，憤善績斯泯，戒□鑿堙□，搜□□寶克□神功竟……抉□碑於□……繇是主……成散□□□，控架棟梁，敲鐫柱石，度工料功，□時十吉。默後……聖□□覈終應甫及浹……鴻恩忽降，□識將年□□□材……爰推荐[3]高之旨復創……飾赭堊，纔分繚垣，□餘垣聳仞半應□平□北砌含嶤……於徒中不啻分□寧託付……清……附地高而驚雀雖依曉日乍遥晴空□揭□□夫梵宇狀出水，□宮慶祚，永踐福階，故期福……時卩慶偶於……壽□之節□，惟願塞今後切就式遵大敬□務廣□明……景長運清，我……朝嫉□之路，闡吾道□□之玄化，實不□人□所尚□□拂祥□□囑勝概雲開京觀，其聽薦款□蠢何……不一而出□自遷。況山水好尚，聖人之深品題也；登臨燕狎，□□之思永嘆也。弘裕□秋重□□□、納言□導納言禮賢之榻……珥貂愛士之顏，□恭詔旨，共贊朝章，胡□不塵，邊□不烟[4]。雖□□□而人……迤極目亦智者之所。皇帝……東神□大將軍左路康□代命既……莘衍回閱精舍，謂闞憩□立製□亭□不先器識而後信之上者。君之與親，臣之與子，莫不先忠孝而後恩義著，不形萬靈所□次剖貪與□，□真與偽，代所宗則。珥貂□上次之道，懷奢儉之規，□攫輕□，不掊蓄聚，但拱臣心於北極，獻聖□於南山。若貫白日□□洪休誓國事無窮，□制垂不朽，以□□序。日月值秋，殘□蔚□茂清霜動威文囿。恥名不掛籍，惡□有遺。陋巷屑居，俯當□請。幸採謠贊碣，跽□而刊辭曰：

造物誰宰，匠石斯營。神化自合，玄功連成。高公積善，珥貂發明。……，□泰階平。三光□照，五……翊贊□□，中外肅清。大昌聖祚，深□皇情。珥貂伊何，警護在涇。馳心……遙，峰黛點……顥氣混混，非烟亭亭。天凝晴漢。霞

□青冥。勒載盛德，偕稱太寧。

四鎮北庭行軍兼涇原等州節度觀察處置等使、銀青光祿大夫、檢校左散騎常侍、使持節涇州諸軍事兼涇州刺史、□□大夫、上柱國、會稽縣開國子、食邑二百戶康[5]，四鎮北庭行軍兼涇原等州監軍使、銀青光祿大夫、行內侍省□□□令員外置同正員、上柱國、武威縣開國□、食邑七百戶、賜紫魚袋……歸[6]，京西步驛使、正議大夫、行內侍省□□□令員外置同正員、上柱國、賜□□袋黨□弁，判官、監臨涇騎兵馬、朝散郎、行內侍省……丞……同正員、上柱國楊□□，判官、監平涼鎮□□、朝散郎、□內侍省校□□宮教博□員外置同正、上柱國呂緒，當道時服使、承務郎、行內侍省掖庭肩宮教博士員外判，官、監平涼鎮兵馬、承奉郎、行內侍省置同正員、上柱國陳宗詧，小判官潘。

【題解】

新修高公佛堂碣勒石于唐宣宗大中二年（848年）秋季，今已佚，亦未見存世拓本，規格等信息不詳，由朝議郎、前議太子通事舍人、上柱國鄭弘裕撰文。錄文原載民國張維《隴右金石錄》，並按："《新通志稿》：新修高公佛堂碣在涇川縣，原石由嵩山高峰寺移至孔廟，題作正書，三行，行三字，曰：'大唐新修高公佛堂碣'，邊刻唐草碑，文錄二十八行，首行云'新修高公佛堂碣并序'，次行云'朝議郎前議太子通事舍人上柱國鄭弘裕撰'，至文多磨泐，雖無原石，字僅見近人著《涇川石刻》校釋及考證。"綜合該碑及《全唐詩》《古今圖書集成》等信息，可知高公佛堂由唐開國伯、涇原監軍段歸文主持重修。錄文系編者依據《隴右金石錄》校勘，因該著系影印本，字跡較為模糊，對於個別難以辨別的文字以□替代。

高公佛堂系在北魏涇州刺史高綽所建"嵩顯禪寺"的舊址上重修，因嵩顯寺由高氏所建，故後世又稱其"高公寺"。大中年間重修應是"會昌法難"後，宣宗復置佛事、恢復佛教背景下的一個例證，對於研究隴東地區這一歷史時期的佛寺廢置尤為重要。

【注釋】

[1] 鄭弘裕：生平事跡無考，從碑文判斷，應為涇原節度使幕府文士。

[2] 程公：諸史無考，從碑文判斷或為新修高公佛堂時當地的高級官員。

[3] 荐：同"薦"。

[4] 烟：同"煙"。後同。

[5] 康：史載大中二年涇原節度使系康季榮，即"康"，應系前文"程公"之

继任者，刊碑时在任。唐时碑碣中对人物尊称仅署一字为惯例。后同。

[6]归：《古今图书集成》载"唐开国伯段归文重修"高公佛堂，史载段归文时任泾原监军，故"归"即段归文。

观音立像题刻

【录文】

……敬造救□观音像一軀，願亡息魂靈往之土法界。眾生同等□……

【题解】

　　唐观音立像2013年出土于泾川龙兴寺遗址（今大云寺舍利塔东侧），今存泾川县博物馆。像为青石质，圆雕工艺，胯部以上已断佚。残高37厘米，其中底座高5.5厘米，前侧残存题记7行，满行3至4字，正书，每字1.5厘米见方。录文系编者依据原造像及照片资料校勘。

宋

大中祥符六年泾州龙兴寺佛舍利砖铭

【录文】

維大宋大中祥符六年，歲次癸丑五月辛卯朔十二日壬寅，涇州龍興寺曼[1]殊院念《法花經》僧雲江、智明同收諸佛舍利約二千餘粒，并佛牙、佛骨於本院文殊菩薩殿內堊[2]之。智明爰与[3]同院法眷雲江，道味有契，水乳無疎，孤潔依投而親行願，故相構遇也。皆承師訓，俱受佛恩，將何報於覆燾？復何普於濟霑？歲月隨緣，因果遠趣！曰："佛滅度後，八斛四斗[4]，分布舍利，遺跡具瞻，戒定惠證，感通應現。明聖興隆，而身心志向且願力豈捐？"固銘性鍊心，行住坐臥，勵至二紀餘。或逢人惠施，或良會所獲，或懇鷲殊鄉，或輸誠多士。初終不罄，數滿二千餘粒。奇哉！寶缾[5]珠轉，牙骨星流。一日稽顙，曰：幸卜豐堅於自院中，歷劫無壞，長世載遇，天上人間，願力非捨矣。不幸雲江遷化，瘞事復失。今日智明奉堊酬願，法教昭彰。上善得獲於定菓[6]，同因祈會於龍華，遠仗聖賢加備、紹嗣矣。銘云：

於緣有果兮明世出家，瞻佛奉法兮善不可嘉。冥為釋子兮積功累德，同志操修兮茂實去花。設舍羅兮無為利用，滅波吒兮辯正除邪。求一粒兮清冰透水，礼[7]神異兮淨意開花。報四恩兮傍及九有，同佛會兮利樂河沙。

當州本寺管內僧正惠照大師、賜紫義英稽首。助緣比丘義演、表白大德義樅、小師惠遠。梁吉書剋[8]。

助緣埋堊弟子陶知福。

【题解】

泾州龙兴寺佛舍利铭文砖勒铭于宋大中祥符六年（1013年），2013年1月9日出土于泾川大云寺东侧、原宋代泾州龙兴寺曼殊院文殊菩萨殿内地宫，同时出土了舍利、佛骨以及琉璃瓶、陶棺等舍利容器。同时，在砖铭出土地的左右两侧，分别发现了1号、2号佛教文物窖藏坑，出土佛造像等佛教文物近300件。因舍利瘗藏时间距离出土时整一千载，其时间之巧合，与同时出土的大量精美的佛造像一并引起全社会的高度关注，故而传为奇谈，被誉为当年"古丝绸之路上的重大考古发现"。砖为黏土烧制，高31.5厘米，宽32厘米，厚5厘米。刻文共19行，满行22字，正书，每字1.5厘米见方。撰文者不详，由梁吉书刻。铭文记载了云江和智明二僧不计艰辛，花费二十余年时间到处寻访收集佛舍利的功德以及瘗藏一事。其中"助缘埋堃弟子陶知福"刻于铭文砖左侧面。录文系编者依据原砖刻校勘。

【注释】

[1] 曼：“曼”字俗体。
[2] 堃：“葬”字俗体。
[3] 与：同“與”。
[4] 䗰：“斗”字俗体。
[5] 缾：同“瓶”。

[6] 菓：同"果"。

[7] 礼：同"禮"。

[8] 剋：同"刻"。

佛顶尊胜陀罗尼咒经幢题刻

【录文】

　　瑟……多地瑟咤□……多那輸提十七……提十九薩末耶……喇輪提廿二毗薩……薩末囉……囉揭□□……耶毗輸提……三摩尼縛……蒲陁耶三……長阿地瑟耻……佛説如意輪……南無阿利耶波……摩訶薩埵跛……□罰底……

　　……毗失瑟咤長耶二勃陁長……娑摩三漫多縛縛佉……訶那娑婆長縛輸弟从皆一□説……利多苾囉鶴□阿訶囉下長同聲阿訶囉……耶輸馱耶十揭揭那鞞輸提十三焉……囉失泯珊珠地帝十五薩婆多他揭……慕姪囉十六援折囉迦長耶僧訶……輸提十八鉢囉底称哦恒耶阿長俞輸……摩尼廿一恒聞多部多俱胫鉢……□□□迦及毗近耶毗□□同……輸提廿六……某甲薩婆……提三十薩□……地耶勃地……他揭……囉恒哪□囉夜耶……耶菩提薩埵跛耶……伽耶恒姪唵折喝……□□□帝□耶……薩婆呵身……维吽心唵罰囉哆鉢　……神那羅帝吒莎訶

【题解】

　　北宋佛顶尊胜陀罗尼咒经幢，2013年出土于泾川龙兴寺遗址（今大云寺舍利塔东侧），现存泾川县博物馆。经幢为陶质，八棱形，残断为8块，部分可拼接。拼接后残高30厘米，周长57厘米。内容应为佛顶尊胜陀罗尼咒，刻文24行，楷书，每字约2厘米见方。录文系编者依据原砖刻校录。

天圣三年陶谷重修回山王母宫颂碑记

【录文】

碑阳：

重修回山王母宫颂

重修泾州回山王母宫颂并序

翰林學士承旨刑部尚書知制誥陶穀文。

《祭灋[1]》曰："灋施於人則祀之"。辯方之為灋制也，不亦大哉！神有所職，足以垂訓者，孰可闕焉。按《爾雅》："觚竹、北戶、西王母、日下，謂之四荒"。王母事蹟其來久矣，名載方筴[2]，理非語怪。西周受命之四世，有君曰王滿，享國五十載，乘八馬，宴瑤池，捧王母之觴，乃歌《黃竹》；西漢受命之四世，有君曰帝徹，享國亦五十載，期七夕，會甘泉，降王母之駕，遂薦僊桃。周穆之觀西極也，濯馬湩，飲鵠血，踐巨蒐之國，乃升弇山，故汲冢有《穆天子傳》；漢武之禱靈境也，禩雍時，幸朝那，立飛廉之舘[3]以望玄圃，故樂章有《上之回》曲。烏虖[4]！湘靈鼓瑟，虞舜二妃也；黃姑有星，天河織女也。或楚詞所傳，或巫咸所記，猶能編祀典，配嚴祠。簫鼓豆籩，豫四時之享，犠牲玉帛，陪百神之祭。豈若王母為九光聖媛，統三清上眞，佩分景之玉劍，納去瓊之鳳舄，八瑯僊璈以節樂，九色辯麈而在馭。嘯詠則海神鼓舞，指顧則岳靈奔走，輔五帝於金闕，校三官於絳河，位冠上宮，福流下土。則回中有王母之廟，非不經也。年禩寖[5]遠，棟宇隓[6]壞，壇歿杳朽，蔽荊棘于荒庭，井廢禽亡，噪鳥鳶於古堞。物不終否，崇之在人。太師清河公受鉞建牙，三臨安定，軍功政事，紀在旂常。是邦也，壓涇水之上游，控西戎之右墜[7]，土宜禾麥，俗習騎射，撫之有道，則風能偃草，馭之非理，則水亦覆舟。中權失政，不可一日而處，矧[8]三鎮乎？！歲戊辰春二月，公介圭入覲，駿奔上都，天子設庭燎[9]以延之，奏《祴夏》以寵之，臨軒絕席以綏裹[10]，大輅繁纓而錫命。禮成三接，詔還舊鎮。公既旋所理，來謁靈廟，齋莊有感，胙蠁如答。申命主者，勾工繕修，薙蔓草於庭除，封值嘉樹，易頹簷于廊廡，締構宏材，丹青盡飾於天姿，黼藻[11]增嚴於羽帳。雲生畫棟，如嗟西土之遙，水閱長川，若訝東溟之淺，容衛既肅，精誠在茲。何須玉女投壺，望明星於太華；瑤姬感夢，灑暮雨於陽臺。合徵幼婦之詞，庶盡上眞之美。穀也，學非博古，材不逮時，論恩謬冠於詞臣，敘事敢踰[12]于實錄，久直金鑾之殿，際草無功，強窺朱爵[13]之窗，媮桃知愧。謹為頌曰：

"崑崙之虛[14]，奄茲之下，戴勝蓬髮，虎豹為伍。是耶非耶？怪哉！王母丹臺命駕，七夕為期。雲軿鳳輦，劍佩光輝。倩兮盼兮，穆若僊姿。宅玄都兮如彼，降漢宮兮若是。奚靈聖之多尚，駭變化之神異。考山經與竹書，故兩留於前事。山之巔兮水之湄，奠玉斝兮薦金徽。白雲零落歸何處，黃竹摧殘無一枝。撫弇山之舊石，紀涇水之僊祠。"

天聖三年太歲乙丑三月十五日尚書度支員外郎知軍州事上柱國上官佖重書。

碑陰：

題跋[15]：

翰林承旨八座陶公穀，開寶戊辰歲，為涇帥太師張公鐸述回山王母宮頌，當時已刊勒上石。至咸平戊戌歲，澶帥太傅柴公禹錫鎮于是邦，乃削去舊字，俾南岳僧夢英重書其文。而字多舛誤，加以筆跡譌俗。佖謂名公之文遠近流布，好事者傳誦，恐失其真，比再礱礪[16]，又以夢英者自負小學，時輩推尚。遂別琢堅珉，躬自篆籀，狀斯冰玉箸之體，命工刊之，立于殿之北楹。庶乎！陶公之文，回山之廟，偕斯篆而不朽矣。慮來者之不詳茲意，故書于碑陰以明焉。

題記一[17]：

權守郡事王正倫、通理郡事馮維師、護屯兵楊保順、柳泉砦[18]主傅信、監州兵王文質、警巡孫宗望、保定宰張延世、守匠簿富鼎、掌記劉師顏、戎推李樞、廉推黃堯俞，因祀社回涉涇水，仝游王母宮，醮[19]于集僊亭，權酤[20]康詢、韓樞后至。時也，萬象澄霽，五穀豐衍，縱吟肆目，清談雅酌。歌時頌聖，薄莫[21]而歸。炎宋皇祐元年己丑歲秋八月十八日雒陽平叔題。

題記二[22]：

河南種諤子正、魯國季琮子厚、武城曾孝序逢原、河東安介伯通，由龍翔寺[23]同此登覽。元豐己未中秋後一日。

題記三[24]：

開封李德之、潁川丁師直、洛陽張象之、泥陽李溫甫，元豐癸亥三月九日同游。

題記四[25]：

王說、李宗愿、趙豫、劉佽、趙誨、崔琪、楊恪，戊辰三月九日同游。

題記五[26]：

王巖夫挈家游此。男琮、孫良史、婿楊環寶、外孫楊……克丞、克忱侍行。元祐己巳中夏廿有三日題。

題記六[27]：

郡倅李公諤、將領曹伯達、王保臣、護戎王子儀、幕府張公敏、新平簿周聖和、講易閔仲孚。元祐壬申八月十九日。李祐、晉仁侍，貳車行。

題記七[28]：

東平傅完若缺、余杭錢熙之和仲同游。大觀元年清明日。

題記八[29]：

大觀戊子三月丁丑，淄川張及希中同男季良謁金母祠，至晚還城。

題記九[30]：

魏國任獻民德甫謁金母祠。庚寅六月五日。

題記十[31]：

宋京以使事□□……權守趙令儦來。宣和癸卯五月十二日。

題記十一[32]：

河東母安之率陳臺徐巨源、濟南閻祐之、轤鄉張及之、青社閭丘時舉、左馮李明中、商於張公美、河曲宋子翼、高密趙仲元、洛陽張道濟，崇寧甲申歲上巳後四日同游。

題記十二[33]：

郡守高士敦挈家恭謁王母靈祠。男公純、公紱、公紞侍行。元祐辛未四月二十七日記。

題記十三[34]：

大名李克臣、汴陽高公純、弟公紱、河間楊翃同恭謁王母靈祠。時元祐六年八月二十有六日。翃敬題。

題記十四[35]：

長安安子發、臨安錢子……寇君佐、商於張之美、濟源傅若缺、岐陽魏興叔、高唐昝□道，大觀元……

題記十五[36]：

河曲宋彤子翼侍親老、挈幼累，自煖[37]泉謁祠下。甲申季春八日。

題記十六[38]：

河南安公澤姪仲□、洛陽張道濟游。崇寧甲申上巳日。

題記十七[39]：

閭丘陞、薛[40]……祠下。崇寧丙戌二月……

題記十八[41]：

掌記公，迺處仁之從曾祖也。處仁每登回山，覩此石刻，倍增感慕。自愧不肖，弗克繼紹箕裘，有玷仕塗[42]，然亦不敢少忘遺訓，以貽我前人羞。大定乙巳中夏望日從曾孫處仁……

題記十九[43]：

萬曆壬午□□□八日，汝南吳同春以恤刑陝西，登回山，謁王母宮書。

【題解】

重修回山王母宮頌碑系北宋翰林學士承旨、刑部尚書、知制誥陶谷撰文，由知軍州事、上柱國上官佖書丹，于天聖三年（1025年）第三次重刻后的版本，今存涇川縣文物管理所王母宮石窟寺院內"三碑室"。碑石為砂岩質，高243厘米，寬84厘米，厚17厘米。碑頭刻"重修回山王母宮頌"，4行8字，篆書，每字10厘米見方。碑文共20行，滿行46字，篆書，每字高4厘米、寬3厘米。記載了開寶元年（968年）涇州刺史張鐸主持重修回山王母宮之事，且具有較高的書法價值。清葉昌熾《語石》評曰："宋篆不及十碑，此其一也。"可見其珍貴。該碑是涇川西王母文化遺存的重要文物見證，后世文獻多有引用。碑陰系題跋及19條后人遊覽題刻。錄文在編者與張多勇等《道教重要碑刻文獻——北宋〈重修涇州回山王母宮頌并序〉及碑陰、碑側題記考釋》（《西夏研究》2020年第1期）一文的基礎上，結合原碑及拓本再次校勘，前文中已有的注釋此篇不再作羅列。

【撰者】

陶谷（903—970），本姓唐，字秀实，宋代邠州新平（今陕西彬县）人。早年历仕后晋、后汉、后周，曾先后担任单州军事判官、著作佐郎、监察御史、知制诰、仓部郎中、中书舍人、给事中、户部侍郎、兵部侍郎、吏部侍郎等职。宋建立后，出任礼部尚书，后又历任刑部尚书、户部尚书等。

【书者】

上官佀，生卒年不详，山东曹县人，祖籍四川。官至京东转运使，卒赠光禄少卿。擅篆书。

【注释】

[1] 瀍：同"法"。

[2] 笧：同"册"。

[3] 舘："馆"字俗体。一般情况下二者字义通用，古人指非饮食类馆舍时惯用"舘"。

[4] 乌虖：同"呜呼"。

[5] 濅：同"浸"。

[6] 陛：同"隰"。

[7] 墬：此字之前录文版本多作"地"，有误。

[8] 矤：同"矧"。

[9] 尞：同"燎"。

[10] 褱：同"怀"。

[11] 薻：同"藻"。

[12] 蹦：通"逾"。

[13] 朱爵：即"朱雀"。

[14] 虚：通"墟"。

[15] 题跋：位于碑阴上部，15 行，行 12 字，楷书，每字 4 厘米见方。系碑阳重书者上官佀对该碑三次刊刻的过程、改刻原因和成碑经过所做的说明。可知柴禹锡任职泾州时削去原刻旧字，由僧梦英重书后刊刻。至上官佀时再书并刊刻后另立于"殿之北楹"。另据康熙二十二年（1683 年）陈奕禧《皋兰载笔》记载，僧梦英所书碑在"王母宫南廊"，上官佀所书碑在"北廊"，可见二碑从宋至清同存于殿之两侧。民国时僧梦英书碑已遗失，但尚有拓本留存，张维在《陇右金石录》中同时收录了僧梦英和上官佀所书碑文。

[16] 礳礧：同"磨礱"。

[17] 题记一：位于碑阴题跋下方，行列从左至右反向排布，14 行，满行 10 字，楷书，每字 4 厘米见方。

[18] 砦：同"寨"。

[19] 醼：同"宴"。

[20] 榷酤：亦作"榷沽"，意指酒类专卖制度。

[21] 莫：同"暮"。

[22] 题记二：位于题记一正下方，6 行，满行 8 字，楷书，每字 3 厘米见方。

[23] 龙翔寺：或为今王母宫石窟寺的宋代叫法，除此记录外地方文献均无载。北宋赵明诚在《金石录》中对今王母宫山下的"化政寺石窟"有载并考，但未提及宋代时该石窟寺与龙翔寺之间的关系。种谔登览时间较赵明诚《金石录》著录时间早三十余年，且为现场题记，为该石窟寺的变迁提供了线索和思考。

[24] 题记三：位于题记一左下角，3 行，满行 10 字，行书，每字 3.5 厘米见方。

[25] 题记四：位于题记一右下，4 行，满行 7 字，行书，每字 3 厘米见方。

[26] 题记五：位于题记一右下角，6 行，满行 7 字，行书，每字 6 厘米见方。

[27] 题记六：位于碑阴左下部，5 行，满行 12 字，楷书，每字 4 厘米见方。

[28] 题记七：位于碑阴中部右边，2 行，满行 11 字，楷书，每字 2 厘米见方。

[29] 题记八：位于碑阴左下部，3 行，满行 10 字，楷书，每字 3 厘米见方。

[30] 题记九：位于碑阴中部右边，2 行，满行 9 字，楷书，每字 3.5 厘米见方。

[31] 题记十：位于碑阴左下角，3 行，满行字数不详，楷书，每字 4 厘米见方。

[32] 题记十一：位于碑右侧上部，4 行，满行 16 字，楷书，每字 2 厘米见方。

[33] 题记十二：位于碑右侧中上部，3 行，满行 12 字，楷书，每字 4.5 厘米见方。

[34] 题记十三：位于碑右侧中下部，4 行，满行 10 字，楷书，每字 4 厘米见方。

[35] 题记十四：位于碑右侧下部，4 行，满行 11 字，楷书，每字 3 厘米见方。

[36] 题记十五：位于碑左侧上部，3 行，满行 7 字，楷书，每字 3.5 厘米见方。

[37] 煖：同"暖"。

[38] 题记十六：位于碑左侧中部，2 行，满行 10 字，楷书，每字 3.5 厘米见方。

[39] 题记十七：位于碑左侧下部，2 行，行 8 字，楷书，每字 4 厘米见方。

[40] 薛：在目前可见的录文中此字均录作"薩"，有误。

[41] 题记十八：位于碑阴左侧边缘，1 行，68 字余，楷书，每字 2 厘米见方。

[42] 仕塗：亦作"仕途"。

[43] 题记十九：位于碑阴右下部线刻方框内，4行，行7字，楷书，每字3厘米见方。

康定二年滕子京游王母宫碑记

【录文】

康定辛巳[1]岁夏六月，從元帥、資政貳卿潁川陳公以兵鎮回中。冬十月十九日，會同慎[2]上庠博士大彭劉君秀之、芸署佐著代郡通守清河張君師秉陪涇府集賢學士南陽滕侯子京[3]同陟之回之王母宫，登覽移刻，誠勝遊耳。傳不云乎，俯仰之間，自成陳迹，故書，為異日張本……州倅范陽張叔文題。
……

【题解】

滕子京游王母宫记碑于宋康定辛巳岁（1041年）刊纪，今镶嵌于泾川县文物管理所王母宫石窟寺内碑墙。碑石为砂岩质，高48厘米，宽47厘米。刻文11行，满行15字，楷书，每字2厘米见方。末行文字仅余半边，不可确认。录文系编者依据原碑石及相关资料校勘。

【注释】

[1] 康定辛巳：即康定二年（1041年），同年十一月改元"庆历"。

[2] 慎：已有著录均作"幕"。原碑作"慎"。

[3] 滕子京：即滕宗谅，字子京，宋河南府（今洛阳）人，北宋名臣，史有

载。康定元年（1040年）其知泾州时，会同范仲淹援兵力遏西夏进犯，后范仲淹荐徙庆州。庆历三年（1043年）调京不久，因战时"在泾州费公钱十六万贯"一事遭劾奏，经"遣中使检视"和范仲淹"力救"，及"御史中丞王拱辰论奏不已"，于庆历四年（1044年）复徙岳州，政通人和，百废俱兴，"乃重修岳阳楼"。

皇祐五年刘凡同游会仙亭碑记

【录文】

泾原路走馬黃□□君玉入奏，因館于郡署，思□會仙亭，遂率通判陳宗儒、唐弼、駐泊都監江利涉公濟、幕中蹇逢辰伸之、史祥天休、王道中庸同遊。皇祐五年十月八日，泾原路都鈐轄知軍州事劉凡記。

【题解】

游会仙亭记碑勒石于宋皇祐五年（1053年），20世纪七十年代由泾川县城关镇共池村村民王连生从自家农田挖出后收藏近四十年，2015年编者主持泾川县博物馆工作后上门动员征集入馆。碑石为砂岩质，高53厘米，宽58厘米，厚5厘米。碑石断裂为三，右下角残缺。楷书11行，满行8字，存75字，每字约5厘米见方。碑文记载了泾原路都钤辖知军州事刘凡一行同游会仙亭一事。录文系编者依据原碑石及拓本校勘。

水泉寺诗题刻

【录文】

入門泉自見，蕭瑟翠微□。

□□□汋，城移閱漢唐。

青蓮心□□，□□□偏長。

欲去還弭節，千□□□。

【题解】

水泉寺诗碑今已佚，亦未见存世拓本，规格等信息不详。录文原载民国张维《陇右金石录》，并按：碑"在泾川县北，今存。""此碑凡三行，行一十四字，行末五字具汋。土人以为隋炀帝书，考其文有'城移阅汉唐'句，盖宋碑也。坿录于此。"录文系编者依据《陇右金石录》校勘。

景德解脱禅院碑记

【录文】

解脫禪院碑記

大宋□□□遂欲之……悲□捨之門泯輕□□□□果將……非□宰□□非……而獨得□□者□以千萬隱……眉山賢望德……附咨……山會相好……年遂發歸……兼濟……由□□之致……養……與……□……□……□……□□□不閑……苙□□蚤……戶若處遠方窮巷豈……錢百萬車載襁負親劾靈山……擔不虛還于時天樂奏空祥雲……鄙分命尚書左僕射兼御史大……吉化緣已畢禱拜辭歸……十三夏臘七十□□僕射……夽室傍帶人感……願力感也□□然難……法體……已而□□□景德□年……

觀察推官張孝友節度推官……西上閤門使金紫光祿大夫檢校司徒……

【题解】

解脱禅院碑勒石于宋代，今已佚，亦未见存世拓本，规格等信息不详。录文原载民国张维《陇右金石录》，并载："解脱禅院碑记，在泾川王母宫，今存。""此碑下截已经剥汋，今存者仅上截尺余，而字多漶漫难辨，碑额有篆书'解脱禅院碑记'六字，文作行书，凡二十九行。"清叶昌炽《缘督庐日记》所载"泾州王母宫有宋景德残碑。"亦指此碑。录文系编者依据《陇右金石录》校勘。

金

大安三年泾州铁钟铭

【录文】

第一层：

皇帝萬歲，臣佐千秋；國泰民安，法輪常轉。

第二层：

妙吉祥菩薩、除蓋障菩薩、地藏菩薩、觀自在菩薩、彌勒菩薩、虛空藏菩薩、普賢王菩薩、金剛手菩薩。

維大金歲次辛未大安三年辛卯二月壬戌初九日，涇州涇川縣吳家凹郭村社。鑄鐘大鑒郭鎬[1]。

弟郭海、弟郭顯、男郭赦生、王佛住。

沙門子瑛、庫主僧子鏡、會首宣秘大德西路臨槽賜褐沙門子朗、演秘大德西路臨槽賜褐沙門德階、弘益大師、賜紫沙門崇善。

弘教大德前涇州僧正賜紫沙門德祥、通奧大德前涇州僧正賜紫沙門惠宥、圓通大德涇州僧判賜褐沙門通玄、淨儀大德涇州僧正賜紫沙門崇鎬。

破地獄真言曰：

……（疑為女真文，文字未錄）。

准提神咒：

……（疑為女真文，文字未錄）。

保義校尉涇州良原縣十字鎮商酒務都監張皓、武略將軍待涇州良原縣主簿兼縣尉飛騎尉楊德穆、文林郎行涇州良原縣令賜緋魚袋武騎尉牛顯祖。

曲坑勝嚴院本院僧行遜、僧行超、尊宿講涇論沙門覺勉、僧覺近、講涇論沙門覺济[2]、會首院主僧覺懷、庫主僧福壽、童行、薛許僧、王許僧、厶[3]小喜、何王僧。

眾會首姓名等：康珪、康仲、范松、范沂、范新、寇珪、龍池、龍歸、薛展、康瑀、薛德、薛斌、元顯、么[4]勝、單玘、任安寧、康子威、王永典、康資、郭誘、劉信、黃甫、馮礼、王永恩、進義校尉邵林、男邵真。

本社：進義副尉薛弁年一百五歲、康政、康仙、康議、王端、王皋、王選、白德甫、白玉、白全、韓珍、韓選、韓政、韓均、韓世和、韓方、韓成、趙福、康澤、李進昌、龍淵、宋怗大。

第三层：

白原村楊直、底控社王斌、王□、男王万、陶家棠、陶京、陶淵、陶元、陶和、陶月。

十字道楊俊、王宏、原北社張淵、王峃社孫虔、谷口社王進、普潤縣強真、鎮社韋大戶、東暉。

涇州老廟□巷生藥□□、社谷社趙信、趙興、西吳社郭遇、進義副尉范展、男范志、李谷口任大□、宋演、余宅李氏、男宋永典。

本社：進義副尉康德、男康誘、康珪、男康顯、范端、新庄[5]子范京、孔安、僧普政、僧真成、僧行藹。

西吳社范宅韓氏、男范通、范宅王氏、男范倫、王仲、水礁谷朱珪、朱宅完□、朱湧、百里鎮秦密、路善友、大通社李進、路猗。

兩泉原社李貴、任定、北谷王宅李氏、男王永恩、妻盧氏、孫堅受、妻李氏。

薛村蕭珍、孫均、史家庄魯全、□懃[6]暉、兔乳、陳林。

郭馬谷宋林、男宋澤、王儀、何海、大通社張璘、張華、范德、李誘。

西吳社盧俊、鄭全、宋遇、男郎擔、范世用、范珍、王開、張開、王玘、張超。

□家谷寇斌、雲仙、寇彥、麻子保劉定、西原子社郭堅、東焦社蕭威。

郭棟空、李海、陶村騫榮、薛家川薛裕、李谷口王林、碑堂王澤。

靈臺縣彭村林茂、妻淡氏、男林恩、左家□、左□、普潤縣□林社張巡檢、孫飛茂、平涼縣家稷社王宅男、王貴。

大通社王宅盧氏、史家庄沒懃康氏、南官村馮宅宋氏、鎮社楊宅陳氏、故路村薛宅么氏。

本社康宅張氏、宋宅孫氏、龍妙善、康妙相、龍宅劉氏、薛宅馮氏、李谷口宋宅薛氏。

镇社陈彦、邵仲、陈万、邵德、崔荣、陈宁、王善友、杨戾、秋林李晖、妻杨氏、李□、薛礼、君弟社姚均。

道北社王万、王全、西屯社李珍、三十里铺社何林、柏树□□户、薛村蔡贵、西禁村任益。

【题解】

泾川铁钟铸于金大安三年（1211年），现悬挂于泾川回山顶钟亭。钟为铁质，高约250厘米，底口周长约460厘米，钟壁厚约13厘米，重约万斤。钟周有三层铭文，均为楷书。第一层为"皇帝万岁、臣佐千秋、国泰民安、法轮常转"16个字，分别铸于高23厘米、宽18厘米的16个方框内，每字15厘米见方。第二层也分为16个方框，分别为间隔穿插的八大菩萨法号和题名八方，其中八大菩萨法号方框高25厘米，宽8厘米，每字5厘米见方。题名方框高25厘米，宽31厘米，每字2厘米见方。第三层16个题名方框等大，高25厘米，宽21厘米，每字2厘米见方。三层铭文的上方和下方，各有一层鲜花纹饰。题名中有的县、村、社名及姓氏在当地文献中极为罕见或无载，如"普润县"及"么"姓等。录文系编者依据铁钟及拓本校勘。

【注释】

[1] 郭镐：此名除出现在此钟铭外，地方文献中均无他载。民国张维《陇右金石录》"王母宫钟"词条按语称，大安三年（1211年）泾州铁钟与泰和二年（1202年）兰州普照寺（大佛寺）铁钟"两碑之铸相去十年，而俱为泾川郭氏所铸"。大安三年泾州铁钟上郭氏款识为"铸钟大鉴郭镐"，但在《陇右金石录》"普照寺钟铭"词条中，郭氏款识为"待鉴郭嵩谨识"。仅从《陇右金石录》有限的记

载看,"大鉴郭镐""待鉴郭嵩"虽字形近似,但"镐""嵩"二字并不相通,张维"俱为泾川郭氏所铸"之判断是指同一人,或指同一族?编者未解其详。且在可见资料中,普照寺铭文中"郭镐""郭嵩"常作混用,编者对实物无考,存疑留待方家考释。

[2] 济:"濟"字俗体。

[3] 厶:疑为"么",姓氏。

[4] 么:姓氏。

[5] 疟:"莊"字俗体。后同。

[6] 懃:同"勤"。后同。

佛顶尊胜陀罗尼经幢题刻

【录文】

……頂尊勝陀羅尼經……

……摩尼殿上尊□王……

……返……

【题解】

佛顶尊胜陀罗尼经幢经文物专家鉴定为金代镌石,今立于泾川县文物管理所王母宫石窟寺院内碑廊西端。幢石为变质岩,高164厘米,周长113厘米。八棱形,八个面均有刻字,漫漶严重,可辨识者仅十余字。录文系编者依据幢石校勘。

元

至元二十八年水泉禅寺铜香炉铭

【录文】

大元國陝西涇州在城水泉禪寺，主持僧行高合院等鑄到銅香爐壹鼎，於法堂內永遠焚獻供養。

歲次辛卯年七月□日[1]院主僧祖燈謹題，大鑑甘泉王善惠。

【题解】

水泉禅寺铜香炉铸造于元代辛卯年,即元世祖至元二十八年(1291年)。2016年在泾川县城关镇水泉寺村私宅工地出土后不知去向,时编者主持泾川县博物馆工作,经多方走访并上门动员,征集到县博物馆保存。炉通高61厘米,内口径35.5厘米,外口径49厘米,圆底、三足。出土时一耳断折,一耳残缺。鼎身颈部通圈饰以云雷纹及回纹,腹部为八卦纹。盘口内沿阳铸以上铭文。录文系编者依据原器校勘。

【注释】

[1] □日:具体日期原器未铸,此处空一字。

元贞元年镇海碑记

【录文】

碑阳:

鎮海之碑

……

(上半部分八思巴文字未录)

……唐社、老□、□□……

……祖□、□□、祖□……

……社□、□□、祖铨……

……□□、□□、祖□……

……祖□……

……祖□……

……宣授泾州□监……

……

宣授□□□铺……

宣命金牌随……

宣授西蜀□□中……

陕西脱思麻□□怯……

陕西脱思麻□□怯薛……

宣授敦武校尉湄州知州兼……

保義副尉涇川縣[1]……

敦武校尉涇川縣……

進義副尉涇川縣達魯花赤……

將仕郎涇州判……

敦武校尉涇州達魯花赤……

承事郎□州達魯花赤兼……

敦武校尉邠州達魯花赤……

涇州達魯花赤……

涇邠州元……

涇邠州達魯花赤……

宣授西川□軍千戶……

宣授武畧[2]將軍涇州達魯花赤……

都功德主宣授前……

……中……

……使……

三□州……

……□□等處醫校提……

附录：八思巴文汉语译文[3]

靠长生天之气力

托大福荫之护助

皇帝圣旨

向管城镇的达鲁花赤们、官人们、来往的使臣们、军官们、军人们宣谕的圣旨：

成吉思汗及皇帝窝阔台圣旨里写道："和尚们、也里可温们、先生们、达夫蛮们，除地税、商税，不交任何差发。向天祈告，保佑我们。"如今依照以前的圣旨，和尚们、也里可温们、先生们、达夫蛮们，除地税、商税，不交任何赋役，不弃佛教。向天祈告，保佑我们。向在涇州花严海印水泉禅寺的以□□□□□□为首的和尚们授以圣旨。他们的寺院、房舍里使臣不要住宿，不要抓捕马、支应，不要抢夺水土、碾磨等物品。他们也不要依仗圣旨作越轨的事情，如作，岂不害怕俺的圣旨！

牛儿年夏末月初三，写于上都。

碑阴：

……

敕賜花嚴海印水泉禪寺記並序

……原夫偉哉法界，無黨無偏。應跡西乾，號之曰佛。論其體也，功逾造化。□其……十餘方世，皆為轉輪聖王。王四天下至釋迦牟尼，捐棄□□……功不可以贊，贊之德也。昔如來下兜率天，生中印土□□……度人化未化者，帝釋、梵王、帝王、公侯無不遵之。則……無得而稱也。暨乎順世榮枯，雙林入滅，異端並起……降誕之徵。自白馬西來，玄言東被，始興梵刹□□……有井甃名曰青鳳泉，建寺曰真相院。累經劫灰……。大元開國，積善餘慶，恢崇三寶，塔寺蘭若，爭上……寺重修，想不忘靈山之付囑爾。故經云□□□……諱了彬，西蜀劍閣陰平邑人，髫事魯誥□□□……歲，隻錫此山，復興故址，剗[4]荊榛而作淨土，似□……躬往京師，得宣誥命，名曰花嚴海印水泉禪寺……聖壽之場，營修羅漢大殿，炘[5]堟[6]云周，復建花□……蜃樓，鼎新革故，厥後有資公衰匠化木雕刻……者，行逾雪霜，德等松筠。戒得於大元，帝□……而月現，度門弟子三十有餘，皆青出於藍。冰寒……俱高，時春秋七十有三，於至元丁亥臘月有八……現凡僧修證，一芥微僧，焉知晦跡尒[7]。一日有資淳□……哉。再再卻之，再再不允。我雖不敏，以愚管見，姑塞來……乃為銘曰：

法身無相，應跡西乾。光輝三界，□□□□。□□□□，功被飛翾。雙林告滅，一性周圓。二千餘載，□□□□。□□□□，不捨哀憐。教流東土，永平十年。塵塵梵刹，處處□□。□□□□，真心精專。剗去荊棘，建雨花筵。擊大法鼓，數□□□。□□□□，□□病痊。一日蟬蛻，四眾流漣。無負法乳，□□□□……

歲在乙未元貞元年庚辰月乙巳朔已未日本寺住持□立。

【题解】

镇海之碑勒石于元元贞元年（1295年），今存泾川县文物管理所王母宫石窟寺院内"三碑室"。碑石为砂岩质，通高194厘米，宽83厘米，厚24厘米，下有龟趺座。碑阳所载系至元二十六年（1289年）元世祖颁布的圣令，以八思巴文书写。碑头上部为半圆形，剥泐严重。正中阳刻"镇海之碑"4字，楷书，每字13厘米见方，其中"镇"字上半部已残。碑上部为八思巴文的元世祖忽必烈的圣令，共33行。下半部为汉字题名，楷书，每字2厘米见方，剥泐漫漶严重。碑两侧阴刻鲜花纹饰。前人论著多以"镇海寺之碑"词条收录，显系对"镇海之碑"的误读，"镇海"应为"镇抚花严海印水泉禅寺"之意。另外资料多认为八思巴文圣旨的落款时间"牛儿年"为至元十四年（1277年），实应为至元二十六年（1289年），圣令在6年后的1295年方刊刻上石。在编者《千年古刹——泾川水泉寺解密》（《平凉日报》2014年7月3日）一文中有相关考辨。

碑阴碑头上部正中为阳刻八思巴文碑额。正文首行为"敕赐花严海印水泉禅寺记并序"，碑文共26行，下半部剥泐严重，现每行存20余字，楷书，每字3厘米见方。碑文记载了水泉寺前住持僧戒得重修水泉禅寺及得到敕赐一事。文末立碑的本寺住持名字剥蚀不详，推论当为僧璨，编者《千年古刹——泾川水泉寺解密》一文中有相关考辨。碑阳上半部分为八思巴文圣令，下半部分为题名。录文系编者依据原碑石和拓本，结合地方史志等著作校勘。

【注释】

[1] 泾川县：已有著录多作"泾州县"，而原碑及拓本中更近似"泾川县"。史载"泾川县"系金大定七年（1167年）由保定县改名而来。元代时，泾州先后作为陕西行中书省的散州、直隶州，领泾川、灵台等县。因此，"泾川县"较"泾州县"更符合元代建置。同时，泾川当地同期金石文物中，亦有"泾川县"记载，可与此碑互证。故元代以后，指州时作"泾州"，指县时当作"泾川"；元代前，亦未见"泾州县"记载。后同。

[2] 畧：同"略"。

[3] 八思巴文汉语译文：该八思巴文字由中国社会科学院语言研究所译为汉语。

[4] 剗：意同"铲"。除张维原字录入外，其他著录均释为"划"，有误。后同。

[5] 妝：同"妆"。

[6] 塐：同"塑"。

[7] 尒：同"爾"。

元贞元年璨和尚塔铭

【录文】

故親教璨和尚塔銘

湯提控刊。

夫此塔者，八卦位正，五行氣和。北倚嵯峨之聳翠，南觀洪瀆之長原。西觀涇濱，東闢秀嶺。乃英雄之勝地，實建塔之雄基。恭惟親教璨公戒師和尚者，少年慕道，壯志拔緇。弘惟識得滋和尚之妙義，明肇論，獲山堂老之玄門，□相雙彰，文翰俱美。不意四大乖離，各歸本躰[1]。有徒弟永金等收取舍利，建斯塔廟，用酬法乳，專報師恩。立建塔銘，記之云耳。

小師僧永金、永證、永印、永宣、永御、□□、永認。

元貞元年八月十一日小僧永金等建。

【题解】

璨和尚塔铭出土于泾川，今已佚。中国国家图书馆藏有宜都杨氏旧藏拓本，高41厘米，宽44厘米。刻文16行，满行13字，楷书，每字3厘米见方。编者在《千年古刹——泾川水泉寺解密》（《平凉日报》2014年7月3日）一文中，对僧璨与泾州水泉寺之间的关系有论，即公元1295年时，僧璨主持该寺，在收到六年前（1289年）元世祖颁布的迟来的圣令后，于三月五日主持刊立了"镇海之碑"及碑阴"敕赐花严海印水泉禅寺碑记"。同年八月圆寂，弟子僧永金为他建造了一座舍利塔并刊铭以纪。录文系编者依据国家图书馆数据平台拓本图片校勘。

【注释】

[1]"躰":"體"字俗体。

大德二年顾行重修王母宫碑记

【录文】

碑阳：

……

京兆路都總管府議事官兼提舉學校事顧行撰。靈臺玄同逸士王道明書。

□曰：國之大事在祀與戎，□□□之大□□也，而祀興之等，而祀且先戎而言，宜為聖人之所重而慎之也。蓋天地神祇……□□□□□百靈□德□□□□□□□臣直士節義之顯著者咸預焉。雖大祀、次祀、小祀儀禮等衰之，不同其□□□□□□□□□□□□□勝之區，山河壯麗之境，或岡原崇秀，巖洞幽闃，當大麓，臨廣源，是皆福地，□□□□□□□□□殿樓觀，隆高雄敞，廟貌儀衛，威屬嚴正，使人望之儼然如神在焉。潔齋致祭，畏敬□□□□□□□□□□□□現於外，屏氣一志、中正和樂、誠實之心存於中，然后有以感通於神明而獲簡□□□□□川之間有山崛起，山之脊有宮焉，即漢武帝嘗祠西王母於此，陶穀有碑紀之詳矣，此不復云。其樓閣廊廡整列，齋廚靜肅，而正殿之旁有客廳焉。下瞰州郭，接屋連甍，居民往來擾擾如鬥蟻然。西望崆峒，天低云渺，數峯□□□□□□。涇水東流，目迎百里，逶迤屈曲如長蛇然。山之兩傍，羣木擁蔽，雜花披列如錦繡然。州人士女歲時祈祭奠獻之余，地熙熙然春登臺耳。迨乎金末，兵戈蹂踐二三十年，城邑陵夷，衢路荒塞，廬落焚毀，但丘墟而已，獨是宮屋宇幸存。大朝有天下，元帥史公闊闊徒被命為涇邠二州都達魯花赤。是時[1]西路新定，蓁莽榆棘，連云蔽日，虎狼狐兔，白晝縱橫，千里蕭條而人跡幾絕矣。史公議分遣屬縣官，招致殘民，慰安撫諭，自爾稍稍歸集。剗荒挽犁，漸就耕業。初皆食草實，衣故書紙，至是始有五穀、絁之閒。馬牛羊豕，日加蕃息。公私儲蓄，例致豐饒。此史公暨州官節用愛人，勤於撫養而致之耳。一日，史公命宣差重□□□良、同知□平、節制張瑀暨諸僚佐而謂之曰："今國家草創，百度廢而未舉，瘡痍之民幸且安集，而衣食粗給，□□□□□□□少得休息矣。每見城南回山上有王母宮，州人日所觀望，雖折毀不完，尚多屋宇，吾欲舉修，□□□□□□□□□□州之形勝可乎？"諸官訴[2]然曰："固所愿也。"遂各出財物，仍率居民羡餘之家，約量資助以□□□

□□□□□□□□人以主持之，乃能就事，聞秦隴教門提點洞陽真人盧公闡教西土，德望素著，即日□□□□□□□□□□□□□敬知宮門事，率徒侶以效營造，蓋戊戌歲正月也。郭公既領師旨，食息弗遑，剪棘除□□□□□□□□□□□之未安者，以次而崇飾之。期□□已一切完整，而神之棲止有以依矣。人之祠祀有□□□□□□□□□而悅樂之矣，人神安樂之矣。□□□不除乎？是□既畢，徵文於余以記之，乃略敘。

□□□□，其名曰回。楹棟崇崇，□□□隆。□□之宮，金運即衰。物莫不隨，□□□□。……功斯成兮，□□□□。□□銘兮，垂千齡兮。

……

碑阴：

题记一[3]：

澤山桑溥[4]來游。

時嘉靖丙戌二月蒼谷篆。

题记二[5]：

嘉靖十一年初冬過二日，青居山人翟□來游。

题记三[6]：

三月十七日。

王母宮蟠桃大會□年脩醮□重修香亭，會首姓名序列于後[7]：

□忠、趙厚、高□、間淳、史文祿、□□□、楊天賜、楊繼武、□□□、口榮、王化、□□□、脫世昌、間廷梓、劉廷玉、高仕傑、安世傑、史載道、袁仕□、史載文、史孟春、文著、李宗甫、劉騫、文鉞、楊鐸、王□、文芳、范□傑、魏時，本宮道士安六、趙□□。

大明嘉靖二十一年歲在壬寅春三月甲辰十五日吉時立。

致仕官寧越、鄉老□鐄、木匠□□□、泥水匠□□□……

【题解】

重修王母宫记碑勒石于元大德戊戌岁（1298年），民国张维《陇右金石录》按语以"蒙古太宗戊戌当宋嘉熙二年（1238年）"记载，有误。该碑民国时尚存于泾川回山，后佚。2014年秋重新出土于回山王母宫南麓，次年编者主持泾川县博物馆工作后将其征集入馆。该碑由京兆路都总管府议事官兼提举学校事顾行撰文，灵台玄同逸士王道明书丹。碑上部断失，残高180厘米，宽130厘米，厚35厘米，碑身左右两侧线刻缠枝花卉纹。碑阳文字剥泐严重，目前可辨识者仅余185字，楷书，每字约3厘米见方。《陇右金石录》卷五载有相对完整的碑文，原

碑刻文28行，单行存字最多为46字，张维收录时存765字。录文系编者依据《陇右金石录》所载录文及原碑石校勘，刊于编者《元重修王母宫碑刍释》（《陇右文博》2019年第1期）一文中。

碑阴为不同时期的题记三方。

【书者】

王道明，生卒年不详，元代泾州灵台县人。号知常盛德大师，全真道士，世祖至元二十三年（1286年）官诸路玄学提举兼提点终南山甘河重阳遇仙宫事。

【注释】

[1] 是时：碑文记载史阔阔徒任职泾州时，于"戊戌岁"主持重修了王母宫。张维按语称"戊戌岁"乃"蒙古太宗戊戌，当宋嘉熙二年，去金之亡方四年也"，即1238年。对此，编者曾在《元重修王母宫碑刍释》一文中辨析：据明赵时春《平凉府志》载，史阔阔徒任职泾州的时间在"大德间"（1297—1307），此期间恰巧也有"戊戌岁"，即1298年。因此，两个"戊戌岁"相差整整60年，张维仅以干支纪年论，并未详考史阔阔徒其人。另，自清张延福《泾州志》迄，后世所有地方史志及文论均以为"元代开国元臣史天泽，在大德年间任泾州达鲁花赤，仕至阔阔徒"。实际上史天泽任职及履历年表清晰可考，其去世22年后方改元"大德"，且元代亦无"阔阔徒"之官衔，"史阔阔徒"则是当时流行的"汉蒙

合璧"式的人名。因此，史天泽、史阔阔徒实属不同时期、不同名字的两个历史人物。清张延福《泾州志》所载有误，民国张维显然受其误导。此碑可勘清乾隆至当代地方史志之讹误。

[2] 訢：疑为"訢"，同"欣"。

[3] 题记一：位于碑阴右上，题字面高80厘米，宽45厘米。题记为篆书，每字15厘米见方。题款为楷书，每字5厘米见方。

[4] 桑溥：字汝公，濮州人。嘉靖二年（1523年）擢升为陕西按察司佥事，不久又升任固原兵备副使，在任此职期间来泾游历。

[5] 题记二：位于碑阴左上，题字面高60厘米，宽20厘米，行书，每字5厘米见方。

[6] 题记三：位于碑阴下部，题字面高105厘米，宽56厘米，文字四周刻有祥云纹饰。全文16行，每行存5至20余字，楷书，每字2至3厘米见方。该碑是嘉靖二十一年（1542年）重修王母宫香亭的题名碑，而当年为"王母宫蟠桃大会□年"，可见在文艺作品中广为流传的"王母宫蟠桃大会"，最迟在嘉靖年间就以民俗活动的形式实际存在于泾川。同时，可见当地稀见姓氏口、閆（今写作"吕"）、脱的族人，当时已在此地居住，史氏已为当地大姓。

[7] 后：应为"後"。

元至顺四年王柏泾州重修帝君庙碑记

【录文】

碑阳：

泾州重修帝君廟記

中憲大夫雲南諸路肅政廉訪副使王栢撰，鞏昌路玄學提點郭德淵書丹並篆額，靈臺卜仲文刊。

天地之間，惟嶽鎮海瀆。名山大川，為物最大且久。故山之峨峨，水之滔滔，治亂興喪而不易。與天地同始終，豈不謂之大且久哉。有國家者所當崇祀，民人奉為依歸。謂如涇水自上古已有其名，《禹貢》所云涇屬渭汭是也。夫涇州者，以水為名，郡稱安定，亙古以為重鎮，川流至此始大。故曰涇是州之南、河濱回山之北向有廟，曰"五方龍君之祠"。金舊碑云：唐貞元元年，太宗西征薛舉陣此，涇水顯有龍神之助，兵大捷。貞觀元年三月，敕賜"龍天聖祖濟惠帝君"，建置廟宇，載在祀典。蓋山川之封，代代有之。唐之太宗親征駐蹕之地，加封境內河水龍神之號，洵不誣也。然稽諸與禮古者王公爵為貴，非敢為僭者名與分也。且四瀆封止於王，涇則次之。涇之龍君封為帝君之號，疑其位在四瀆之上，恐世遠傳之未詳，呼之踰分而神亦不安矣。唐之太宗為秦王時，親征降薛舉子仁杲，當在高祖武德元年。前碑所稱貞元元年乃德宗年號，在太宗九世之後，所載又誣矣。況涇水自此始大，而各有神以司之。古跡龍君之廟乃涇河龍王享於封境之內，理至明矣。宋金之世，俱嘗興修廟宇，繪塑神像，厥後添塑，共為五尊，故曰"五方龍君之廟"。易世相仍，累遭劫火，殿堂廢毀。自歸附聖元以來，州重修廟貌，凡水旱疾疫，螟蝗作孽，有求必靈，屢獲感應。一方之內依歸敬信，歲時致祭。泰定改元甲子，起春訖夏，亢陽不雨，禾稼焦枯，將失西成之望。州倅文禮愷[1]謹發虔誠，恭率僚屬士庶，齋沐詣祠，自以失職為責，祝詞以告俟，陰雲四布，雨降霶沛，遠近沾足。秋五谷[2]胥熟，民免流徙之患，實賴神之庥、義士文德，用首啟誠心謂眾曰：茲廟也歷唐、宋、金，古跡昭然其來尚矣，葺新之眾皆說而相助。於是搆[3]材命匠，增廣前規，創正殿三間，湫庭一座，行廊六間，及粧塑神像，不數月而告成。僉囑予為文以記之，故不辭鄙陋，勉成盛事。銘曰：

陰陽變化，不測曰神。妙而無方，幽隱通真。惟正惟直，因時屈伸。封部之內，雨暘時均。庇祐下民，感應斯臻。威靈昭昭，永享嚴禋。

至順四年歲在癸酉五月上巳日，及涇州達魯花赤閭□、知州錢雄、涇川縣達魯花赤馬哈麻、縣尹唐溫……

碑阴：

涇州修五龍君祠記

□□郎前陝西等處行中書省左右司員外郎文□□撰。

□□□郭，涇□西南五里，山原雄峙，琳宮盤鬱，即□漢武帝□西王母遺跡。山之左有神湫焉，相傳在昔五龍示現，其符瑞靈應舊碑具在。至治辛酉，予承乏州倅，越明年，夏旱甚，躬率吏民禱于湫，結壇於州之南郭瓶湫，奉事惟□。翌日嘉澍連沛，吏民□說，競捧牲幣登山報謝。其年大稔，僉議一新其祠宇，並識其靈異於石，會以代去湫亦隨涸，議□□之。至順辛未夏復旱，遊客孟直、喬八跣足□谷，朝夕懇祈湫□湧出，既迎致于州之道觀，雷雨大作，民益敬。以信相與，鳩材庀工，構殿三楹于湫之上，像龍君于中，重簷[4]接覆，危亭儼列，周湫之圍□□□功，湫脈轉盈，自是水旱疾癘必禱焉，其答也咸若影響，因持狀走長安，且申前言，求予記之。竊謂山水之神，能興致雲雨，澤被民物，凡在封域廟而祀之，此有司字民之職所當為者。今州人士□□煩於官，其好事、其勤乃如此，誠可尚已敬。□送迎詞三章以歸之，俾歲時禱祀而歌焉。其詞曰：

神馭飄飄兮仙壇峨峨，閟神宇兮山阿。驅魑魅兮□札瘥，感薦貺兮何多。湫泓澄兮涇潷，涇之□兮□□。曰暘而暘兮曰雨而雨，長我禾黍兮穀我士女。崇德兮報功，牲牢兮潔豐。旗獵獵兮□□，□我民報□兮期無窮。

醴泉九嵕山晚近張安仁書。

【題解】

泾州重修帝君庙记碑勒石于元至顺四年（1333年），原存于泾川回山北麓之五龙君祠，今已佚，亦未见存世拓本，规格等信息不详。录文原载民国张维《陇右金石录》，并按："五龙庙碑一：在泾川回山，今存。此碑高四尺，广二尺四寸。凡二十九行，行四十二字，碑额及碑之首行均题泾州重修帝君庙记。""碑额高尺有八寸，字为大篆，两旁各刻二龙，上刻一龙，盖即五龙之义。考元史至顺无四年，癸酉即元统元年。兹云四年者，以元统改元在五月上巳立碑以后也。"由云南诸路肃政廉访副使王柏撰文，巩昌路玄学提点郭德渊书丹并篆额，灵台卜仲文刊石。

碑阴为《泾州修五龙君祠记》，撰文者姓名剥泐未录，其在元代"至治辛酉"（1321年）年任泾州州倅，即州官的佐贰，或为碑阳"泾州重修帝君庙记"文中的文礼恺，书丹者为礼泉九嵕山张安仁。录文原载《陇右金石录》，并按："此碑刻于前碑（即泾州重修帝君庙记）之阴，上有横书'泾州修五龙君祠记'八字""正文二十二行，行十九字，所记亦祷雨建祠之事。"根据碑意，此碑应勒石于"至顺辛未（1331年）夏复旱"重修之后，较碑阳要早刊两年，缘何张维要将其定为"碑阴"，且按语更强调"惟碑文刻于前碑额阴殊为罕觏"，其与"泾州重修帝君庙记"碑之间逻辑关系留待方家考释。

录文系编者依据清张延福《泾州志·艺文志》和民国《陇右金石录》所载碑文及按语信息校勘，纠正了《泾州志·艺文志》手抄本中的书写讹误。

【注释】

[1] 文礼恺：四川遂宁县人，元延祐元年（1314年）甲寅科。泰定元年（1324年）时任泾州副职。

[2] 谷：《泾州志》《陇右金石录》均录作"谷"，或为原碑有误，应为"穀"。

[3] 搆：同"構"。

[4] 簷：同"檐"。

明

天顺六年岳正登回山谒王母宫诗题刻

【录文】

登回山謁王母宮

雲鬢霞帔一樣粧[1]，侍兒誰是段安香。

仙家漫詫長春術，祠宇重來比舊荒。

武帝豈知桃核異，穆王空辦馬蹄忙。

煙霞不改回山色，依舊蒼茫下夕陽。

天順丁丑正得罪謫戍鎮夷過此，又五年壬午承詔東歸，與太守上黨李宏、判佐古樂張正、幕贊文陽吳瑄汶事同遊。時大參汾陽柳公榮車騎適至，司訓三峨伍誠、汾陽田宏亦載酒而來。感時發懷，遂成短句。岢時天順六年春二月十有三日也。古燕岳正季方書。

【题解】

登回山谒王母宫诗碑系天顺六年（1462年），翰林修撰岳正因草诏历数弊政而被构陷遣戍肃州，经过泾州时题诗并书，今镶嵌于泾川县文物管理所王母宫石窟寺院内碑墙。碑石为砂岩质，高54厘米，宽62厘米。刻文13行，满行16字，行书，每字2.5厘米见方。录文系编者依据原碑石及清张延福《泾州志·艺文志》、民国邹光鲁《泾川县志·金石志》校勘。

【撰者】

岳正（1418—1472），字季方，号蒙泉，明代顺天府漷县（今北京市通州区）人。

【注释】

[1] 粧："妆"字俗体。

天顺薛纲过回山王母宫诗题刻

【录文】

過回山王母宮

曉騎驄馬過回中，上有西池阿母宮。
瑤草變成芳草綠，蟠桃讓與野桃紅。
武皇好慕心徒切，方朔詼諧技已窮。
欲覓仙跡何處所，茂陵無樹著秋風。

【题解】

过回山王母宫诗碑今已佚，亦未见存世拓本，规格等信息不详，作者为薛纲，诗碑题刊时间当在其任间。录文系编者依据清张延福《泾州志·艺文志》、民国邹光鲁《泾川县志·金石志》校勘。

【撰者】

薛纲，生卒年不详，字之纲，明代浙江山阴人。天顺八年（1464年）进士。拜巡按陕西监察御史，广东按察使，云南布政使。著有《三湘集》、《松阴蛙吹》。

弘治十年明德子题敕赐华严海印水泉禅寺碑记

【录文】

敕賜華嚴海印水泉禪寺記

宗室明德子題

祭畢歸來逸興濃，尋幽瀟洒梵王宮。

滿地蓮幛新波綠，四面山屏淡霧籠。

忘俗老僧塵世外，爭林野鳥夕陽中。

坐來不覺涼如洗，走筆留題興不窮。

予因祀事抵涇，獲游水泉寺，已而暑氣頓除，胸次洒然，偶成一律，遂援筆塵之。時成化戊戌中元前一日也。

僧正司護印僧智廣，住持妙欽、妙鈴、妙慶，經禪智本、智全、惠鑛，功德主梁鑑、李溫、梁贇、王原、何俊、梁濟、梁國太、史得慶、史福正、史普、史瓚、李和、梁本、梁臣。

旹弘治拾年柒月拾伍日，涇州長壽里庶士史遵書，石匠喬子玉、喬文通全。

【题解】

敕赐华严海印水泉禅寺记诗碑系明宗室明德子于成化十四年（1478年）题诗，19年后的弘治十年（1497年），泾州长寿里人史遵书碑，石匠乔子玉、乔文通刊刻，今存泾川县博物馆。碑石为汉白玉，高59.5厘米，宽65厘米，厚10厘米，仅刻单面。碑面四周为祥云纹饰，刻文15行，右侧题诗每字3厘米见方，左侧题记每字1.5厘米见方。首行标题"敕赐华严海印水泉禅寺记"或是指作者游水泉寺观前朝敕赐华严海印水泉禅寺记之碑（元元贞元年刊立）有感而题。民国张维《陇右金石录》中，以"水泉寺诗碑"为题并按语以记，但未收录碑文。录文系编者依据原碑石及照片资料校勘。

【撰者、书者】

明德子，从题款分析，应为平凉韩王宗室朱氏，"明德子"系其别号，史志无载。

弘治十四年温应璧重修水泉上寺碑记

【录文】

重修水泉上寺碑記

古城之西近阮陵，生木苯萆，傳稱紫荊山。山之麓止水瑩澈，名曰"青鳳泉"。宋元統中[1]立寺於其上，因題寺曰"水泉"，實古之共池地也。山之額雖屣屩之地平坦廣闊，山之腰汲水運柴險不能上，至於車轍馬跡皆中道而止。成化間，適有天齊上人，俗姓溫氏號翠柏峰者，持竺乾教領度回涇，見下寺緇流充滿，蘭若無置錐可居，乃率厥徒智辯等四五人，勞筋苦骨，日事錙銖。開羊腸路，上及於阪，剪荊棘、平墝堁為穴居、廚舍，以儲鉄[2]杖。掄材鳩工，中建一寺……前門次第修葺，院栽翠柏若干以庇佛牆，下植薔薇兩架以壯遊觀。功將就緒，一日天齊與客引手而上，於……見斷礎荒砌跬步可尋。天齊因與客曰："此必古之勝境也，不可無刱[3]。"後復議諸協憲，殫力四面圍之以牆，中……宮正中遺址。前為甬道，以直其南。後為通渠，以洩行潦之水於溝，防有墊壞。右緣丹崖砌為石蹬以通往來，登之於其上。至於棟宇崇麗、位顯像嚴，金碧輝煌有加。中寺上下落成，蓋始於成化之九年，終於弘治之十四年也。天齊遺書召遊，登高自卑以歷覽形勝。予惟喜夫上寺，崆峒西望晚霞流紅，筆峰南立秋松吐赤，下有共池瑞蓮飄香，南有回山蟠桃爭媚。一登臨焉，則帶汭襟涇，縈紆渺瀰，一目千里，而東北諸山空濛晻藹，又皆隱見出沒於雲峪山水之外。於戲，茲非瞿曇所謂無上極樂世界者耶！於此揚梵唄、禮金容、率清規。晨吼蒲牢，暮擊鼃革，則一方矗矗……不羣[4]此而啟矣。天齊曰："言則美矣善矣，不可以無傳焉，願卒徵文以識之。"璧[5]不得辭也，遂悉記其梗槩[6]，且書其趣如此，俾刻焉。既以嘉天齊之勤以及其徒，又以告後之為師弟子而卓錫於此者，使知所自云爾。

【題解】

重修水泉上寺碑系弘治十四年（1501年）水泉上寺落成碑记。由温应璧撰文，书丹者不详，水泉寺住持僧妙庆刻石。民国张维《陇右金石录》载："重修水泉上寺碑，在泾川县北，今存。"后佚，亦未见存世拓本或其他资料记载，规格、碑阴等信息不详。《陕西通志》载：唐时建水泉寺，有碑记，今佚。结合本碑所记，宋代立寺或系唐后重建。明成化年间，因"下寺缁流充满，兰若无置锥可居"，在僧徒众多、寺院狭小的情况下，"开羊肠路，上及于阪"，在原寺院的基础上，向山上进行了扩建，方有"上寺"之说。录文系编者依据清张延福《泾州志·艺文志》和民国张维《陇右金石录》、民国邹光鲁《泾川县志·金石志》校勘，纠正了二志手抄本中的书写讹误。

【撰者】

温应璧，生卒年不详，明代陕西泾州人，曾任山东济南府同知。

【注释】

[1] 宋元统中：《泾州志·艺文志》《陇右金石录》《泾川县志·金石志》均作"宋元统中"。《陇右金石录》按："碑言宋元统中立寺其上，考元统为元惠宗年号，宋无元统。或'统'为误字。"编者赞同这一观点。因为宋年号中就有"元丰、元祐、元符"等，且从宋代元丰元年至明弘治十四年水泉上寺落成立碑，时间跨度400多年，仅宋元两朝年号达50多个，在当时信息传播条件极其有限的情况下，民间误记前朝年号的事情完全在情理之中。张维按语又说："或即元时所立寺，有华严海印寺碑为元元贞时物，似以元时所立为近是也。"该碑自民国后佚失迄今，其他文献所载录文亦多纠正为"元元统中"。编者以为，和年号误记的可能性相比，将"元"代误为"宋"代书丹、镌刻、树立并以谬误而能存世的可能性极小。故"宋"之朝代应无疑，"元统"之年号则存疑。

[2] 鈇："鐵"字俗体。

[3] 刱：同"創"。

［4］𦖞：同“聞”。

［5］璧：即作者温应璧。

［6］槩：“概”字异体。

正德七年林廷玉游水泉诗题刻

【录文】

滑滑流泉濺齒清，空門千古寺燈明。

僧依白石岩[1]端住，人在青山腳下行。

半日風花浮世樂，一樽偶和客邊情。

崆峒西去閑紆望，百里涇川若掌平。

皇明正德七年七月七日遊水泉。

巡撫都御史林廷玉書。

【题解】

游水泉诗碑系明正德七年（1512年）右佥巡抚都御史林廷玉游泾州水泉时题诗并书，今镶嵌于泾川县文物管理所王母宫石窟寺院内碑墙。碑石为砂岩质，高58厘米，宽54厘米。碑面周边刻有波浪纹饰，刻文9行，单行2至12字不等，楷书，每字3.5厘米见方。民国张维《陇右金石录》以“泾川王母宫诗七碑”有记，但未录其文。录文系编者依据原碑石校勘。

【撰者】

林廷玉（1454—1532），字粹夫，号南涧，明代福建侯官（今福州）人。

【注释】

[1] 岩：同"巇"。

嘉靖元年彭泽重修王母宫碑记

【录文】

碑阳：

赐進士、光祿□、上柱國、太子太保、兵部尚書、前都察院左都御史、經筵官金城彭澤撰。

赐進士、朝列大夫、陝西等處承宣布政使司參議西蜀李仕清書丹。

赐進士、中順大夫、陝西等處提刑按察司副使、奉敕整飭兵備、前監察御史洛陽許諫篆額。

宮在涇原西五里回中山巔，祠所謂王母宮，蓋古跡也。世傳周穆王、漢武帝皆嘗西遊與王母會，故有宮于茲，又謂之王母宮，宋陶學士秀實記之詳矣。路當孔道，古今名士登覽祇謁、題咏甚富，藹然為郡之勝跡。然自勝國初重脩[1]，迨今踰二百載，漸以頹毀。郡之耆舊屢欲脩葺之，未能也。屬涇太學生閆君沂，念父兄師友嘗績學卒業于斯，資其幽僻閒遠，以遊以息，經明行脩，登高第而躋膴仕者後先相望。乃慨然謂諸耆舊曰："仙家之荒唐無足言，周穆、漢武之遊覽無足取，第茲宮為吾郡千餘年之勝跡。自我國朝奄有萬方，陝為西北巨藩，自關輔以達西南諸夷，不啻萬里，延寧甘肅諸鎮文武重臣，以及奉命總制、經略、撫按，冊封出使外夷、大儒元老、名公碩士，百五十年以來經此者不知其幾，而吾涇縉紳士民得以親炙而交遊之，皆以斯宮之在茲。而吾涇自國初抵今，藏脩于茲以登仕途者，又不特寒族父兄子姪也，必欲重脩，吾當為之倡。其視傾貲[2]破產于佛老虛無寂滅之教，以資冥福者當有間矣。"于是出私帑若干緡以先之。諸耆舊士庶懽[3]然合謀，鳩材僝工。一時宗藩韓王亦樂施助，期終其事。經始于正德甲子五月上旬日，落成于嘉靖壬午五月中。為王母殿、玉皇閣者各五楹，周穆王、漢武帝行祠六楹，其餘雷壇及玄帝等殿有差，則皆鄉者之意，欲為旱潦疫癘之禱而設也。規制整嚴、輪奐麗美大非昔比。工既訖，乃走書于蘭，屬澤為之記。夫聖人不師仙盤遊者，聖帝明王之深戒，吾儒之教也。第閆生沂之論，蓋不溺于其說，而自有說之可取，故不辭蕪陋敘述之，以紀歲月。後之遊覽于此者觀此，其亦有取也。夫閭生也，能由此而克充之，敦天倫，重禮教，足法于家，而貽範于黨里，則斯舉為可稱矣。不然則昧先師"務民之義，敬鬼神而遠之"之訓。是亦佛老之流耳，奚足為世輕重哉！予昔過此，嘗有小詩一律，曰[4] 附□□簡以請教于大方家云：

宮祠西母翠微頭，周穆曾馳八駿遊。金碧稜層殿臺古，雲霞縈繞篆烟浮。蟠桃□□知何處，老樹無枝可耐秋。千載回中傳故事，荒亡不謂古人憂。

是為記。

……嘉靖元年歲次壬午……

碑陰：

跋并題名一[5]：

……是州……接崆峒，□極……創自有□年矣。先代……宋有學士陶穀撰，大元……顧行撰。然二公皆當代崇儒，文……重建有期，勒碑有文，記之詳矣。□以啟迪後人之意，有彼在焉。至我朝復有碩德學士，罔不脩葺。第歲月既久，風雨剝落，梁棟頹毀，廟貌匪嚴，而人□失其瞻仰也。沂因正德乙亥三月十一日值聖會，州人遠近咸詣拜謁。沂覩宮殿之將傾，思神靈之失棲，遂感於心。而形諸言曰："回山，吾郡名鎮也，先人能為創建，後人得無繼述乎？即於郡人文忠等四十餘人同心矢力、誓曰重脩，人皆樂從。于[6]是各輸貲財，鳩工脩理。總其事者某人，分其事某人。人各有司，司各有事。循環無端，周而復始。靡不精白為心，以成厥功。經始於正德丙子五月□旬，落成於嘉靖壬午五月中□。厥功既□，又不可以不誌。沂遂率諸鄉耆請文□金城大司馬彭辛菴先生，而得斯記，□□碑陽而□之。然斯記與宋之陶公、元之顧公，共為天下之重寶也。二公之□□之頗詳，彭公之文說之亦詳。文學□□於二公而德行過之。今以諸鄉耆□□鐫於碑陰，後來將觀其碑，指其人，□□□，信不可誣也。世人所謂求福田□□□名者非吾之所能知也。今之□□□□□視今愚輩，固效顰古昔……觀今者，其功業……

歲次壬午五月吉旦隱士閻沂……

鄉耆姓氏：

文忠、李梅、劉金、李約、趙厚、李銳、魏宗智、張翊、劉慶、王鯨、王紀、劉良、史文祿、李紳、張懷、任慶、李璋、牛昺、蔡紳、文敩、錢定、劉表、楊鉉、蕭廣、王倫、景宥、劉理、李雄、景睿、魏宗禮、路宗禮、孫讓、王繡、楊鐸、石大昌、李茂、魏章、□宗堯、李拱辰、史臣、史廷璋、史廷璽、任廷貴、李倫、李玉、王鼇、景慶、閻鏞

本宮□□□正：安演洪

住持：景演□、牛演深、楊演濘、□□□、□演澄、溫全忠、李全安、錢教成、□□□、米教珠、閆教榮、張演潔、李全義

題名二[7]：

閆鉦　贈資善大夫、貴州布政使

閆鎧　貴州思南府知府

溫應璧　山東濟南府同知

劉漢　教諭

杜舉　代府審理正

劉汲　州判

□□　縣丞

閆傑　山東提舉刑使命、前監察御史

□□　經歷

脫騰　大使

劉浩　縣丞

魏茂　大使

羅憲　典術

史貞　□□

張懋　訓導

張庸　河內主簿

閆宗畢　典術

高京……

孫雄　主簿

張鶯　安西知縣

高嵩……

張侃……

□京……

魏倫　經歷

□天賜　□□社官

閆文　主簿

藍經　典科

魏繼武　□□知縣

譙景高　興縣知縣

王紳　定□知縣

羅縉……

羅……

張舉　典史

陳諫　典史

賈俊　主簿

閻璲　□□典科

跋二[8]：

擬立西貞宮故碑跋

是碑仆於殿之東階，蓋[9]百年於此矣。緣彼時霸下未及，致而人駸以彫謝，故廢弛至此。嗟乎！碑可廢也，文與獻顧可少哉？按碑記撰自金城彭先生，先生號幸菴，與余從曾大父[10]諱銳同舉於鄉渠，緣失利禮闈，願小仕。時余從曾大父尚書公諱鉦為戶部郎，與先生通家好，每課蓺[11]雜接談，未嘗不擊節歎賞，以卜異日當官大業。遂堅止弗就選，仍留燕邸。令余曾大父邦伯公諱鎧，從大父提學公諱潔同卒業公署。越明年，先生果掇南宮，累服官，宦聲藉藉，殆更僕未悉數也。及其總制邊陲也，運籌決勝，中夏宴然，實賴安攘之畧。曩時旁觀期待，確乎有實勣[12]之可據矣。夫王母之說誠不暇深辨，至如先生著作頗多，而八行遺事手藁[13]盛行于世，所以張國維、振人紀，領署來裔，抑何其閎深也！道德功業，已垂青史，而今此立言之槩[14]未獲並傳，且當年協心脩茸者，皆先達者舊，彬彬仗義之儔，乃使俱相湮沒，可勝惜哉！於是共置霸下，豎於宮之南廡，庶先生不朽之業緣是以顯，而後附驥亦可致千里云爾。

天啟元年歲次辛酉季春上浣之吉，後學閻燧盥手謹跋。

閻㴶，教諭；閻忻，庠生；左選，□□□□；閻熙，庠生；丁三俊，監生；馬呈慶，庠生；許尚、蕭傑、景程，庠生；閻維延，庠生；文雲鳳、閻灼，庠生；閻炫、劉自省，□生；楊標，□□□□、……許高、高世芳、閻□、閻□……

【題解】

重修王母宮記碑系明代泾川人、太学生同沂倡导在嘉靖元年（1522年）重建王母宮完工后，由彭泽撰文、李仕清书丹、许谏撰额的记碑，今镶嵌于泾川县文物管理所王母宮石窟寺院内碑墙。碑石为砂岩质，碑头已残损，龟跌座。现存高202厘米，宽97厘米。据清张延福《泾州志·艺文志》等载，碑额为"重修王母宫记"6字，现"母""记"二字下端笔画可辨，6字应分3行排列，以篆书双钩镌刻。正文共23行，行44字，楷书，每字3厘米见方。录文系编者依据原碑石

及拓本,结合《泾州志》《陇右金石录》等的著录校勘。在碑刻现存、且多可辨识的情况下,以上版本错讹相对较多,繁简字、异体字录入各异,尤其是碑文首尾缺字多达200余个的现象令人意外。

碑阴有跋、题名等三方。

【撰者】

彭泽(1459—1529),字济物,号幸庵,明代兰州卫(今甘肃兰州)人。

【注释】

[1] 俢:同"修"。后同。

[2] 貲:同"资"。后同。

[3] 懽:同"欢"。

[4] 囙:"因"字俗体。

[5] 跋并题名一：系碑阳文中彭泽所记的倡导重修王母宫的"属泾太学生间君沂"补述重修王母宫之起因、过程以及立碑等事宜，位于碑阴上半部。其中题跋共32行，满行15字，楷书，每字2.5厘米见方。乡耆及教职人员名录位于上部题跋正下方，名录共23行，满行9字，楷书，每字3厘米见方。题名中除钱、米两姓迄今在泾川鲜见外，其他均系当地常见姓氏。

[6] 于：此处作"于"，其他均作"於"。

[7] 题名二：位于碑阴右下部。每个题名下以单行或双行结衔，其中题名5行，楷书，每字3厘米见方，结衔字1.5厘米见方，共刊记约40人，系重修王母宫时官佐题名。其中脱姓古代较为罕见，但系今日泾川大姓，现集中聚居于本县红河乡。

[8] 跋二：刊刻于天启元年（1621年），间焌撰文。位于碑阴下部，刻文16行，满行25字，楷书，每字3厘米见方。跋后题名4行，每行约5人，人名3厘米见方，结衔字1.5厘米。撰者间焌记述了一百年前，由彭泽撰文的碑刻因龟跌碑座未能就绪而迄今废弛缓立，同时感念彭泽与其先祖间沂之深厚交谊，故而重树该碑于王母宫南庑之事。

[9] 盖："蓋"字俗体。

[10] 从曾大父：指曾祖父的兄弟。

[11] 蓺：同"藝"。

[12] 勣：同"績"。

[13] 藁：同"槀"。

[14] 槩："概"字异体。

嘉靖元年残诗题刻

【录文】

□天隱……索遺珠近在……悲哉祈扌言……逾窮傳談相……天比列星……嘉靖元年……石……

【题解】

明嘉靖元年（1522年）残诗碑今镶嵌于泾川县文物管理所王母宫石窟寺院内碑墙，作者不详。碑石为砂岩质，多剥泐漫漶。高43厘米，宽40厘米。刻文8行，行最多者存6字，隶书，每字4厘米见方。录文系编者依据原碑石校勘。

嘉靖三十一年谢少南谒王母宫诗题刻

【录文】

    謁王母宮

往日回中道，猶存王母祠。

柏畱千尺樹，桃憶萬年枝。

汭曲瑤池衍，涇山玄圃移。

茂林空宰木，蕭索歲星期。

公左謝少南。

嘉靖歲次壬子六月吉日。

涇州知州沈文玉[1]頓首。

【题解】

  谒王母宫诗碑由明代官员、诗人谢少南于嘉靖三十一年（1552年）题诗，时任泾州知州的沈文玉刊勒。原碑今已佚，规格等信息不详。录文系编者依据清张延福《泾州志·艺文志》、民国邹光鲁《泾川县志·金石志》校勘，并依据民间珍藏拓本补录题款信息。

【撰者】

谢少南（1491—1560），字应午，一字与槐，明代江宁（今江苏南京）人。嘉靖十一年（1532年）进士，官至河南布政司参政。以文才显，有《粤台稿》《河垣稿》《谪台稿》等文稿传世。

【注释】

[1] 沈文玉：明代河南光州（今潢川）人，在1551—1552年任泾州知州，民国《泾川县志》有载。

嘉靖四十四年尹觉王母宫诗题刻

【录文】

鳳鳥經傲今若何，宮□□□山蹉跎。

樂章盻[1]饗瑤姬夢，芝□基空錦石阿。

春泛華鵻雨□□，天連雪棟抱明河。

崑崙口髮西周邈，碧落猶聞黃竹歌。

嘉靖乙丑三月壬子日固原末□□，王母宮里人謂是日即瑤池宴會期也。以記事。鳳翔貳郡漢嘉[2]尹覺書。

涇原武舉閻沂[3]勒石。

【题解】

该诗碑系明嘉靖四十四年（1565年）尹觉题诗并书，今镶嵌于泾川县文物管理所王母宫石窟寺院内碑墙。碑石为砂岩质，高50厘米，宽55厘米，刻文共9行，满行15字，行草书，诗文每字3厘米见方，题款略小。录文系编者依据原碑石校勘。

【撰者】

尹觉，生卒年不详，明代汉嘉人。曾任凤翔同知，有诗文传世。

【注释】

[1] 胎：同"胎"。

[2] 汉嘉：《中国古今地名大辞典》载："本汉青衣县，后汉改曰汉嘉，三国蜀置汉嘉郡，晋并废，故城在今四川彭水县东。"

[3] 阎沂：明代泾州人，曾倡导重修王母宫。

嘉靖张邦教游王母宫诗题刻

【录文】

遊王母宮

絕壁明瓊榜，長松蔭紺宮。
雲軿金作飾，蓮倚玉為容。
黃竹歌堪聽，青鸞信可通。
乘軒山下客，延頸仰仙蹤。

【题解】

游王母宫诗碑今已佚，亦未见存世拓本，规格等信息不详，作者张邦教。录文系编者依据清张延福《泾州志·艺文志》、民国邹光鲁《泾川县志·金石志》校勘。

【撰者】

张邦教，生卒年不详，明代山西蒲州人。明正德十二年（1517年）进士，任榆林中路道。嘉靖四年（1525年）任池州郡同知（郡丞）。

嘉靖唐龙谒王母宫诗题刻

【录文】

謁王母宮

憶昔漫從山下過，今日卻看雪中游。
半空玉洞煙霞出，千古瑤池日月浮。
朱草叢深盤白鵠，玄梨樹老臥青牛。
陳詞特為慈親祝，錫祉頻添海屋籌。

【题解】

谒王母宫诗碑今已佚，亦未见存世拓本，规格等信息不详，作者为总制三边军务、兵部尚书唐龙，诗碑题刊时间当在明代嘉靖期间。录文系编者依据清张延福《泾州志·艺文志》、民国邹光鲁《泾川县志·金石志》校勘。

【撰者】

唐龙（1477—1546），字虞佐，号渔石，明代浙江金华兰溪（今浙江省金华市兰溪市）人。正德三年（1508年）进士，累迁右佥都御史、总督漕运兼巡凤阳诸府等职务，嘉靖十一年（1532年）任兵部尚书、总制陕西三边军务兼理赈济。

嘉靖刘天和登回中山诗题刻

【录文】

登回中山

六日涇原道，尋幽上翠微。
纖雲籠樹杪，細雨濕征衣。
峭壁淩寒瘦，新溪漾綠肥。
山靈如有意，霽月傍人歸。

雨暗回中地，雲深王母宮。
環溪山浴影，疊嶂鳥迎空。
古栢[1]陰初合，豐碑興偶同。
憑樓動鄉思，黃鵠楚江東。

【题解】

登回中山诗碑今已佚，亦未见存世拓本，规格等信息不详，作者系总制陕西三边军务刘天和，诗碑题刊时间当在明代嘉靖期间。录文系编者依据清张延福《泾州志·艺文志》、民国邹光鲁《泾川县志·金石志》校勘。

【撰者】

刘天和（1479—1546），字养和，号松石，黄州麻城（今湖北省黄冈市麻城市）人。明中期名臣、学者。其在嘉靖十五年（1536年）以兵部左侍郎兼都察院右副都御史总制陕西三边军务。

【注释】

[1] 栢："柏"字俗体。

嘉靖金世俨游瑶池二绝诗题刻

【录文】

遊瑤池二絕

余浙人也，落魄不售，為是州別駕，喜職掌絕無，每日把酒對瑤池，問古柏不知身之在官云。因賦二絕，追古伶人，且以志隱。

涇水之中有瑤池，宮闕縹緲天與齊。
森森古柏紅塵稀，坐酌忘歸賦夢兮。

天上娥眉作釣鉤，喜便垂輪懶則休。
金魚躍入還無意，且自浮槎問阮劉。

【题解】

游瑶池二绝诗碑今已佚，亦未见存世拓本，规格等信息不详，作者金世俨，诗碑题刊时间当在明代嘉靖年间。录文系编者依据清张延福《泾州志·艺文志》、民国邹光鲁《泾川县志·金石志》校勘。

【撰者】

金世俨，生卒年、籍贯不详。明嘉靖十八年（1539年）年任泾州州判，即"别驾"。

嘉靖靳学颜谒王母宫感汉武故事而作歌诗题刻

【录文】

謁王母宮感漢武故事而作歌

千山儼龍駢[1]，一邱[2]忽鳳跱。
星河迴夜波，璣衡轉天步。
紫氣高盤王母宮，青霞低護長生樹。
漢皇作后聖作武，坐臨寓縣壓塵土。
端拱凝旒叩至精，白日青霄降王母。

王母躬持千歲桃，金支翠葆擁雲霄。
淋漓羽扇千靈集，窈窕雲裝孤烏飄。
隱隱七香停月馭，翩翩耦鶴載雲璈。
手指東方老歲星，侍兒復有董雙成。
靈文奧閟帝親授，玄訣微茫眾莫聽。
博山未寒淑景晏，輕霞拂袂琳琅遠。
邂逅應入春夢中，光鋥卻著承華殿。
凝神似失不自怡，天上人間徒繾綣。
繾綣復繾綣，回鸞向深宮。
蕙質蘭心滿金屋，清歌麗舞盈雕櫳。
萬斛明珠收夜燭，千林琪樹搖春風。
春風秋月那相俟，榆塞皋蘭烽煙熾。
龍庭戰骨繞寒沙，鴛閣芳情論錦字。
旌旗日映昆明開，苜蓿花香天馬至。
猶道崆峒拜廣成，復思帝所奏鈞聲。
龍髯曾墮鼎湖淚，鳳背曾聞洛浦笙。
絳雪元霜真可致，萬乘四海秋雲輕。
高居華蓋朝元會，總攬玉籍無恐怖。
不然海上無垂衣，不道涇原有方外。
涇原逝水幾時迴，遊客年年策馬來。
豐草離離侵輦道，寒煙縷縷出香臺。
靈風吹葉全疑珮，繡生流蘇半是苔。
灑雪千岩[3]玉為屑，掛月孤峰金作堆。
玉屑金堆供象罔，山精魑魅交來往。
薜[4]影蔘姍[5]舞女移，松濤彷彿[6]雲和響。
翠華昔享瑤池觴，華表今疑承露掌。
山川是昔人事非，白雲黃竹共淒腓。
歲時猶有隨陽鳥，飛來飛去傍翠微。

【題解】

謁王母宮感漢武故事而作歌詩碑今已佚，亦未見存世拓本，規格等信息不詳。錄文系編者依據清張延福《涇州志·藝文志》、民國鄒光魯《涇川縣志·金石志》校勘。

【撰者】

靳学颜（？—1571），字子愚，明代山东济宁人。嘉靖十四年（1535年）进士，官至吏部左侍郎。

【注释】

[1]《泾州志》作"駢"，《泾川县志》作"騑"，二者表义相近。

[2] 邱：通"丘"。

[3] 岩："巖"字俗体。

[4] 薛：《泾州志》作"薛"，《泾川县志》作"雪"。

[5] 婆姗：亦作"蹒跚"。

[6] 彷彿：同"仿佛"。

嘉靖于锦回山词碑记

【录文】

回山詞

昔聞回山稱絕奇，方諸羣仙會瑤池。今我來登臨，天風吹上山之嵋。側足孤峰倚天柱，俯視延眱小坤維。萬山盡盤結，迴合儼遊麒。支本崑崙脈，望注滄溟涯。遺構上有金銀闕，古柏碧雲時護持。鳳翹元君金玉佩，凌華飛瓊雙侍兒。驅策百魔隸門廡，總攝萬精駕六螭。涇汭交浸黃姑影，奔空長顧欝[1]結儀。夜半黃冠煮白石，雨餘崇阿摘紫芝。青鳥一去不再返，桃熟無復三千期。雲璈琳琅音沉寂，栢[2]梁五柞竟何為。周王徒駐蹕，漢皇空有祠。嗟彼萬乘尊，淪澌同黍稷。石室爛柯一瞬息，桃園無路增遲悲。令威羽化華表鶴，淮南遙憶拔宅時。白日超忽飛骨骸，古墓纍纍今稀其。撫景已忘筌[3]，達觀豁有思。安凌玉虛頂，披彼金母帷。願受龜臺六甲靈飛秘，恣意蓬壺閬苑長追隨。

【题解】

回山词碑今已佚，亦未见存世拓本，规格等信息不详。录文系编者依据清张延福《泾州志·艺文志》、民国邹光鲁《泾川县志·金石志》校勘。

【撰者】

于锦，生卒年不详，字实甫，又字东石。明嘉靖二十三年（1544年）进士，曾任陕西参政、山西按察使、贵州左布政使等职。

【注释】

［1］欝："鬱"字俗体。

［2］栢："柏"字俗体。

［3］筌：《泾州志·艺文志》作"筌"，《泾川县志·金石志》作"鉴"，二者表义相近。

嘉靖胡松仰止书院碑记

【录文】

仰止書院記

涇漢安定郡始城在涇北水濆，數被水害，故徙今治，邇於南高峰麓。城半在麓而麓又甚高，俯視城下觀寺居民，歷歷在足下。前分守遲公築堂三楹，廡六楹，以便諸生講習，扁[1]曰："麓城書院"。然堂建而未竟，無周堵，道蓬荒不治。予繼公來涖斯，登麓仰顧高峰，俯矚涇汭回中，映帶左右而又鮮喧譁[2]湫洳之逼，信學子講道遊藝之所也。予為甃道築墁，塗飾整漫，翼以欄檻，暇日登臨，稱勝概焉。取詩語"高山仰止"易今名稱，將使學者俯而學、仰而思焉！夫山以高為尊，行以景為大，古之所謂景行云者，蓋不可勝數矣。學者之所習聞，少小之所誦法，旦夕出入於其宮牆門屏者，不有先師孔子七十二子之徒耶？然檗[3]稱七十子泛而寡要，徑師孔子大而難入，無已則學顏之學乎？顏之學在於不貳過，不遷怒，視聽言動之無非禮耳。善乎董生之言，事在勉強為之而已矣。是以百川學海而至海，百山學山而不至山，故在學者反思而自得焉。詩曰："其誰知之，蓋以勿思。"故當思其本矣。夫惟君子思焉，而察見本原之地，以先立乎其大者，養而勿失，用為撲物宰事之權，弗使昏昧放逸，由勉而貫以企幾仲尼之堂，是予與遲公所為厚望於涇人也與[4]！

【题解】

清张延福《泾州志》载："明仰止书院碑在城南山麓，分守关西道胡松撰文。"民国张维《陇右金石录》按："碑言分守迟公始筑堂庑，迟公即临朐迟凤翔也。旧志未载立碑年月，以时考之，盖在万历之初云。"前分守迟凤翔任职时间不详，但其为官当始于嘉靖中期。胡松后任分守关西道的时间亦不详，但其在隆庆二年（1568年）时已官居一品，隆庆六年（1572年）去世，次年方为万历元年（1573年）。故胡松撰文时间应在嘉靖中后期，未及万历，张维推论有误。张维收录时该碑已佚，规格、碑阴亦无考。录文系编者依据《泾州志·艺文志》《陇右金石录》校勘，纠正了《泾州志·艺文志》手抄本中的书写讹误。

【撰者】

胡松（1490—1572），字茂卿，号承庵，明徽州绩溪人。正德九年（1514年）进士，初授嘉兴府推官，后擢陕西道监察御史、山东监察御史。嘉靖六年（1527年）后历任浙江道监察御史，福建布政司右参议，南宁兵备道副使，云南布政司右参议，贵州按察使，广东布政司左布政，都察院右副都御史，总督河漕兼巡抚凤阳、淮安等处，户部左侍郎，工部尚书，刑部尚书等职位。隆庆二年（1568年），晋阶荣禄大夫，位一品。著有《承庵文集》。

【注释】

[1] 扁：应为"匾"。
[2] 譁：同"哗"。
[3] 槩："概"字异体。
[4] 奐：应为"歟"。

嘉靖孙永思冬日登王母宫诗题刻

【录文】

冬日登王母宫

回嶺高開王母祠，含風眾壑迥淒其。
空聞青鳥來金厥，不見蟠桃倒玉巵。
涇水有聲天地轉，瑤池無路古今思。
仙容瞻謁幽深處，古木寒鴉冬日西。

【题解】

冬日登王母宫诗碑今已佚，亦未见存世拓本，规格等信息不详。诗碑题刊时间当在明代嘉靖期间。录文系编者依据清张延福《泾州志·艺文志》、民国邹光鲁《泾川县志·金石志》校勘。

【撰者】

孙永思，生卒年、籍贯不详，明嘉靖二十六年（1547年）丁未科殿试第三甲，赐同进士出身。有诗作传世。

嘉靖吕时中等游王母宫和韵诗题刻

【录文】

過回中呂大參[1]招遊王母宮夜歸習作

漢皇歸去已多時，勝蹟還留阿母祠。
地接崆峒即閬苑，川回涇汭似瑤池。
雲中青鳥知何處，海上蟠桃不可期。
獨有山頭明月在，相看且覆掌中巵。

薇田王鶴

遊王母宮和薇田韻

海外求仙漢武時，寰中遺跡此荒祠。
丹書尚憐長生訣，玄圃空聞萬里池。
世路風塵元自幻，萍踪江海若為期。
青山明月還如此，莫負尊前濁酒巵。

玉窗呂時中

回中呂大參邀遊王母宮紀興一首

王母宮開回領巔，白雲深處會群仙。
蟠桃幾向瑤池摘，朱草長留紫氣纏。
嘯我忙驅成底事，荷恩重扶此登筵。
遵崖徙酌醒還醉，對月成歡夜未旋。

柏亭汪集

回中王母宮和柏亭韻

千松密護翠微巔，一觀高居閬苑仙。
青鳥任來香霧合，瑤花不老瑞光纏。
江山勝跡供留客，河漢清宵借敝筵。
他日再遊須興歡，歌殘巖月未應旋。

玉窗呂時中

【题解】

吕时中等游王母宫和韵诗碑共四方，碑石为砂岩质，每方均高59厘米，宽70厘米。每碑均11行，草书，每字6厘米见方。今镶嵌于泾川县文物管理所王母宫石窟寺院内碑墙。清张延福《泾州志·艺文志》仅收录其中王鹤诗作，民国张维《陇右金石录》"泾川王母宫诗七碑"有记，但未录文。据《泾州志》载，吕时中在嘉靖三十二年至三十五年（1553—1556）职分守关西道右参政，治泾州，此碑四首系吕时中在任时友人来泾州同游王母宫后席间唱和之作。《陇右金石录》等金石志书将以上四方诗碑分别记为嘉靖、隆庆不同时期，为误记。录文系编者依据原碑石校勘。

【撰者】

王鹤，生卒年不详，明代西安府长安县人，嘉靖二十三年（1544年）进士，官至应天府尹。《皇华集》收录其诗文62篇，记载了他早年出使朝鲜的经历。明代陕西诗歌总集《周雅续》载其诗69首，其中不乏酬唱赠答之作。所著《见薇堂集》《王薇田滑稽杂编》等今皆散佚。

吕时中，生卒年不详，字以道，号潭西，明直隶大名清丰（今河南省濮阳市清丰县）人。嘉靖二十年（1541年）进士，嘉靖三十年（1551年）任陕西布政使参政，嘉靖三十二年至三十五年（1553—1556）任分守关西道右参政，治泾州。

汪集，明代进士，其他不详。

【注释】

[1] 吕大参：即吕时中，时任分守关西道右参政，故尊称"大参"。

嘉靖郭崇嗣谒王母宫诗题刻

【录文】

王母祠前古柏垂，周王曾此宴瑤池。

一樽未畢回中樂，八駿歸來國已移。

青鳥不傳雲外信，白雲空鎖嶺頭碑。

停驂欲問當年事，野草荒煙止渺瀰。

廣平郭崇嗣。

關西道□吳翁□ [1] ……

□□道□郭翁佳詠謹矻珉於宮山。

涇州知州張□□刊。

【题解】

谒王母宫诗碑今镶嵌于泾川县文物管理所王母宫石窟寺院内碑墙。碑石为砂岩质，左侧约原碑一半大小的区域及下部已残损。残高约50厘米，残宽47厘米，仅存字5行半，每行残存2至6字，楷书，每字5厘米见方。原碑诗文及题款均已不全，编者据清张延福《泾州志·艺文志》及民国邹光鲁《泾川县志·金石志》所记完整诗文及民间珍藏拓本补录。补全后含题款共12行，满行7字。

【撰者】

郭崇嗣，字承芳，郚孙，明代直隶广平（其他资料多作肥乡，二县今毗邻）人。嘉靖四十一年（1562年）进士，后任湖广右参议、陕西副使等。有《燕石稿》等著作传世。《泾州志》《泾川县志》记载作者为明嘉靖进士、平庆兵备。

【注释】

［1］吴翁：根据吴翁后一字残存的偏旁部首并结合民国《泾川县志》记载，吴翁或为分巡关西道右参政吴文企，字季骐。

嘉靖杨巍游回山四绝诗题刻

【录文】

遊回山四絶

周朝八駿去不返，此地猶傳王母宫。
昔日瑶池作涇水，仙人原在有無中。

草色泉聲向晚多，故宫猶在碧山阿。
門前颯颯松風起，似聽當年黄竹歌。

青鳥已無白雲來，漢皇空築集靈臺。
祇因王母曾臨處，一樹仙桃對客開。

曼倩空為闐洞記，回山半屬野人家。
長生自古誰能得，惟有蒼松管歲華。

【题解】

游回山四绝诗碑今已佚，亦未见存世拓本，规格等信息不详。录文原载清张延福《泾州志·艺文志》、民国邹光鲁《泾川县志·金石志》，诗碑题刊时间当在明代嘉靖年间。

【撰者】

杨巍（1516—1608），明代山东无棣人。明中期重臣，官历嘉靖、隆庆、万历三朝。嘉靖四十五年（1566年）任陕西巡抚，后至吏部尚书。乡人习称"冢宰""杨天官"。

嘉靖蓝伟登高峰寺诗题刻

【录文】

登高峯寺

公餘訪勝叩禪關，共上高峰撫石欄。

山水望中收遠色，壺觴塵外博清歡。

一川紅杏開春早，二月蒼生過雨殘。

幻境幾人能了悟，浮雲滿目不勝寒。

【题解】

登高峰寺诗碑今已佚，亦未见存世拓本，规格等信息不详。录文原载清张延福《泾州志·艺文志》、民国邹光鲁《泾川县志·金石志》。

【撰者】

蓝伟，生卒年不详，祖籍安徽亳州，后迁河南邓州。明代嘉靖年间曾任山西巡抚佥事，主编《邓州史志》。蓝姓宗祠楹联中有典指蓝伟的记载。

嘉靖杨美益望王母宫诗题刻

【录文】

望王母宮

回中佳槩[1]漢時聞，古殿凝祥覆紫雲。

絳節不隨青鳥至，錦帷虛憶寶香氳。

霞明若散靈飛綬，水繞疑拖細複裙。

還有九微龍帝披[2]，願移瑤輦傍吾[3]君。

【题解】

望王母宫诗碑今已佚，亦未见存世拓本，规格等信息不详。录文原载清张延福《泾州志·艺文志》、民国邹光鲁《泾川县志·金石志》，作者为明陕西巡按杨美益，诗碑题刊时间当在嘉靖年间。

【撰者】

杨美益，生卒年不详。嘉靖期间曾任巡茶御史、陕西巡按、山东道御史、大理寺右寺丞等职。

【注释】

[1] 槩："概"字异体。
[2] 披：《泾州志·艺文志》作"披"，《泾川县志·金石志》作"披"。
[3] 吾：《泾州志·艺文志》作"吾"，《泾川县志·金石志》作"古"。

嘉靖王文庄公笔语碑记

【录文】

明鏡止水以持心，泰山喬岳[1]以立身。青天白日以應事，光風霽月以待人。

右為王文莊公筆語所載，偶閱而珍服之，因鐫揭座右，庶圖常目體驗以自勗[2]焉。鶴田子識。平涼府知府柳谷祁天敘、同知東崖李濮重刊。

【题解】

王文庄公笔语碑今镶嵌于泾川县文物管理所王母宫石窟寺院内碑墙。民国张维《陇右金石录》"王文庄公箴言碑"载："在泾川王母宫，今存""按此碑为嘉靖时平凉知府祁天叙刻石，有天叙跋语。"但张维未录碑文。碑石为砂岩质，高152厘米，宽79厘米，刻文3行，满行11字，隶书，每字17厘米见方。碑文右下角有记和题款3行，分别为隶书和楷书，每字3至5厘米见方。录文系编者依据原碑石校勘。

【注释】

[1] 岳：同"嶽"。
[2] 勗：同"勖"，勉励之意。

隆庆王之诰登王母宫诗题刻

【录文】

登王母宫

漢武雄才振八荒，傷心猶自惹周王。

淒涼一片回山月，爭得清暉到未央。

【题解】

登王母宫诗碑今已佚，亦未见存世拓本，规格等信息不详。录文原载清张延福《泾州志·艺文志》、民国邹光鲁《泾川县志·金石志》，二志所载作者分别为王之诣、王之诰。王之诣史书无载，应为王之诰。诗碑题刊时间当在明代隆庆年间。

【撰者】

王之诰，字告若，明代湖广石首（今湖北荆州）人。隆庆元年（1567年）进右都御史、总督陕西三边军务。

万历十一年杨楫回中谒王母祠诗题刻

【录文】

回中謁王母祠

回泉深處漱瑤池，水繞雲封王母祠。

眺望憑虛塵世遠，猶疑青鳥欲來時。

仙宮天外倚層峯，洞口曾聞御六龍。

一自鸞簫聲斷後，空餘烟月掛長松。

萬曆癸未季春宋人楊楫。

涇州知州□□刊。

【题解】

回中谒王母祠诗碑作者系宋人杨楫,明万历癸未(1583年)年由泾州知州刊石,今镶嵌于泾川县文物管理所王母宫石窟寺院内碑墙,碑石为砂岩质,高45厘米,宽69厘米,刻文11行,满行10字,楷书,诗文每字3.5厘米见方,题款字2厘米见方。

【撰者】

杨楫(1142—1213),字通老,宋代理学家,系朱熹之弟子。

万历万象春谒王母宫诗题刻

【录文】

谒王母宫

扳蘿迤逦到仙祠,絕壁崔嵬古木奇。
山接崆峒藏寶籙,水分涇汭引瑤池。
一雙青鳥歸何處,千載桃花空自疑。
便欲乘風問真訣,碧天無際野雲垂。

【题解】

谒王母宫诗碑今已佚,亦未见存世拓本,规格等信息不详。录文原载清张延福《泾州志·艺文志》、民国邹光鲁《泾川县志·金石志》,作者万象春。

【撰者】

万象春，字仁甫，明代无锡人。万历五年（1577年）进士，选为庶吉士，授工科给事中。累任山东参政、山西左布政使、以右副都御史巡抚山东等职。

万历黄辉王母祠二律诗题刻

【录文】

王母祠二律

削壁交河盪遠空，彩雲猶護漢時宮。
登樓忽下高林雨，秉節來乘六月風。
青鳥傳書虛漢外，蒼龍飛輦漫回中。
連山彷彿旌旗影，力折涇流水向東。

茂林秋色落誰家，王母荒祠水一涯。
祠前老柏纔留葉，天上蟠桃可著花。
雲光縹緲連龍塞，烽火蒼茫失鳳車。
天馬東來復西去，至今遺恨滿流沙。

【题解】

王母祠二律诗碑今已佚，亦未见存世拓本，规格等信息不详。录文原载清张延福《泾州志·艺文志》、民国邹光鲁《泾川县志·金石志》。

【撰者】

黄辉（1555—1612），字平倩，一字昭素，号慎轩，又号怡春居士、铁庵居士、无知居士、莲花中人、云水道人，明代四川南充人。万历十七年（1589年）进士，累任翰林院编修、詹事府少詹事兼侍读学士，赠礼部右侍郎。其诗书双绝，有"东坡第二"之誉。

万历姚孟昱王母宫四首诗题刻

【录文】

王母宫四首

泾川渺渺接崑溟，王母宫开此地灵。
门控千峰环紫翠，怱[1]虚四壁闪丹青。
瑶桃日暖栖鸾影，苍柏风高坠鹤翎。
信是仙都尘境隔，恍疑天乐五云听。

汉武当年封禅夸，回山顶上礼[2]仙家。
瑶池晓浴三山日，绀殿晴飞五色霞。
地拥丹梯堪躐屩，天连云汉好乘槎。
金函宝箓千年注，谁识先传萼绿华。

穆王驭骏旧时游，青鸟书传信久幽。
洞嶽几经沧海变，泾河不断古今流。
身依日月三千界，足蹑云霞十二楼。
东方朔去知何在，空余翠柏绿荫稠。

关西跋涉欲投闲，又借琳宫暂一攀。
望日未须临渤海，披云应喜到回山。
步移仙境消尘虑，坐对瑶池洗醉颜。
最是观风兼览胜，不妨吟弄月明还。

【题解】

　　王母宫四首诗碑今已佚，亦未见存世拓本，规格等信息不详。录文原载清张延福《泾州志·艺文志》、民国邹光鲁《泾川县志·金石志》。

【撰者】

　　姚孟昱，生卒年不详，明代徽州繁昌（今芜湖市繁昌区）人。万历十七年（1589年）进士，曾任职甘肃。

【注释】

[1] 牕：同"窗"。

[2] 礼：同"禮"。

万历洪翼圣过泾州一律诗题刻

【录文】

過涇州一律

傳說涇河有濁名，潺湲日夜繞孤城。

飲冰廉吏心無垢，映月空潭濁化清。

一滴全將千室潤，寸心翻使亂波明。

何須入渭方同潔，碧樹青山一水泓。

【题解】

过泾州一律诗碑今已佚，亦未见存世拓本，规格等信息不详。录文原载清张延福《泾州志·艺文志》、民国邹光鲁《泾川县志·金石志》，作者为明陕西提学洪翼圣。《陕西通志》载洪翼圣在万历四十一年（1613年）任陕西提学副使，诗碑题刊时间当在此期。《诗咏平凉》（甘肃人民美术出版社，2007年）书中记为清代，有误。

【撰者】

洪翼圣，生卒年不详，字秀邻，明代广西桂林人。万历进士，授福宁知州，累官户部员外郎，陕西提学副使、按察使，山西右布政使，光禄寺卿。

崇祯五年练国事泾州闻大捷诗题刻

【录文】

涇州聞大捷

崆峒山北草如煙，蹄飛何來盡控弦。

不謂周原成虎穴，共看飛將奮龍泉。

猶餘美秀逢新雨，復有鴻[1]鳴入舊川。

更願[2]功多能百戰，燕雲烽火正相連。

崇禎壬申暮春望日。

太立練國事書。

【题解】

明崇祯五年（1632年），红军友、李都司等反明起义，侵犯平凉，太仆少卿、右佥都御史练国事巡抚陕西，从泾州奔固原，指挥官兵大败红、李等军，赋此诗并书以记之，今镶嵌于泾川县文物管理所王母宫石窟寺院内碑墙。碑石为砂岩质，高30厘米，宽70厘米。刻文13行，单行5至8字不等，草书，每字4厘米见方。录文系编者依据原碑石及清张延福《泾州志·艺文志》校勘。

【撰者】

练国事（1582—1645），字君豫，明代河南永城人，明初名臣练子宁八世孙。

【注释】

[1] 鸿：《泾州志·艺文志》作"鴈"，原碑应为"鸿"。
[2] 願：《泾州志·艺文志》作"须"，原碑应为"願"。

崇祯五年练国事喜雨诗题刻

【录文】

喜雨

三月無雨則無麥，賣劍買犢亦何益。
片片岡陵耕入雲，摩空風沙大如石。
□花難以運桔□，秦川難倒銀河鴻。
春鳥無巢萬木枯，牛羊不見斜陽夕。

扶杖父老擁我車，為我指點千里赤。
赤地千里真可憐，更多燐火照遺骸。
小臣無計回蒼穹，鄭俠之圖圖絡繹。
何如□日降甘霖，三農喜氣連阡陌。
誰知玄漢憂未失，尚聞夜半虛前席。
鉄[1]甲將軍雨洗無，萬紫千紅在咫尺。
但使綠野歌太平，勝于功名重竹帛。
崇禎壬申之暮春。
太立練國事書。

【题解】

喜雨诗碑刊书于明崇祯五年（1632年），作者为陕西巡抚练国事。诗碑今已佚，史籍亦无载，仅存拓本于泾川县博物馆。拓本高36厘米，宽124厘米。刻文28行，行6至7字不等，行书，每字5厘米见方。录文系编者依据拓本校勘。

【注释】

[1] 鉄："鐵"字俗体。

崇祯练国士谒王母宫诗题刻

【录文】

謁王母宮

山盡水旋地脈奇，誰將此處作瑤池。
蟠桃難定朝天日，青鳥依然入漢時。

畫壁仙人滄海渺，覆亭松色翠雲低。
累朝碣石荒陰在，不忍停驂問黍離。

【题解】

谒王母宫诗碑今已佚，亦未见存世拓本，规格等信息不详。录文原载清张延福《泾州志·艺文志》、民国邹光鲁《泾川县志·金石志》，作者为"巡抚练国士"，与镶嵌于泾川县文物管理所王母宫石窟寺院内碑墙上的《泾州闻大捷》诗碑作者"练国事"应为同一人。诗碑题刊时间当在明代崇祯期间。

【撰者】

练国士，应为练国事，见前注。

曾士毅过王母宫诗题刻

【录文】

過王母宮

王母峰頭宮殿巍，雨中行逕草芳菲。
談仙漢代虛千載，覽勝秦山碧四圍。
旛[1]影不隨青鳥下，洞門空閉紫霞微。
好從涇汭通瑤沼，笑摘靈桃滿袖歸。

【题解】

过王母宫诗碑今已佚，亦未见存世拓本，规格等信息不详。录文原载清张延福《泾州志·艺文志》、民国邹光鲁《泾川县志·金石志》，二志所载作者分别为曾士毅、曹士毅，二人均鲜有史载。明《陈琛文集》录有明代曾士毅《寿鸢峰》诗作一首，故《过王母宫》诗碑以曾士毅之名纳入明代以记。

【注释】

[1] 旛：同"幡"。

清

四明受堂山人登回中山诗题刻

【录文】

仕僕苑二卿關西固原二道登回中山。
訪勝高躋間闔宮，豁然吟眺思偏雄。
千年琪草栖玄塵，百代金函捧玉童。
鳥□簪[1]楹浮瑞靄，松間歌吹落迴風。
斷碑讀罷生餘慨，幾度蟠桃只自紅。
四明受堂山人書。

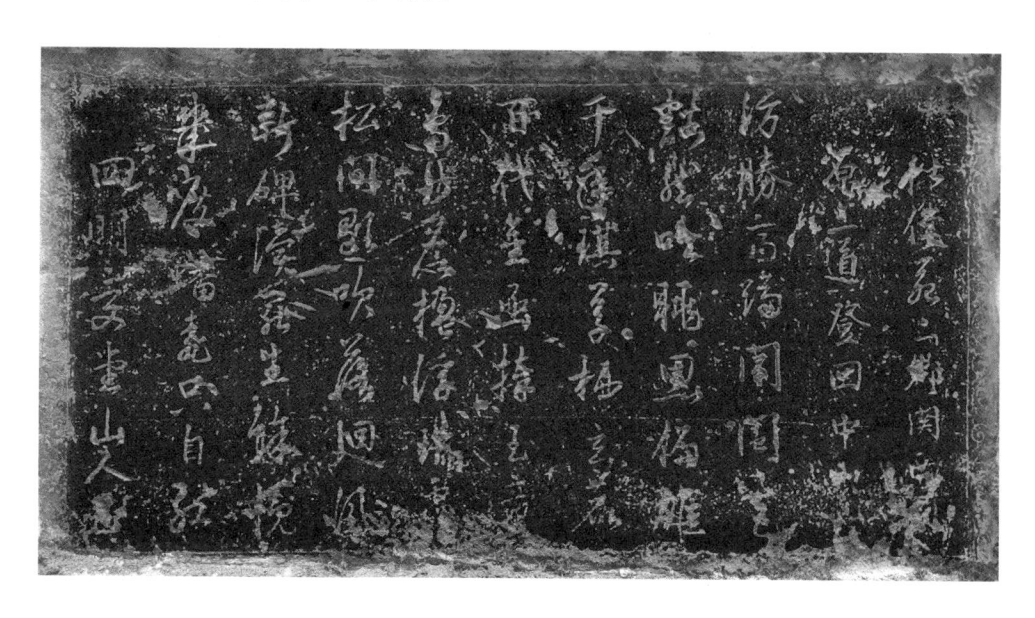

【题解】

登回中山诗碑系四明受堂山人题诗并书,编者考证其或为明末清初堪舆学家、僧人孔闻星,今镶嵌于泾川县文物管理所王母宫石窟寺院内碑墙。碑石为砂岩质,高35厘米,宽64厘米,碑面四周为祥云纹饰。刻文11行,行7字,行草书,每字3厘米见方。录文系编者依据原碑石校勘。

【撰者】

四明受堂山人,目前可见文献均识作"四明□□山人","受堂"二字系草书写法,原碑上规范可辨。古人款识素以故乡所在或斋号代指。四明,山名,在浙江省宁波市西南一带。受堂系作者别号或斋号。"四明受堂山人"史书无载,但依惯例亦可去堂号仅署"四明山人"。经编者查证,《地理直指原真大全》(1692年刊印)及《增补地理直指原真大全》(1770年刊印)二书分别署"四明彻莹大师重定"和"四明指归庵老僧如玉彻莹著"。而四明彻莹即孔闻星。

孔闻星(1620—约1705),明代堪舆学家、僧人,孔子第六十二代孙(圣裔)。浙江宁波四明山人(原籍山东)。幼而颖悟,随母舅丈华金公传授地理诸书,日诵青乌万言。明永历十六年(1662年),彻莹大师历时三年兴建"指归庵",为指归庵开山第一祖。大部分著作成于指归庵,传世作品有《选择要诀》稿本和《地理原真》等。

另据媒体报道,2018年10月31日,著名学者、画家、鉴藏家黄锦祥首次发现了孔闻星所著《选择要诀》孤本手稿。媒体在报道中展示了大量手稿图片,经编者比对,其笔迹书法与"登回中山诗碑"如出一辙,且诗碑书法较之手稿更为工稳精到,或系孔闻星存世书法之精品。

综上,"登回中山"作者从其生活年代、故乡及手书等作考,或为孔闻星。其游历泾川当在壮年,即清代初叶。此碑诗文及书法均为其不可多见之力作。

【注释】

[1]"簷"同"檐"。

顺治武全文秋日登回中谒王母宫诗题刻

【录文】

秋日登回中謁王母宮

岩嶢嶺道繞欹斜，遠樹疎[1]鐘人幾家？
絳節三千開翡翠，朱樓十二鎖烟霞。
行藏風雨啼山鳥，歲月浮沉老澗花。
極目長空秋色冷，峰頭誰駕紫雲車？

翠蹕金天仙露聞，回中西望氣氤氳。
千年花發三株樹，萬里晴開五色雲。
隱隱崑崙煙外出，滔滔涇汭嶺頭分。
鸞飛縹渺知何向，落日秋風憶漢君。

金母西還白帝秋，崚嶒飛闕敞蜃樓。
千山積翠連雲霽，二水流岑抱地幽。
夢裏周秦同逆旅，樽前身世本虛舟。
臨風欲奏霓裳曲，沙際翩翩下海鷗。

風清月白倒金罍，席石幕天水鏡開。

翠柏蒼松柯上下，落鳧鳴雁影徘徊。

鑾蹄蕪沒秋容老，時疊蕭涼夜鏊哀。

桃實何須方外熟，涇干咫尺是瑤臺。

分巡關西道晉陽武全文題

【题解】

秋日登回中谒王母宫诗碑今镶嵌于泾川县文物管理所王母宫石窟寺院内碑墙，题刊时间当在清代顺治年间。碑石为砂岩质，碑面四周为祥云纹饰。高66厘米，宽78厘米，下部部分剥落，刻文14行，单行最多22字，行草书，每字2.5厘米见方。录文系编者依据原碑石校勘，并参照清张延福《泾州志·艺文志》补全。

【撰者】

武全文（1620—1692），字藏夫，号石庵，山西盂县人。顺治四年（1647年）进士，授崇信（今甘肃崇信）知县。后任平凉兵备道、山东东兖道、郧阳（今湖北郧县）督赈、衡永郴道布政司参议。其在顺治十五年（1658年）任分巡关西道。著有《旷观园诗文集》《武氏家学汇编》等书。

【注释】

[1] 踈：同"疏"。

康熙四十六年李渭蕃过水泉寺有感诗题刻

【录文】

過水泉寺有感

水泉山麓寺，半接涇之川。

余少嘗遊此，人言非古先。

流光忽已逝，屈指又多年。

斷壁平蕪盡，殘碑荒梗連。

風來嶺外雨，泥漫[1]水中天。

岸柳埋初址，池魚迷故淵。

僧房石磊磊，谿[2]徑草芊芊。

古栢[3]伴空殿，寒[4]烟鎖野禪。

塵蒙仙梵[5]裏，香杳[6]花[7]宮前。

鐘韻絕晨響，鳥聲雜樹巔。

今看昔若此，後視今依然。

荒廢滿終古，蒼涼獨此間。

回山色不改，涇水日東纏。

徂共人何在，千秋徒自傳。

荊山老人李渭蕃題。

共池傍祖先塋房，先大人拜掃之暇□過其方，目鑒荒廢□□欤[8]。懷□題壁間，蓋已廿年旋去矣。今殘壁剝落，尚存墨跡餘痕，每過其址，不禁□木之感，然手□□□忍忘也，謹記詠題，勒諸□石，供為古者□。然想見其為人，聊以繼先人之志云爾。

康熙歲次丁亥榴月佛日，不肖男李昊□□。

【題解】

过水泉寺有感录文原载清张延福《泾州志·艺文志》、民国邹光鲁《泾川县志·金石志》，清李渭蕃作。二志仅载其诗正文，无其他信息。2013年左右编者与张怀群等先生在野外踏勘时，发现此碑立于泾川县城关镇原中学后阮陵山的九天圣母庙西侧，碑为砂岩质，宽55厘米，高50厘米，厚约6厘米。刻文17行，满行18字，行书，每字2厘米余。其中诗后跋语及落款前人著述均无收录，此次编者依据原碑完整校录。根据跋语之意，李渭蕃《过水泉寺有感》诗曾题于共池旁的李氏祠堂，二十年后的康熙丁亥年（康熙四十六年，即1707年），其后人勒石以志念。

【撰者】

李渭蕃，生卒、籍贯不详，州贡。

【注释】

[1] 漫：《泾州志·艺文志》及原碑作"漫"。《泾川县志·金石志》作"满"，有误。

[2] 谿：同"溪"。

[3] 栢："柏"字俗体。

[4] 寒：《泾州志·艺文志》《泾川县志·金石志》均作"雲"，有误。原碑作"寒"。

[5] 梵：《泾州志·艺文志》及原碑作"梵"。《泾川县志·金石志》作"刹"，有误。

[6] 杳：《泾州志·艺文志》及原碑作"杳"，《泾川县志·金石志》作"繞"。

[7] 花：《泾州志·艺文志》及原碑作"花"，《泾川县志·金石志》作"梵"。

[8] 欤：同"歟"。

乾隆泾州八景诗题刻

【录文】

瑤池夜月

何汝仁

皓月盈盈射錦塘，九天蟾兔飲瓊漿。

蘭波蕩漾濯水魄，玉鏡森沉搖碧滄。

桃苑春深飛鳳輦，瑤池夜靜映蟾妝。

宮巒隱隱汭河北，山紫煙凝不勝涼。

涇水秋風

王令緒

泠泠河水斂天標，潦盡潭清涇路迢。
飄去黃花襯月豔，飛來紅葉捲雲翹。
蟬笙幾度吹丹樹，雁字數行寫絳霄。
一陣秋風騰北岸，岑樓何處玉人簫。

古栢[1]垂青（四首）

張延福

滿目煙霞繞古寺，亭亭蒼柏是誰植。
千年野鶴來歸巢，搖曳虯鱗騰羽翅。

團團翠蓋搖晴煙，十丈淩雲侵碧玉。
桃李東園一片春，春來春去幾回綠。

十月嚴霜野徑寒，青青顏色似濃黛。
聞名說是唐朝栽，為問仙人誰記載。

上下千尋耐雪侵，孤芳素影從何始。
秋霖昨夜洗分明，老幹倒栽潭水底。

汭干晚渡

謝閻祚

四山煙靄正微茫，汭水滔滔送夕陽。
幾輩倦行思駐足，一時逐隊競褰裳。
馬蹄似愛清流濯，驢背遙分新月光。
轉眼江寒嗟病涉，徒杠成後又輿梁。

宮山曉鐘

謝閻祚

推簾月色尚溶溶，萬籟蕭然聽早鐘。
隔水一聲傳激越，傍山萬木響玲瓏。
驚殘枕上華胥夢，冷盡人間名利胸。
王母祠前花正放，定應添得曉妝濃。

高峰春雨
李　瑾

嵯峨青嶂架寒煙，一夜甘霖灑玉田。

回弇兩岩[2]龍作帶，汭涇萬壑地增泉。

蒼庚黃鳥雨聲裡，青篛綠蓑煙霧邊。

勝日憑高無限意，桃花千樹開[3]榆錢。

共池湧碧
張培本

兼山東望海天孤，中有靈池一鏡殊。

激浪跳珠波斷續，清風嗽[4]玉沫霑濡。

柳邊曲徑飛鸚鵡，花裡幽村叫鷓鴣。

昔日共王曾駐輦，翠煙一片遮回爐。

百泉嗽[5]玉
李廷夔

橋橫獨木渡寒溪，竟日溯洄逐錦鵜。

蒲澗紅泉應不改，羅浮翠羽夢全迷。

濺濺流水荷坡接，隱隱蓮光玉露低。

萬縷煙霞芳草外，牧牛人背夕陽西。

【題解】

泾州八景诗碑今已佚，亦未见存世拓本，规格等信息不详。录文原载清张延福《泾州志·艺文志》、民国邹光鲁《泾川县志·金石志》，由何汝仁、张延福、李瑾等七人分别题诗。"泾州八景"之命名成于乾隆年间，该组题诗在当地广为流传。

另，在泾川县文物管理所王母宫石窟寺院内碑墙上，亦存有泾州知府贾勋所作"泾州八景"同题诗碑两方，其创作时间晚于何汝仁等题《泾州八景》诗碑。

【撰者】

何汝仁，生卒年、籍贯不详，一字岩泉。另有诗碑张刺史李别驾州志告成书此志喜一方，后佚。

王令绪，生卒年不详，清代山东福山人，字淑子。

张延福，生卒年不详，清代河南项城人。乾隆十七年（1752年）就任泾州知州，与州判李瑾在乾隆十八年（1753年）共同编纂《泾州志》。除本碑撰文外，在泾川留有旷如亭记碑、王母宫降真树等诗碑。

谢闾祚，生卒年不详，清代浙江宁波镇海人。进士，曾任镇原知县。

李瑾，生卒年不详，清代山东沾化人，乾隆十六年（1751年）任泾州州判，与知州张延福在乾隆十八年（1753年）共同编纂完成了《泾州志》。除本诗外，曾为百泉东岳二郎庙碑撰文，并留有《秋日登官山》《秋日登高峰》诗碑。

张培本，生卒年不详，清代河南项城人。乾隆进士。

李廷夔，《萍乡县志》载：李绍元，名廷夔，字拜昌，号典齐，清乾隆三十六年辛卯（1771年）年武举第一，上栗县长平里上屋场人。

【注释】

[1]栢："柏"字俗体。

[2]岩："巖"字俗体。

[3]开：《泾州志·艺文志》作"開"，民国《泾川县志·金石志》作"雜"。

[4][5]嗽：《泾州志·艺文志》《泾川县志·金石志》均录作"嗽"。清光绪二十一年（1895年）冬贾勋《泾州八景》诗碑（现存）中作"漱"，后世所录惯作"漱"。后同。

乾隆何汝仁张刺史李别驾新纂州志告成书此志喜诗题刻

【录文】

張刺史李別駕新纂州誌告成書此誌喜

其一

雄疆全省控咽喉，西去迢迢第一州。
文獻無徵嗟往哲，蒐羅有待藉名流。
瀠洄涇水懷問瀉，層疊宮山筆底收。
幹得此方不朽業，他年姓氏足千秋。

其二

誰携班管大如椽，刺史才兼別駕賢。
南董自來推信史，康韓[1]從此作陳編。

拾遺事向煙雲覓，擊節聲偕金石傳。

愧我無能參末議，校讐猶喜與雕鐫。

【题解】

张刺史李别驾新纂州志告成书此志喜诗碑今已佚，亦未见存世拓本，规格等信息不详。录文原载清张延福《泾州志·艺文志》、民国邹光鲁《泾川县志·金石志》，何汝仁作。乾隆十八年（1753年），泾州知州张延福、州判李瑾共同修纂《泾州志》，志成后何汝仁题诗并书以贺。

【撰者】

何汝仁，生卒年、籍贯不详，一字岩泉。另有诗作《泾州八景·瑶池夜月》等。

【注释】

[1] 原志注："康对山武功志，韩邑泉朝邑志，王渔洋并称巨丽。"

乾隆张延福王母宫降真树并序题刻

【录文】

王母宮降眞樹並序

回巓王母宮，簷[1]前古栢[2]一株，名降眞。兩幹扶疎，森然逼座，質古而脉理，則津津然活。齅[3]之有異香，洵三光貝樹，神靈之所憑依也。癸酉秋日，祇謁宮前，低徊樹下，大有峚山[4]朱實、闕里[5]文檜之思，因援筆作六韻以紀之。

回巒聳峭壁，古栢閟[6]宮懸。

根植蓬萊地，幹乂日月天。

蒼森不染黛，枯澹若參禪。

色向青松秀，神搖碧棟鮮。

元精培自固，勁子淩無前。

悟此靈光意，長隨法鏡圓。

【题解】

王母宫降真树诗碑今已佚，亦未见存世拓本，规格等信息不详。录文原载清张延福《泾州志·艺文志》、民国邹光鲁《泾川县志·金石志》，清乾隆年间知州张延福作。

【撰者】

张延福，见前注。

【注释】

[1] 簷：同"檐"。

[2] 栢："柏"字俗体。

[3] 齅：同"嗅"。

[4] 峚山：古书中记载的山。《山海经》中记载，峚山属于西次三经山系，位于不周山西北四百二十里处。

[5] 阙里：孔子居住的地方或曲阜，借指儒学。

[6] 閟：同"闭"。

乾隆张延福旷如亭碑记

【录文】

曠如亭記

夫惟知者，為能不凝滯於物。蓋以澄澈之神，而一觸於靈虛之境，則泱漭青燐，魂飛神越。謂是境怡於心中乎，實心超於境外也。涇回巒之頂，舊有曠如亭，前參政胡公有記載在通誌，然缺而不全矣。余於政務之暇，屢登茲山而躋斯亭，則見群山積翠以回合，好鳥追飛而下上。諸凡朱邸平臺，葳蕤華舘，以及豐林浚川，村塢廬舍之明滅，無不歷歷在目。昔賢云：接良會於愷懌，散煩襟於清曠，不其然乎？余因之有感矣！夫回，亦乾坤內一青靄耳，亭亦培塿間一掌[1]耳。顧卻立昂首，極目遠望，則倏而天水矣，倏而煙雲矣，晷輝分麗，噴若風雷。乃知凡境之險詭處，淩躐以往奇，鼓吾氣也。境之曠夷處，委頓而休靜，娛吾神也。筆不能繪其狀，脈不能寫其幽。然則，境盡於回，固有不盡於回，境圍於亭，固有不圍[2]於亭者乎。余固非知者，而每登斯亭，漱靈風、瞻浩氣，澡性滌煩、若生翎羽，亦安能時盤桓於斯，濯清浴垢，齅花蔭芳，以暢一生之拳跼[3]也耶。因不揣鄙陋，繼胡參政公而記之如此。

【题解】

旷如亭记碑今已佚,亦未见存世拓本,规格等信息不详。录文原载清张延福《泾州志·艺文志》、民国邹光鲁《泾川县志·金石志》,撰文者张延福于乾隆十七年(1752年)就任泾州知州,碑当刊立于此期间。旷如亭原建于回山之巅,毁于清末。

【撰者】

张延福,见前注。

【注释】

[1] 掌:同"撑"。
[2] 囲:同"囿"。
[3] 跼:通"局"。

乾隆李瑾秋日登宫山诗题刻

【录文】

秋日登宫山

回巒依涇水,崒崔與天齊。
紅葉吟風日,黃花捧露時。
何人營畫閣,終古自瑤池。
緩步清溪路,琴樽寄遠思。

【题解】

秋日登宫山诗碑今已佚,亦未见存世拓本,规格等信息不详。录文原载清张延福《泾州志·艺文志》、民国邹光鲁《泾川县志·金石志》,清乾隆年间泾州州判李瑾作。

【撰者】

李瑾,见前注。

乾隆李瑾秋日登高峰诗题刻

【录文】

秋日登高峯

高峰百丈對城樓，勝日登臨欵[1]段遊。
水闊涇原鳴曠野，天低隴畔掛深秋。
層軒帶雨碧窗濕，老樹經霜紅葉稠。
萬里河山[2]頻入目，五雲多處是涼州。

【题解】

秋日登高峰诗碑今已佚，亦未见存世拓本，规格等信息不详。录文原载清张延福《泾州志·艺文志》、民国邹光鲁《泾川县志·金石志》，清乾隆年间泾州州判李瑾作。

【撰者】

李瑾，见前注。

【注释】

[1] 欵："款"字俗体。
[2] 山：《泾州志·艺文志》作"由"，应系笔误。《泾川县志·金石志》作"山"。

乾隆马得亨秋日过青溪岭诗题刻

【录文】

秋日過青溪嶺[1]

策馬青溪道，空懷曲將軍。
風旗搖漢鼓，霜劍掣邊雲。
疊巘寒煙合，攢峰朔氣殷。
昔年逐寇處，嶺畔帶餘曛。

【题解】

秋日过青溪岭诗碑今已佚，亦未见存世拓本，规格等信息不详。录文原载清张延福《泾州志·艺文志》、民国邹光鲁《泾川县志·金石志》。

【撰者】

马得亨，清乾隆年间甘肃提标左营守卫。

【注释】

[1] 原志题后注："即曲端击娄宿处"。

乾隆李廷蔚九日登宫山诗题刻

【录文】

九日登宫山

秋來鎮日轉飛蓬，重九登臨王母宮。
桃苑着霜凋落葉，瑤池灑露濕低叢。
魄淪曉霧迷懸磴，目斷殘雲墜冥鴻。
滿袖煙霞歸已晚，長歌一曲板[1]橋東。

【题解】

九日登宫山诗碑今已佚，亦未见存世拓本，规格等信息不详。录文原载清张延福《泾州志·艺文志》、民国邹光鲁《泾川县志·金石志》。

【撰者】

李廷蔚，清代陕西兴安州石泉人，岁贡。曾于乾隆十七年（1752年）任泾州训导。

【注释】

[1] 板：《泾州志·艺文志》作"版"，《泾川县志·金石志》作"板"。二者表述略有区别，"版桥"指版筑（木夹板内填土夯筑的一种工艺）构造的土桥，"板桥"指以木板作为上部桥面铺设材料的桥梁局部作为承重构件。

乾隆张焕先薛举城诗题刻

【录文】

薛舉城

昔年擾擾風塵地，回首淒迷幾斷腸。
破壘晚霞翻落綺，殘籬新月照邊隍。
汭干霸氣一朝歇，壋圃[1]雄圖兩世忙。
豫信孤兒無寸土，山河悔不蚤[2]歸唐。

【题解】

薛举城诗碑今已佚，亦未见存世拓本，规格等信息不详。录文原载清张延福《泾州志·艺文志》、民国邹光鲁《泾川县志·金石志》，清张焕先作。薛举城位于今泾川县城关镇蒋家坪，尚存城堞。隋末薛举、薛仁杲和李世民泾州之战时，薛举在此驻兵。

【撰者】

张焕先，生卒年不详，清广东大埔人。其于乾隆十八年（1753 年）任泾州吏目。

【注释】

[1] 原志此句后注："折墌举城名"。"折墌城"又名"圻墌城"。
[2] 蚤：通"早"。

姚永和朝那吊孙将军诗题刻

【录文】

朝那吊孫將軍

將軍忠烈昭千古，冷落邊關名姓香。
幾處煙蠹燒未盡，滿天燐[1]火泣胥亡。

錦袍血灑回山紫，鐵甲骨沉涇水黃。
耿耿丹心貫日月，西風一吊一霑裳。

【题解】

朝那吊孙将军诗碑今已佚，亦未见存世拓本，规格等信息不详。录文原载清张延福《泾州志·艺文志》、民国邹光鲁《泾川县志·金石志》。

【撰者】

姚永和，生平不详。

【注释】

[1] 燐：同"磷"。

文效苏青石岭诗题刻

【录文】

青石嶺[1]

渺渺長坡落木殘，驕戎驟馬據雕鞍。
烽煙幾縷笳聲徹，為道汾陽[2]登將壇。

【题解】

青石岭诗碑今已佚，亦未见存世拓本，规格等信息不详。录文原载清张延福《泾州志·艺文志》、民国邹光鲁《泾川县志·金石志》。

【撰者】

文效苏，清初拔贡。

【注释】

[1] 原志题后注："即郭子仪击公蕃处。"
[2] 汾阳：指唐代名将郭子仪，其曾被封为"汾阳郡王"，故以此别称。

文效苏安仁谷诗题刻

【录文】

安仁谷[1]

烟波十里古長城[2]，落葉蕭蕭鐵馬鳴。

百萬單于絕幕處，白雲青海一天橫。

【题解】

安仁谷诗碑今已佚，亦未见存世拓本，规格等信息不详。录文原载清张延福《泾州志·艺文志》、民国邹光鲁《泾川县志·金石志》。

【注释】

[1] 原志题后注："范仲淹奏遣宋良控守于此。"

[2] 原志此句后注："谷即古长城砦（寨）"。

李植元罗汉洞诗题刻

【录文】

羅漢洞[1]

佛閣高浮碧水涯，氛濃團殿散晴霞。

登峰放眼藤蘿洞，千頃琉璃十丈花。

【题解】

罗汉洞诗碑今已佚，亦未见存世拓本，规格等信息不详。录文原载清张延福《泾州志·艺文志》、民国邹光鲁《泾川县志·金石志》。

【撰者】

李植元，清初泾州庠生。

【注释】

[1] 原志题后注："治东三十里处，有石窟两层"。

李植元马鞍坡诗题刻

【录文】

馬鞍坡[1]

赫連才調自翩翩，紫塞弨弓累萬千。

今日膽腸傾玉坂，驊騮汗血可曾乾。

【题解】

马鞍坡诗碑今已佚，亦未见存世拓本，规格等信息不详。录文原载清张延福《泾州志·艺文志》、民国邹光鲁《泾川县志·金石志》，泾州庠生李植元作。

【注释】

[1] 原志题后注："即后秦将姚绍破赫连勃勃处。"

嘉庆二十四年李逢源水泉寺兼山东创修文昌宫碑记

【录文】

水泉寺兼山東創修文昌宮碑記

涇州，古阮也。邑北有水泉寺□，古共池也。山曰兼山，三峰聳峙。漢唐之世，中建古佛。遙而望之，槐柳蔭密，松柏蒼翠，固禪林之第一，亦遊人之勝境也。登其上而四眺焉，嵩山為屏，弇回為翼，振履為足，涇汭為帶。風氣所聚，山川明秀也。故代有人傑以昭地靈，元明以來名人迭出也。至我朝乾隆四十年間，西建武廟，東闕文宮，瞻仰之間，每有偏而不全之憾。前州牧伯沈、州牧伯李，政暇省野，相其地趾[1]，皆云東建文宮以補其闕。庶幾人文肇起，今可復□也。嘉慶戊寅二月中浣，有信士史忤、生員溫恒義、生員溫常泰發心捐金，共勸善事。先植其基，後募四方，所得錢四□餘千文，然後次第興功焉。始事於己卯三月初七日，至七月十七日而功落成。是舉者，原為妥神靈以光祀典，非以沽名於寰宇也。然而首事督工者、布施銀兩者與施捨□草、搬運石水者，其功德亦不可沒焉。爰是勒名於石，以詔將來，後之覽者，體前人之意，時補而葺之，庶斯廟之不朽而文風之永盛也。是為記。

此係買史多聞地，價錢口千五百文。北至廟後崖根口，南、西俱至石岸為界。

直隸涇州儒學正堂張起口、副堂杜秉口口施銀貳錢。

涇庠廩生李逢源沐手撰文，涇庠生員溫琚沐手書丹。

經理：信士史忖，生員溫恒義，生員溫常泰。

督工、典吏：史為義，史鑒，溫口口，閆仲儒，閆映德。木匠：史口口。

旹[2]大清嘉慶二十四年歲次己卯七月十七日。

【题解】

水泉寺兼山东创修文昌宫碑勒石于清嘉庆二十四年（1819年），今存泾川县文物管理所王母宫石窟寺。由泾庠廩生李逢源撰文，泾庠生员温琚书丹。碑石为砂岩质，碑身通高138厘米，宽63厘米，厚13厘米。碑头为半圆形，正中为高26厘米、宽23厘米的碑额，分2行刻"万善同归"4字，楷书，每字8厘米见方。碑面四周为波浪纹饰，刻文21行，满行33字，楷书，每字2厘米见方。兼山位于泾州古城（今泾川城关）北山，亦称作阮陵。文昌宫今已不存。录文系编者依据原碑石及图片资料校勘。

【注释】

[1] 趾：通"止"。

[2] 旹：同"时"。

道光二十六年鲁秉鉴重葺水会碑志

【录文】

重葺水會碑誌

懿夫！聖世休徵，陽無愆而陰無伏；□年嘉瑞，□□□□□□。雖本造化流行之□，亦賴鬼神輔相之靈。禦災捍患，赦罪賜福。此殷湯所以有桑林之禱，周宣□以有雲漢之□。□□□□□之立數十年矣，遠朝四□□山川，近祀一邑之方社。凡值尊神聖誕，燒紅燭、揚青旆[1]，鉦鼓奏簡簡之聲，笙簫流鏘鏘之韻。所以祈甘雨、迓和風，冀三時之不害，慶百穀之□成，蒙神庥而報神恩也。奈星霜變易，旌旗為之減色；風雨蝕侵，傘扇於以無光。語云："莫為之前，雖美弗彰；莫為之後，雖盛弗傳。"奈何以前人之創垂[2]，而坐令後人之湮沒乎？鎮之人同發虔念，廣募善緣，積撮土而為山，匯細流而成海。由是幡幢耀彩，笙管和鳴。前此之減色者，為之增色；曩時之無光者，於以有光。夫豈不洋洋乎盈耳而郁郁乎成文哉？共計每歲建醮者三、朝山者二。上元之節，香車寶輦，火樹星橋，家家白粥之迎，戶戶青藜之照；中元之辰，天尊集福，地官校籍，欣寶蓋之翩翻，覘[3]盂蘭之供養。至於孟冬之月、三五之時，索饗仿祭蠟之文，逐疫依大儺之例，莫不神聽和平，人心悅慰。三月十七日，謁涇州王母宮，一路香煙庇護，高峰之春雨盈盈；三霄瑞霧連綿，瑤池之夜月嬝嬝[4]。八月初二日，謁長武城隍廟，絳節朝來，宜山嵯峨而現瑞；白□□處，秀水演漾而呈祥。行見為農者安居樂業，福祿興爾長之歇；為士者及第聯科，子孫有勿替之慶。敢告同心，受兹景福。

□□生魯秉鑑薰沐撰文。

□庠生甘修道沐手書丹。

經理人：劉含琮、王鴻福、王鴻禧、毛世榮、牛登霄、王忠義。

旹[5]道光二十六年孟冬之月穀旦立。長邑馮倉鐫石。

【題解】

重葺水會碑勒石于清道光二十六年（1846年），2014年出土于泾川县原文化馆建筑工地，次年编者主持泾川县博物馆工作时从镇郊私宅垫方中访得并征集入馆。由鲁秉鉴撰文，甘修道书丹，冯仓镌石。碑石为砂岩质，高190厘米，宽70厘米，厚17厘米。碑面四周宝瓶插花图案，刻碑文17行，满行52字，楷书，每字1.5厘米见方。碑阴全幅剥泐，信息不详。录文系编者依据原碑石及拓本校勘。

【注释】

[1] 旛：同"幡"。

[2] 埀："垂"字俗体。

[3] 覩：同"睹"。

[4] 嬝：同"嫋"。

[5] 旹：同"時"。

道光二十七年贾葆业重修回中王母宫山下关帝庙及药王洞龙王庙石宫寺五龙王庙碑记

【录文】

重修回中王母宮山下關帝廟及藥王洞龍王廟石宮寺五龍王廟碑記

粵自白玉琯獻於重華，紫霞觴進於穆滿，而王母之名昭萬古。抑自李義山題詩、陶學士作記，而回中之蹟著於千秋。回中山王母宮，郡內之勝境，城外之巨觀也。山腳有關帝廟，上連藥王洞，旁通龍王廟暨石宮寺、五龍王廟。創建不知何時，葺修不知幾次。康熙間三韓楊太守有碑，蓋平傅刺史有記。自時厥後，以迄於茲。星霜變易，風雨飄搖。重以河流衝激，因之寺宇坯傾。直至山門以內，盡在水國之中。夫以吞吳滅魏，生前之忠義參天；蕩寇伏魔，歿後之聲靈振地。廟貌遍寰區，血食盡華夏。當此白馬潮騰，紅羊劫煥，豈無否足而泰轉，胡勿革故而鼎新。爰有連天星之張姓，通常謂者卯金，急表率乎人倫，獨承膺為己任。結舍衛之緣，漸致布金滿地；倣[1]媧皇之術，遂能練石補天。王母宮已先落成，關帝廟以次告竣。則見堂構維新，垣墉孔固。丹青燦爛，金石輝煌。冕旒昭其秀發，旌旆為之飛揚；象牀[2]寶座，繡幕珠簾。儀衛俱見森嚴，侍從備極肅穆。又立三代祠，展帝君之孝思於不匱。又建三義殿，昭帝君之義聞於無窮。獻殿五楹，春祀秋祀，拜跪於斯。樂樓一座，迎神送神，歌舞於斯。行見群玉峰頭，靈旗縹緲；瑤臺月下，仙馭翱翔。結義記桃園，勝開碧桃之晏；盟心傳畫竹，不數黃竹之謠。帝君之龍樓鳳閣，遂與王母之瓊宮貝闕巍然並峙，煥然齊輝矣。若夫白兔宮中不死，竊姮娥之藥；朱鳥窗外長生，偷曼倩之桃。納齊民於壽域，躋斯世於春臺，則藥王洞之窈而深，繚而曲，可與帝君為鄰焉。風平浪靜，使寰中池盡漱；瑤日暖波，恬[3]令宇內水皆環。翠固不獨涇源之順軌，亦豈止汭鞫之安流。則龍王廟之美哉輪、美哉奐，可與帝君比舍焉。且也紫竹林中菩提之樹接丹剛，白蓮座下仙樂之禽隨青鳥。覺路宏開，宛到西天拜佛；迷津普渡，不須南海燒香。則石宮寺為說法之所，証[4]物之場，宜與帝君接壤焉。由是步雲梯、憩石磴，探回中之勝，謁王母之宮。指蓬山之去處，路隔無多；猜神女之來時，峰知第幾。試看建坊而題曰：蓬萊第一峰。應令登山者歎為安定無雙地。統計是役，鳩工於癸日，告成於丁未。董事諸公，樂施大眾，勞不可歿，法得備書。

道光二十七年十一月中澣之吉立。

【題解】

重修回中王母宮山下關帝廟及藥王洞龍王廟石宮寺五龍王廟碑勒石于清道光二十七年（1847年），今已佚，亦未見存世拓本，規格等信息不詳。錄文原載民國鄒光魯《涇川縣志·金石志》，由涇州舉人賈葆業撰文。碑中所記重修建築，多毀于清末。

【撰者】

賈葆業，見前注。

【注釋】

[1] 倣：同"仿"。
[2] 牀：同"床"。

[3] 恬：疑为抄录者笔误多出此字。

[4] 証："證"字异体。

道光二十九年贾葆业准时补修佛殿碑记

【录文】

準時補修佛殿碑記

蓋聞青鴛作舍，代闢伽藍；白馬馱經，廣開梵刹。鴿王持缽，相著莊嚴；鹿女踏花，圖成歡喜。尋覺路而鷲嶺迢遙，聞唄音而魚山縹緲。兩宗分派，六祖傳家。雪飛笠重，花落鞋香。要無非蒲禪板啟精進之法門，蘭若叢林供牟尼之寶座者也。涇郡西有王母之宮，東有高公之寺，各據形勝，並著奇觀。乃者山中有多高士之舍，城内不乏化人之宮。準提寺僧淨域者，一絲不掛二締俱融，四禪弗縛十行同圓。證瞿曇之宗旨，得彌勒之密詮。準持七寶八功之水，提點六通五衍之車。亦既面壁不止於九年，說法廣通夫三界矣。爰修救之祠，更建大雄之殿。旃壇座上湧出蓮花，寶珞瓶中倒垂楊柳。將使翠竹黃花群沾法雨，長松細草普蔭慈雲。且夫渡杯飛錫代有奇人，付缽傳衣非無慧業。然而三昧難聞誰証[1]辟支之果，十方遍踏未參最上之乘。而乃暮鼓晨鐘莫驚入定，春花秋月自悟冥如。滿地佈金，上人自成長者；為徒聚眾，開士不數生公。此則渡苦海以慈航，便是前生善慧；斷塵緣於慧劍，定為再世能仁矣。僕也非道非僧，亦儒亦釋。銷歲月於書籤药[2]袋，何殊掛袋携[3]籃；老風塵於劍匣琴囊，不異趨求架劍。猶憶髫齡應試，蕭寺棲身。爾時淨域初經，祝發纔學，一彈指而禪榻鬢絲，一轉瞬而書窗頭白。惟是淨域以瓶缽之生涯，樹人天之功果。昔也，身依菩薩不須南海燒香；今也，頂禮釋迦宛似西天拜佛。而僕則萬事無成，如夢如幻；一生有幾，是色是空。並不得如陶元亮之於遠公，若蘇子瞻之於佛印。足以攜酒參禪，蒸茶說偈。能無睹點頭之石而懷慚，對含笑之花而抱愧也哉。噫嘻，既無迹[4]而無塵，要即心而即佛。雖欲貪泉，眾生若夢，而清雲慧日，萬古常昭。李清蓮金粟著號，自託如來；白香山香火結緣，雅為禪伯。在淨域乞僕為文也，良有感於心之義，而僕之勉應斯命也，亦樂稱其同道之名云爾。

道光二十九年巳酉上浣。

【题解】

准时补修佛殿碑勒石于清道光二十九年（1849年），今已佚，亦未见存世拓本，规格等信息不详。录文原载民国邹光鲁《泾川县志·金石志》，由泾州举人贾葆业撰文。准提寺又名准提庵，在泾州城内东南隅复兴街（后街），一名上寺，相传金时建，毁于清末。

【撰者】

贾葆业，见前注。

【注释】

[1] 証："證"字异体。
[2] 药："藥"字俗体。
[3] 携："攜"字俗体。
[4] 迹：同"跡"。

道光雷冲霄重修东岳庙暨诸神祠碑记

【录文】

重修東嶽廟暨諸神祠記

阮陵之上有山特起，曠如奇士，莊如貴人。左峙紫荊，右供金陵。如琴婢書奴，前列回嶺；如屏幃几案，後枕高峰。州人建廟於斯，以事東嶽之神廟。之後有三官、藥王、白衣諸神祠廟，之前有高禖、土地、靈官諸神祠，而東嶽則為之主。當日建立未知何代，創始未知何人。觀其區畫周密，布置精詳，知成功洵非易易，乃人老易衰，物老易敗，天久多恨，地久多愁。曾歷幾時而風摧雨折，梁木僅存數枝。適當此夜而石破天擎，警疑莫知所處。已而設法經營，竭力圖度，辨方審勢，選匠鳩工。撮土成山，等壺公之縮地；煉石為磴，擬媧皇之補天。不日成功，相視皆喜。峯拜丈人摹雲梯而直上，香燒東嶽指天路以共登。至諸神祠，皆遵舊制，缺者補之，廢者修之，而於山門尤加整飭。去歲九月，余嘗登臨於斯，見城烟靄靄，村樹依依，弇嵫[1]霜冷，涇汭風清。適有帝臣撫邊，番王致貢。冠蓋西來，蘆花秋水搖旌斾；珊瑚東去，暮雨寒山走駱駝。顧視久之，徘徊不去，則以為安定勝地壯在此門。

涇郡舉人雷冲霄。

【题解】

重修东岳庙暨诸神祠记碑今已佚，亦未见存世拓本，规格等信息不详。录文原载清杨丙荣著《泾州采访志》，由泾州举人雷冲霄撰文，其于道光乙酉（1825年）举于乡，咸丰初（1851年）为固原州学正，此文结衔仅署"泾郡举人"，可见当时尚未就固原学正一职，故此次重修在1825—1851年之间。东岳庙建在泾州古城（今泾川城关）北山之阮陵，今已不存。

【撰者】

雷冲霄，清甘肃泾州窑店人。道光已酉（1825年）科选，咸丰初任固原州学正，升贵德厅教授。博学好古，著有《防心集注》，主讲阮陵书院。

【注释】

[1] 弇嵫：亦作弇兹、崦嵫。中国神话传说中的西部地名，也代指太阳落山的地方。泾川古有弇嵫、弇山，位于泾川回山王母宫和城南高峰寺之间。

道光重修石窟寺碑记

【录文】

重修石窟寺碑記

……庶……於逢……瞻□□首之容，庶無負……也。夫興工於道光……

崀[1] 大清道光……

【题解】

重修石窟寺碑勒石于清道光年间，今镶嵌于南石窟寺主窟"七佛窟"门外西壁。碑石为砂岩质，高164厘米，宽63厘米。碑头为半圆型，正中高26厘米、宽8厘米的碑额部分刻有"重修石窟寺碑记"7个楷书大字，每字约3.5厘米见方。碑额两旁雕日月生辉图案。碑面四周为鲜花纹饰，上刻文字11行，因剥泐漫漶严重，现可辨

识者仅二十余字，楷书，每字约 3 厘米见方。录文系编者依据原碑石及图片资料校勘。

【注释】

[1] 旹：同"時"。

咸丰九年重修庙山九天圣母殿碑序

【录文】

重脩廟山九天聖母殿序

昔九王神道設教，明則有禮樂，幽明有鬼神斷……之東有廟山，去州治五里，高峰峙其後，涇水帶……□崩之慮，邑人募貲[1]脩之。有正殿三楹、拜殿三楹……人云：禦大災，捍大患，凡有功德於民者皆列之……並□耶，或坤厚載物，為地、為母。□萬物者，萬物即……崇殿薦鼓瑟，帝子曾廟祀於□陵，擲米麻姑亦名……永其事，因製為迎神之曲六章，勒於貞石，俾里人……母來兮靈煌煌，□閣有神兮山□□，雲鬟霞帔香……為馬，飌[2]伯清道，雨師西奔走，駭□□四野。聖母……思福履將。神之來兮兩廡靈旗拂拂襌風雨……瑤池見王母，羅□□□□□。聖母格思，福祿……

咸豐九年……

【题解】

重修庙山九天圣母殿碑勒石于清咸丰九年（1859 年），今存泾川县城关镇凤凰村九天圣母庙，撰文、书丹者不详。碑石为砂岩质，下部断佚，碑阴漫漶无字。残高 80 厘米，宽 55 厘米。碑头为半圆形，双龙祥云纹饰，中间碑额刻"皇清"2 字，篆书，每字宽 7 厘米，高 11 厘米。碑面四周为花叶纹饰，残存刻文 13 行，行残存最多 19 字，楷书，每字 1.5 厘米见方。录文系编者依据原碑石及拓本校勘。

【注释】

[1] 貲：通"資"。
[2] 飌：同"風"。

光绪六年镇水神碑记

【录文】

旹[1]光绪六年二月。

内有公地□□……

镇水神碑。

水泉寺□布長、□鄉約、□□等仝[2]……

【题解】

镇水神碑勒石于清光绪六年（1880年），2013年底编者与原平凉地区博物馆馆长刘玉林、泾川县文体广电和旅游局局长李晓京走访水泉禅寺周边农户时访得并征集，今存泾川县博物馆。碑石为砂岩质，高47厘米，宽33厘米，厚8厘米。碑面刻文6行，均为楷书，正中刻"镇水神碑"4字，每字9厘米见方，其他每字2至3厘米见方，碑阴无字。"镇水"二字或与元代"镇海之碑"中的"镇海"之意近，即镇抚"华严海印水泉禅寺"或镇抚寺内"共池"之水意。录文系编者依据原碑石校勘。

【注释】

[1]"旹"：同"时"。
[2]"仝"：同"同"。

光绪七年重修利涉桥会碑记

【录文】

重修利涉橋會碑記

涇川地當孔道，城西二里回中山下涇汭之合流，向於寒沍[1]時，橋以利行者永奠，安瀾比春暖桃花浪起乃撤去之，歲以為常誠善舉也。自軍興後，經費缺如十餘年，搭蓋頗費周章。去春，皖南程公來牧，茲工利濟，為懷思一勞永逸，遂割俸以為之倡，並勸好善者共集錢若干息為長久計。名其橋曰"利涉"，從此成梁治道，歲有所資，而驅車而過，可無濡軌之虞；徒步而行，以免褰裳之苦。民不病涉焉，以見惠政之一端焉，是為記。

時在光緒七年歲次辛巳。

【题解】

重修利涉桥会碑勒石于清光绪七年（1881年），原存于王母宫山下范公祠内，今已佚，亦未见存世拓本，规格等信息不详。录文原载民国邹光鲁《泾川县志·金石志》，撰文、书丹者无记载。

【注释】

[1] 冱：冻结之意。

光绪二十一年贾勋泾州八景诗题刻

【录文】

瑤池夜月

池在宮山之陽，相傳西王母宴周穆王處。池上有閣……。光緒初重建，有記。余於癸巳春顏其閣云："仙人別館[1]"。集靳學顏句為聯云："玉屑金堆供象罔；清歌麗舞盈琱欄。"又以辛卯夏，州民取水禱雨有霈[2]，復為聯云："玉水有池能作雨；金天無月不流波。"下有拜殿，余為購桃棗[3]數十株，植於前岸後庭間，又題殿額云："咫尺瑤臺"。聯云："容我酌廉泉，何暇談周代霞觴、漢宮露掌；引人登壽域，須多種安期火棗、曼倩冰桃。"皆記實也。乙未春，池岸就圮，因捐廉集歂[4]重築之，以完首景云。

一醉霞觴後，千秋月滿池。
印成金母相，濯出素娥姿。
消息青鸞阻，光陰白兔馳。
桃園今夕宴，聊證古人期。

涇水秋風

涇在宮山之陰，發源岍頭山，東流入邠州長武縣界。

西風捲東水，清到一川穐[5]。
湧雪明沙蹟[6]，飛雲冷隴頭。
鴉盤官道柳，蟬曳故宮楸。
引我蓴鱸興，心如不繫舟。

宮山曉鐘

宮山，一名回中山，上為王母宮。相傳周穆王、漢武帝遊幸處。宮前有鐘亭……。光緒辛卯夏，禱雨茲山，叩而即應，方擬重建是宮，以集歛無多而止。因先捐廉獨建角亭，藉復舊景，聯云："朱雀窻[7]前新架木；蒼龍嶺背潤流金。"盖[8]為民祈福也。

宮嶺付狼烽，山亭曉擱鐘。
數椽架朱雀，幾杵振蒼龍。
爨釜煙銷竹，妝樓月墮松[9]。
有時來禱雨，催起白雲封。

汭干晚渡

汭在宮山之陽，發源華亭縣湫頭山之朝那，東至涇宮山下，與涇合流入渭。古有渡船，今夏秋設水夫，冬春設板橋。

倦行涇岸曲，爭渡汭河干。
新月橫駝背，斜陽落馬鞌[10]。
役夫推轂罷，津吏報籌殘[11]。
欲濟無舟楫[12]，徒杠歲又寒。

古柏垂青

雲寂院，一名東高寺，在州東五十五里瓦雲鎮東南五里。山門內有古柏一株，大數人圍，高六丈餘，相傳唐代所植。……光緒初里民重建，而此柏則至今猶存也。

雲寂院冥冥，唐朝柏尚青。

流肪湮古井[13]，落子滿空庭。
海印龍馴質，宮檐鶴墮翎[14]。
蒼然孤幹挺，歷刼[15]冐[16]凋零。

高峯春雨

峰在州南二里，即南郭外嵩山也。峻豎遙空，飄然翀舉。上多田疇，平綠藹然。林端有高公寺魏、唐碑，文缺。

嵩山何縹渺，一雨滴濃春。
南郭青於染，中峰翠欲皴。
花迷鋤圃叟，蘚漬剔碑人。
俯視城居近，炊煙洹四鄰。

共池湧碧

池在州北五里兼山下水泉寺，方廣一畝。昔周共王遊於此，故名。池心有亭……。光緒初，里民募建殿宇，而亭址僅存焉。乙未暮春，余為捐廉，兼命會中人募貲[17]興築，閱三月而落成。……海城亦蠢動，因顏其亭曰"澄碧"，復令補栽陂荷岸柳，聯云："荷花世界；楊柳樓臺。"又為亭下聯云："此即湖心鄉夢，重尋江浙去；昔聞輦跡官遊，屢溯汭涇來。"以志余感云。

閴[18]寂共王轍，方池賸[19]面山。
鳳泉清汩汩，龍海碧潺潺[20]。
躍浪金鱗活，衝波翠羽還。
有亭中沚起，蓮界且消閒。

百泉漱玉

泉在州西三十五里地，名十八里，即故縣也。色清味甘，林木茂密，為涇之一勝云。

公劉豳舘外，百道瀉流泉。
東麓漱俱注[21]，西池竇共穿[22]。
龍噓原上地，虹化澗中天。
匏酌清如許，分澆故縣田。

余於光緒庚寅閏仲春來守是州，迄今乙未季冬，閱六載矣。觀乾隆年《涇州志[23]》所列八景，其三曰"古柏垂青"，其五曰"宮山曉鐘"，為互易之，從其地也。所幸名蹟重完，團防稍暇，公餘無事，觸景興懷，率成五律八章，聯敘顛末，付諸貞珉，以備修志者之采擇云爾。

光緒二十一年歲陽在旃蒙，陰在協洽[24]，月雄在則，雌在塗[25]，哉生明[26]，知府銜、知涇州直隸州申江賈勳跋，雲甫並識。

古金城史彪臥子氏書於長安寓廬。

辛卯仲春臨瑤池登回山作

暫離官廨謁仙宮，勝境依肷[27]到眼中。
曉月窺人池上下，清泉引我澗鹵[28]東。
露苗一片眠黃犢，煙柳千絲綰玉驄。
為補冰桃兼火棗，年年噓植待春風。

欲訪周王漢帝蹤，綺窗畫棟已沈烽。
蟠桃何處銜朱鳥，翠柏[29]當年化赤龍[30]。

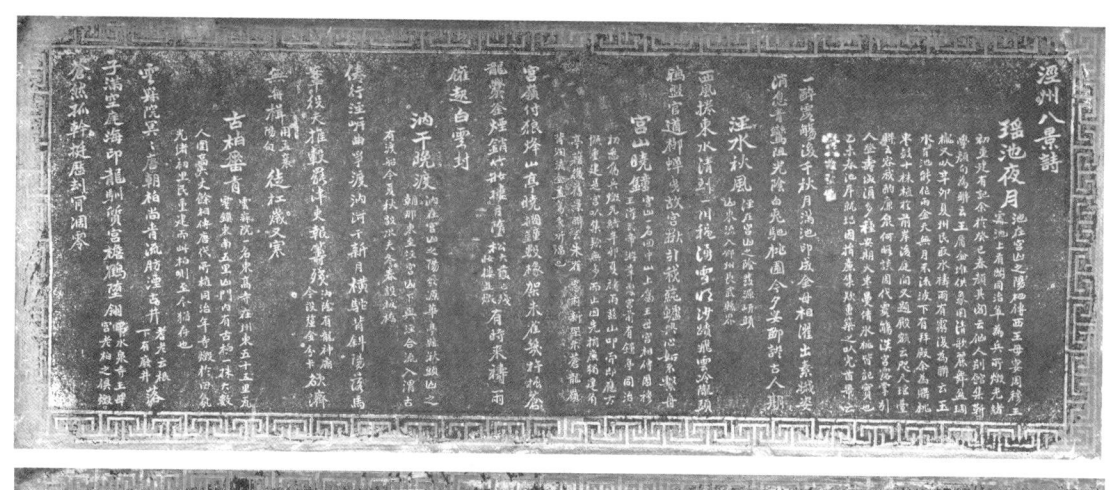

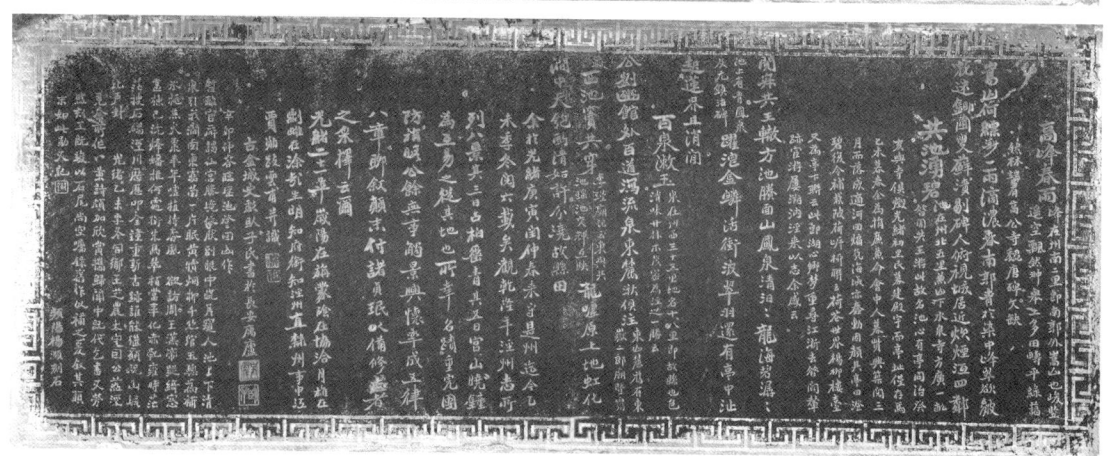

雍時茫茫搜石碣，涇川歷歷叩金鐘。
重新古跡誰能繼，願祝山城比戶封。

光緒乙未季冬，同鄉王芝農太守曰[31]公蒞涇，見余所作八景詩，頗加欣賞，攜歸關中，既代乞書，又勞監刻。工既竣，以石尾尚空，囑錄舊作以補之，爰敘其顛末如此。勛又記。頻陽楊灝刻石。

【题解】

泾州八景诗碑共二方，刊立于清光绪二十一年（1895年）冬，今镶嵌于泾川县文物管理所王母宫石窟寺院内碑墙。由泾州知州贾勋题诗，其同乡王芝农补题，频阳杨灏刻石。二碑石为砂岩质，等大，高35厘米，宽91.5厘米。碑面四周为回型纹饰，"八景"诗标题每字2厘米见方，录文及序、跋每字1厘米见方。录文系编者依据原碑石及民国邹光鲁《泾川县志·金石志》校勘，纠正了《泾川县志》手抄本书写讹误及缺字。

另，清张延福《泾州志·艺文志》、民国邹光鲁《泾川县志·金石志》均载有清乾隆时张延福、李瑾等七人所作的"泾州八景"同题诗碑，今已佚，但在当地流传较贾勋"泾州八景"诗更为广泛。

【撰者】

贾勋，生卒年不详，字跂云，清代上海人。咸丰己未（1859年）举人，官大通知县。光绪十八年至二十一年（1892—1895）任甘肃泾州知州。著有《望云草堂诗集》。王芝农生平不详。

【书者】

史彪，字或号"卧子"，金城人，时任陕西提学使。

【注释】

[1] 舘："馆"字异体，后同。一般情况下二者字义通用，古人指非饮食类馆舍时惯用"舘"。

[2] 霛：同"靈"。后同。

[3] 枣："棗"字俗体。后同。

[4] 欵："款"字俗体。后同。

[5] 穐：同"秋"。

[6] 蹟：同"跡"。后同。

[7] 窻："窗"字俗体。

[8] 盖："蓋"字俗体。

[9] 原碑此处注：大钁已残，妆楼并毁。

[10] 鞌：同"鞍"。

[11] 原碑此处注：汭阴有龙神庙，今设厘金分卡。

[12] 原碑此处注：用孟襄阳句。

[13] 原碑此处注：耆老云，根下有废井。

[14] 原碑此处注：吊水泉寺王母宫老柏之俱毁。

[15] 刧：同"劫"。

[16] 肎：同"肯"。

[17] 貲：通"資"。

[18] 闉："闉"字俗体。

[19] 賸："剩"字俗体。

[20] 原碑此处注：池上有青凤泉及元镇海碑。

[21] 原碑此处注：东山麓旧有东岳二郎庙暨灵湫。

[22] 原碑此处注：李瑾庙记云，东与共池瑶池交辉互映。

[23] 志：《泾州志》作"誌"，二字在清后期至民国间通用。

[24] 岁阳在游蒙，阴在协洽：古代纪年别称，即乙未年。

[25] 月雄在则，雌在涂：古代纪月别称，即己丑月（十二月）。

[26] 哉生明：指农历每月初二、三日，月初有光之际。

[27] 肰：同"然"。

[28] 卤：同"西"。

[29] 栢："柏"字俗体。

[30] 龒：同"龍"。

[31] 囙："因"字俗体。

钱中□泾州谒王母宫诗题刻

【录文】

今□□已辭青鳥，天臺惟見□□□。
曾聞修證飛昇事，都向瑤池□不逢。

戊辰仲夏……道由涇州謁王母宮，口占一律。

雲中錢中……

【题解】

泾州谒王母宫诗碑今存泾川县文物管理所王母宫石窟寺院内。碑石为砂岩质，已残。高78厘米，宽47厘米，厚8厘米。刻文10行，满行6字，行草，每字4厘米见方。作者"钱中□"名字剥落不全，无考。录文系编者依据原碑石校勘。

民国

七年廖元佶丁巳重九偕友人登回中山诗题刻

【录文】

　　丁巳重九偕友人登回中山

　　登臨一吐胸中氣，結客高峰度石關。

　　閲世橋松舒冷眼，傲人霜葉逞朱顔。

　　雲邊變幻中原事，鬢底沈[1]雄北派山。

　　且放狂吟傾濁酒，莫愁風雨滿城寰。

　　同陳芷皋宣上回中芷皋有詩次和

　　無端作惡搜胸臆，桂眼青峰擲日陰。

　　有酒澆腸神自醉，得君攜手語能深。

　　綠楊蔭美賢侯澤，黃竹歌哀阿母心[2]。

　　見説降真灰燼後，千秋青鳥信沈沈。

　　雨霽閒眺

　　天意荒唐成叵測，惱人寒燠亂晴陰。

　　飛騰共看乘秋興，蹀躞猶容負手吟。

　　一雨花開啼笑靨，衆峰雲有去留心。

微澁更睇涇流外，煙暝低籠白日沈。

夜坐作

細煮龍團當舊醅，無聊詩境靜中開。
孤城夜永通山氣，小院人閒長石苔。
一榻疏鐙官事了，萬家寒月柝聲來。
天邊怕有衡陽雁，弓影驚餘語自哀。

遲柯如醉漾微涼，城堞淒迷萬瓦霜。
匝地鐘聲難破夢，避人茗坐獨焚香。
宵深河吐沈沈氣，天迥星多作作芒。
物外孤吟塵不到，憑誰珍重寫秋光。

再和芷皋

雙流如帶復為襟，座有薰風樹有陰。
烏帽看山消日永，青錢操選繫懷深[3]。
瑤池未返周王馭，同谷難羈杜老心。
極目故園兵氣接，幾時銕[4] 戟盡沙沈。

青鳥不來仙蹟沈，城宮閴[5] 寂蘚痕侵。
來今去古雲依舊，美景良時感易深。
宋碣頻捫蝌斗字，風爭猶呇鳳鸞音[6]。
一樓獨踞間天地，拍遍闌[7] 干仔細吟。
戊午秋九月，桂林廖元佶書稿。咸甯[8] 賀伯麟刻。

【題解】

丁巳重九偕友人登回中山詩碑勒石于民國戊午秋（1918年），今鑲嵌于泾川县文物管理所王母宫石窟寺院内碑墙。由泾川县知事廖元佶作并书，咸宁贺伯麟刻石。诗碑共两方，均为砂岩质，高40厘米，宽58厘米。每碑刻文18行，满行15字，行草书，每字1.5厘米见方。录文系编者依据原碑石及民国邹光鲁《泾川县志·金石志》校勘。

【撰者】

廖元佶，生卒年不详，前清进士，广西桂林人。在泾川任职约一年时间，后来曾任民国甘肃省政府秘书长。

【注释】

[1] 沈：同"沉"。
[2] 原碑此句后注："余时居继母丧。"
[3] 原碑此句后注："芷皋以选举争至泾。"
[4] 銕：同"鐵"。
[5] 閗：" 鬭"字俗体。
[6] 原碑此句后注："李伯希自以风筝系檐而诉其不鸣，风筝俗名钱乌也。"
[7] 闌：同"欄"。
[8] 甯：同"寧"。

廖元佶南石窟寺碑题词碑记

【录文】

南石窟寺碑題詞

豐碑遠溯永平年，象教威儀滿大千。
拂袖風塵歸覺溪，摩挲石墨意惓然。

邊荒寶墨無多子，後起爭看一世雄。
百丈雲峰合低首，居然弟蓄鄭文公。

鄭文公碑立於永平四年，此乃恰先一歲。余嘗戲謂人，是碑寓雄秀於樸厚中，實足奴視張黑女，弟蓄鄭文公云。

風雲擁護莫高窟，神物精靈一旦開。
親弄衣冠瞻俊氣，何曾齲齒倚門來。

莫高窟，敦煌石室也，俗名千佛洞。余曾見六朝人手寫經。

包安吳[1]斥十三跋為偽物，謂君子正衣冠尊瞻視，所以為有俊氣也，豈必齲齒慵裝，作失行婦人狀哉。子昂雖陋，未必至是云。余按十三跋絕非偽物，六朝人筆墨不為世所重，匪獨書法而已。太白云：自從建安來，綺麗不足珍。昌黎云：齊梁及陳隋，眾作等蟬噪□足證之。

具眼端推六一翁，不從院體扇宗風。
千秋笑煞孫莘老，未識泱泱大國雄。

孫北海，庚子銷夏記論，列漢唐諸碑不及六朝一字。

十家得碑兩京還，分隸真源入指間。
使轉豐毫般若字，雄強摘乳夔龍顏。
虞褚而還變本師，樢然磚塔逞風姿。
唐書側媚狂言在，猶憶趨進受學時。

少時為人題磚塔銘，明唐書側媚逞鋒鋩之句。先君子許為知言。

碑最廿三漢，卅四字，已達石趾，有罅。以奠碑細審文義，其下尚有四字，實每行三十八字也，蓋已非原石高度矣。民國六年自王家溝移置文廟。余曾數履碑側，見其鑴刻處瘦硬通神，風采奕奕，良由凹處尚未受墨，比來氈拓無虛日，墨色瀰漫不可復見矣。聞之王人云，注之北有石室，相傳□□之，余因□□□□ □□□建置□先及，再營南室，故冠以南字別之也。行篋無書可資考證，姑就見聞所及，聊書之以志墨緣。桂林廖元佶。

民國咸甯賀伯麟刻。

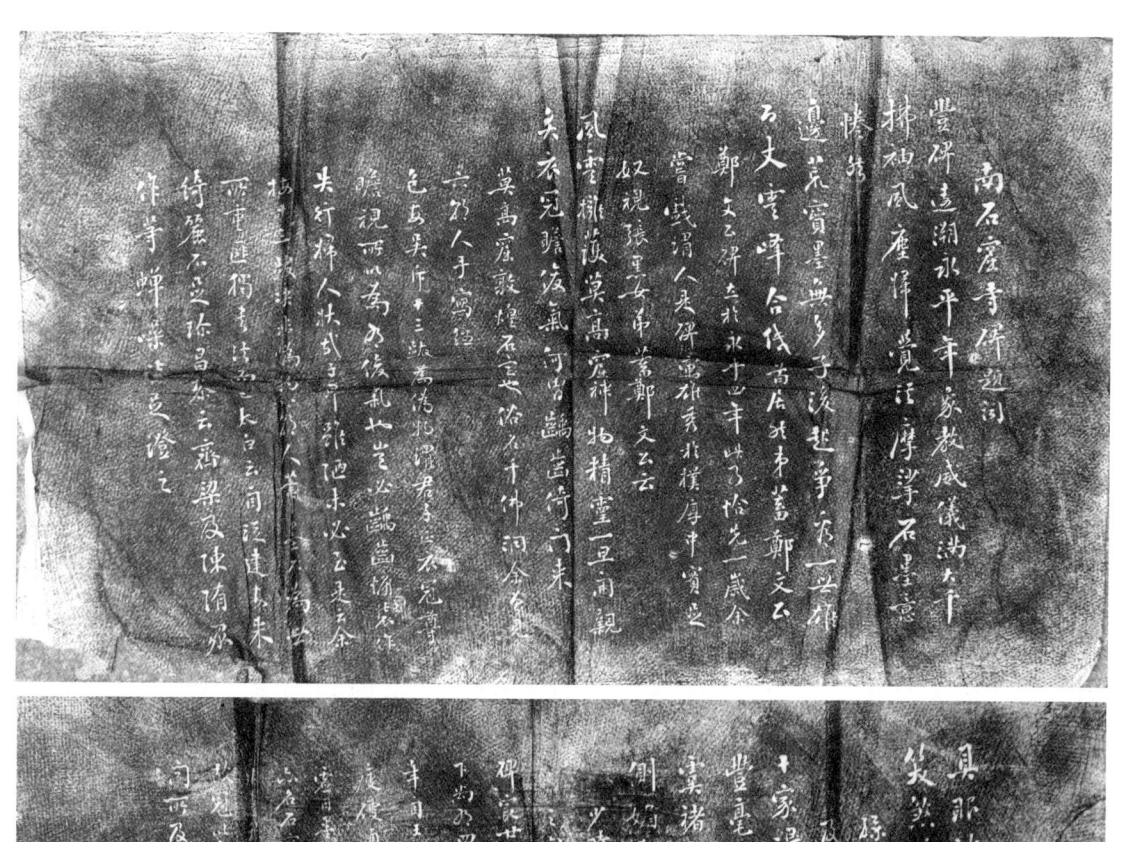

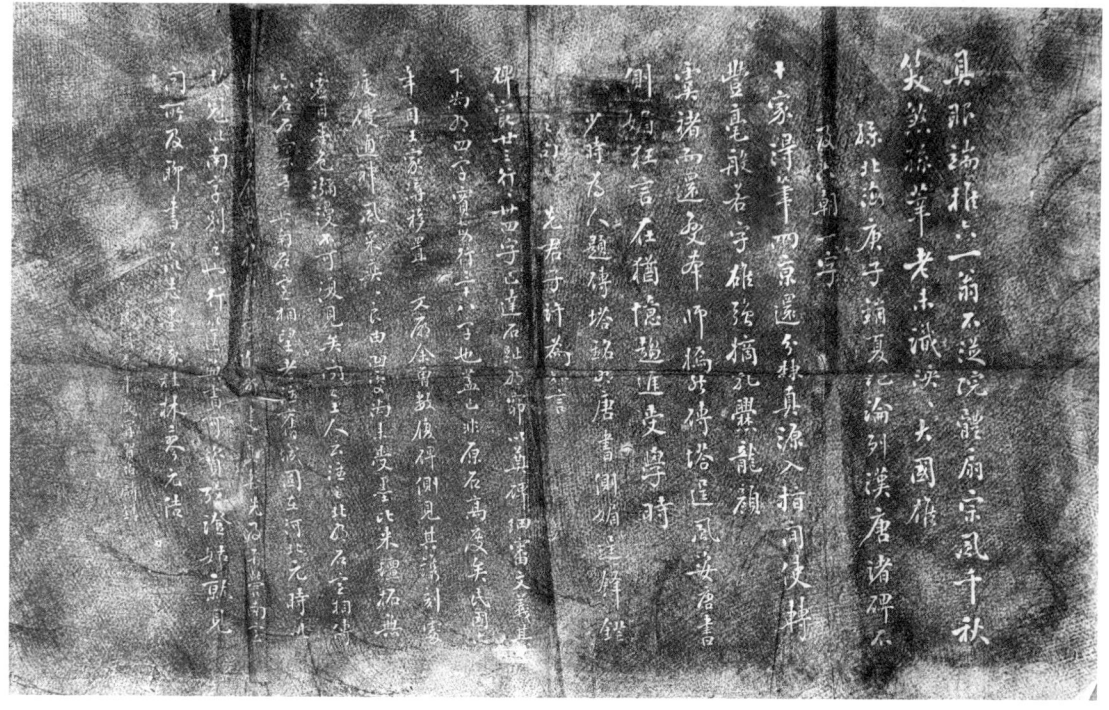

【题解】

南石窟寺碑题词系廖元佶任泾川知事期间题书刊刻，碑已佚，地方志书无载，拓本现存于泾川县博物馆。高37厘米，宽62厘米，行书，每字约2厘米见方。录文系编者依据原碑拓本校勘。

【注释】

[1] 包安吴：即包世臣（1775—1855），安徽泾县人。清代学者、书法家、书学理论家。字慎伯，晚号倦翁、小倦游阁外史。嘉庆二十年（1815年）举人，曾官江西新喻知县。包世臣学识渊博，喜兵家言，治经济学。对农政、货币以及文学等均有研究。

二十六年萧肯堂重修泾川王母宫大佛洞碑记

【录文】

重脩泾川王母宫大佛洞碑记

覆徧[1]兹云，欲群类而登道岸；擎来宝筏，渡众生共出迷津。莫佛若也，大佛恩大矣！欲思酬报，必求得一灵虚之境，建设像位，永远奉祀。固不在口念佛经，徒有虚名已耳。泾川县西里许，王母宫山麓有大佛洞。重重叠叠，赫赫明明。遥望之则烟云缭绕，近视之则泾汭环流。洞门前左右两旁，有小口为曲径通幽之处。一入其境，则见崖高数仞，气象巍峨，峭壁周围佛像数层。有铜铸者、有石嵌者、更有泥金塑者。或弥陀佛、或罗汉、或低眉菩萨、或怒目金刚。坐卧起立，法像各殊要。皆有威可畏，有仪可象。洞面皆系丈六身大佛，盘坐莲台，冠绝无匹。故统大小乘而总曰：大佛洞焉。惟创建久远，不能详考。而经天地告变，陵谷溃崩，以致石室云龛半归倾圮，金身玉像渐就削销，能不惜哉？民国二十一年春，有李万兴来此卓锡，担运洞内塌落石块不遗馀力，遂惹起地方善男发愿兴修。适是年，人患虎疫，就佛洞建醮祈禳，疫气立止。人以佛灵验昭彰，愈行踊跃。当即设法募捐，鸠工庀材，补修旧有规模，并剏[2]造新楼三楹，宛如塔形。前以欸[3]项不敷，未经完善。今蒙张县长东野设法补助，方得金装其像，光辉其殿。山藻其节棁，髹漆其门楤[4]。并铺其板，塈其壁，砌其阶，以至於尽善尽美。行见洞天清洁，佛无蒙垢之隐忧；画阁光华，人喜壮观之有耀。彼琅環地寰海瀛洲，亦不过如斯焉耳！是役也，积年累月始获告成，虽云我佛默佑之功，抑亦邦人君子经营之力也。兹嘱为文以记其事，余忝生斯土，义不容辞，聊援筆述其顛末。所有發起募化及捐資人姓名，皆勒於碑陰，以彰公德而垂不朽云！

前恩貢生蕭肯堂敬撰。
前第一區區長李淮洲敬書。
中華民國二十六年八月立。

【题解】

重修泾川王母宫大佛洞碑刊立于民国二十六年（1937年），原存泾川回山王母宫山下，今已佚。民国邹光鲁《泾川县志·金石志》有载，未见存世拓本或其他资料记载，规格等信息不详。由前恩贡生萧肯堂撰文，前第一区区长李淮洲书丹。

【撰者】

萧肯堂，生卒年不详，甘肃泾川人。清宣统元年（1909年）任泾州候选州判，民国元年（1911年）任泾川县参议会参议员，系民国《泾川县志》副纂。

【注释】

[1] 徧：同"遍"。
[2] 剙：同"創"。
[3] 欸：" 款"字俗体。
[4] 牕：同"窗"。

慕寿祺重修泾川王母宫正殿碑记

【录文】

重修涇川王母宮正殿記

嘗讀《爾雅》《列子》《山海經》《穆天子傳》[1]《大戴禮》《三朝記》書、《世本》書、《帝馭期禮斗威儀》《集仙錄》諸書，皆言西王母事蹟。西王母者，西方最早之國也，君崑崙之墟，在《爾雅》為四荒之名，然能知天下之大勢。聞中國有聖人，輒翊贊和平，為西域諸國倡。黃帝在位，西王母使乘白鹿授地圖。舜帝在位，使獻白玉環，復獻白玉之琯，以和八景[2]。後王德薄，遠人不來，則用威力以脅之。《竹書》周穆王十七年，穆王[3]征崑崙坵見西王母。其年，西王母來朝，賓於昭宮。漢武帝幸朝那，立飛廉之館，以望玄圃。玄圃相傳在昆侖山上，西王母所居也。此《漢書》所以有上之回曲之樂章，而隴右建修王母宮之所由始也。余年弱冠以前，回鎮原應童子試，聞縣城西門外有王母宮山，父老告予曰："此孝武所幸之回中宮也。"及應試涇州，聞城西亦有回中山，涇環其左，汭環其右，上有王母宮，故又名宮山。考孝武元鼎二年，析置安定郡，管縣二十一，鎮原為臨涇縣[4]，涇州為安定縣，壤地相連，各修祀事禮也，而世不察以為神仙過矣[5]。蓋[6]西王母者乃要荒一君長耳，不必定為婦人也。《韓詩外傳》"禹學於西王母國，實先民遊學之鼻祖"。神聖如大禹，豈學於婦人之國哉？然按《山海經》，玉山是西王母所居，其狀如人，蓬髮戴勝，豹尾虎齒而善嘯。《漢武外傳》所紀，純以為女仙，荒誕不經，皆傅會[7]之詞，不足信。唐劉禹錫題王母廟詩云："寂寥珠翠想遺聲"，以訛傳訛，為漢武外紀所誤。夫文人題詠，偶而失實，猶可原也。余獨怪宋翰林承旨陶穀所為重修涇州王母宮頌，亦以王母為女仙，何其不察之甚也。惟涇之人，於宮殿置以栗主，題西華瑤池萬炁[8]金母，以視其他王母之繪塑母像明妝靚服，與碧霞斗姥並重者不較為得乎？陶穀文作於開寶戊辰，當時已刊勒於石，戊辰者宋太祖開寶元年也。後天聖乙丑，知州軍事上柱國上官佖重書，佖於宋無書名而篆法純古，視咸平元年南嶽僧夢英書行得秦漢風，可謂加於人一等矣。自開寶重修以迄於今，年禩[9]寖遠，棟宇墮壞，滄桑變遷，不知歷劫幾何次矣。邇年，涇人士欲復其舊觀，即培修瑤池，建亭閣於其上，四周復植以森林，雜花果之樹點綴風景，且辟汽車道直與西蘭公路之汭水臥橋銜接，以資過客遊覽。更於山之陡者削之，窪者填之，榛莽者刈之，崎嶇者平之，構建王母正殿於宮中央之腦次。清洌山泉夾流殿下，氣象為之一新，則靈秀鍾毓，當必有人傑挺生於此邦也。工落成，建築瑤池公園管理委員會徵文於余，以紀其事，余因之有感矣。隴東以崆峒為最著，而堯碑禹碣蕩然無復存矣。涇川地當孔道，自同治兵燹，民國變更，魏永平二年嵩顯寺碑、永平三年南石窟寺碑、隋開皇元年阿昌造相記今尚存，而知者甚少。《回山王母宮頌並序》與上官佖重書碑記，陳奕禧《皋蘭載筆》、趙搢《金石存》、吳縣葉鞠裳《語石》、宣統《甘肅新通志[10]》、《隴右金石錄》俱著錄宮山一塊石，為西北生色。涇人士恐其久失也，欲與東方朔像嵌諸壁而廡之，皆有心人哉。是役也，管理委員會推王子隆總其事，劉振林、劉振江昆仲勞其役，而先後黨、政、軍各首長暨士紳協助之力亦多，並記之，俾知恢復古蹟名勝之所自由云。

【題解】

重修涇川王母宮正殿記碑勒石于民國，由民國甘肅省議會副議長慕壽祺撰文。碑原存泾川回山王母宫，今佚。未见存世拓本或其他资料记载，规格、碑阴等信息不详。录文系编者依据民国邹光鲁《泾川县志·文征志》、泾川县县志编纂委员会《泾川县志》（甘肃人民出版社，1996年）校勘。通过比对纠正了二志书写或录入讹误以及缺字，不另做注释。

【撰者】

慕寿祺（1874—1948），字子介，号少堂，甘肃镇原人。曾任民国甘肃省议会副议长。

【注释】

[1]《穆天子传》：泾川县县志编纂委员会《泾川县志》作"《穆天子传》"，民国《泾川县志》作"《橪子天传》"。

[2] 景：民国《泾川县志》作"景"，泾川县县志编纂委员会《泾川县志》作"音"。

[3] 穆王：民国《泾川县志》作"王母"，有误。

[4] 临泾县：治地在学界有争议。编者综合既有研究成果认为，该县在西魏大统元年（535年）废，此前县治在今平凉市泾川县。81年后的隋大业十二年（616年），复置于今庆阳市镇原县。史籍多作"位于今镇原县南（或东南）"的模糊方位表述，而未厘析初置和易地复置之别。

[5] 而世不察以为神仙过矣：泾川县县志编纂委员会《泾川县志》录文缺该句。

[6] 葢：民国《泾川县志》作"益"，应为"葢"。

[7] 傅會：亦作"附会"。

[8] 炁：同"气"。

[9] 禩：同"祀"。

[10] 志：原文录作"志"，应为"誌"，二字在清后期至民国间多通用。

当代

1994年回屋修葺碑记

【录文】

回屋修葺記

　　回屋乃西王母東王公相會之所。公元一九九二年八月念[1]四日，台[2]灣三重市長生街念一號鳳德玉寶殿一行三十餘眾拜謁西王母於回屋，且拍得顯靈聖像。翌年之八月念四日，殿主黃雪香女士偕師兄妹四十人專程恭送聖像至回山。眾靈兒靈女敬獻人民幣壹拾貳萬，以資回屋之修復用。與此同時，甘肅省計劃委員會為保護回屋西王母古文化遺存，發展西王母旅遊業，撥專項資金壹拾萬。在涇川縣人民政府監理下，於同年十月吉日興工，期年整體修復工程告竣，特立此碑用誌之。

重修涇川回山王母宮經理會
西元一九九四年農曆九月十二日

【题记】

　　回屋修葺记碑勒石于1994年，镶嵌在宫山下回屋北侧。碑石为灰色大理石质，高80厘米，宽60厘米，碑文自右至左竖刻，第一行刻"回屋修葺记"5字，每字4厘米见方。正文13行，满行19字，每字3.5厘米见方。碑文以楷书书写，撰文、书丹者未署名。录文系编者依据原碑石校勘，纠正了原碑个别讹误。

【注释】

［1］念：同"廿"。

［2］原碑作"台"。

1994年泾川回山西王母大殿重修碑记

【录文】

泾川回山西王母大殿重修记

回山西王母研究之專門家告余曰：西王母之事蹟[1]，誠久遠而宏博，殆非三兩日所能盡道者。故簡言之者，考其傳說與黃帝同時，部族徵以虎，號以母，生於西華，亦我民族之始祖也。究諸宗教，則與宇宙共壽，乃兩儀之陰主宰萬物造化，信能福善禍淫。以故，眾以至尊神靈目之，其尊號曰：西華至妙之氣，曰西華金母，曰九天元女，曰太真西王母，隨俗而稱，未一其說。涇川古稱回中，地處西華之隴右，境內有山名回。古籍載，回者，西王母之俗名也。且謂世有回屋，回屋有大鳥名希有，其翼一覆西華，一覆東華，西王母東王公歲登其翼相會。是故，回山者，西王母之山也；相會者，西華、東華融彙之所由也。傳說有云：黃帝戰蚩尤嘗得西王母之助，西王母嘗獻玉環、玉玦於虞舜，穆天子宴瑤池、乃歌黃竹，漢武帝會甘泉、雨灑陽瑩。是說也，美妙神奇皆可目，為西華、東華友善和睦之象徵，予識之以為非不經也。漢武帝擁河西四郡，拓疆西土，元封二年，通回中道於回山之巔，建西王母祠以祭之，是乃西王母廟堂之始也。後世頌讚西王母者，皆以回中漢唐詩文可征。

回山王母宮乃涇川數千載之勝蹟，然其歷劫而重修者不知幾何次矣。其著名者，一在宋初，有學士陶穀為頌以記其事；一在明嘉靖間，太子太保兵部尚書彭澤為記以述其端爾。而後，回山峨峨，涇汭清清，香客信士，學子騷人，或祀神，或覽勝，摩肩接踵，不絕於道，蔚乎盛事，奄忽二百載餘。然惜乎！……兵燹大起，回山王母宮再遭浩劫，宏構俱毀，廊柱無存，千年雄麗遂泯於一旦，唯宋、明兩碑焦頭爛額，愴對長天。尔[2]來榛莽黍離，風雨滄桑，國人撫膺者晃忽[3]且一紀矣！

中華人民共和國成立，政府即屢頒政令，於文物古蹟必欲搶救保護之，以弘揚傳統文化，光大民族精神。回山王母宮遺蹟實乃研究西土民俗之所本，哲學意識之萌蘗，宗教信仰之由始，其存在意義之重要可謂明矣。省地各級政府嘗為數撥專款，而有識之士亦且感奮勠力，勘尋舊蹟於荒棘亂草，探賾鉤沉於斷碑殘碣，幾歷寒暑，幾經曲折，始明舊制規模，遂定重修之舉。一九九二年四月，經理會公告海內外，聞之者無不凫躁忭舞，遊子踴躍捐資，鄉人力盡綿薄，一期工程竟於同年農曆七月十八日奠基。尤有幸者，台[4]灣松山慈惠堂西王母之眾信士，隨堂主郭葉子女士回故國尋根者數，茹苦含辛，不辭頓碚，終然覓至回山，驚悉王母真蹟，欣與我縣共襄盛舉，回台募資鼎助，工程得以如期，歷時兩載，天門三座峻起，王母正殿巍立，天梯百尋新砌，回屋一事重修，配殿軒敞，似過之昔日。一期告竣，威儀儼然，整體之修復或可指日以待，煌煌全貌必能面世於將來。

是為記。

中共涇川縣委書記張秉科、涇川縣長史文印撰文
平凉師範中文講師劉浚書丹
公元一九九四年農曆九月十二日　重修涇川回山王母宮經理會刊立

【题解】

泾川回山西王母大殿重修记碑，1994年刊立于泾川回山王母宫西王母大殿前方南侧。碑石为石灰岩质，通高280厘米，宽100厘米，厚14.5厘米。上部碑头高80厘米，宽100厘米，双面阳雕二龙戏珠图案，并以双勾线额刻"金母慈护"4字，每字15厘米见方，篆书。碑阳中下部正文22行，满行54字，每字3厘米见方，楷书。由时任中共泾川县委书记张秉科、泾川县人民政府县长史文印撰文，平凉师范学校讲师刘浚书丹。碑阴仅刻独字书法"春"，行书，106厘米见方，由时任平凉地区行署专员丁国民书丹。录文系编者依据原碑石校勘，断句依原碑，纠正了原碑个别繁简字混用或讹误。

【撰者】

张秉科，1945年7月生，甘肃静宁人。曾任泾川县人民政府县长、中共泾川县委书记，平凉市人大常委会副主任等职。

史文印，1945年5月生，甘肃泾川人，曾任泾川县人民政府县长、平凉地区行署林业处处长等职务。

【书者】

刘浚（1943—1997），甘肃静宁人，曾任平凉师范学校中文、书法讲师。

丁国民，1944年12月生，平凉崆峒人，先后任中共泾川县委书记、平凉地区行署专员、中共平凉地委书记等职。

【注释】

[1] 蹟：同"跡"。后同。
[2] 尔：同"爾"。
[3] 晃忽：应为"恍惚"。
[4] 原碑作"台"。

1999年重修回山王母宫碑记

【录文】

重修回山王母宮之碑

涇川民間重修回山王母宮經理會接受臺灣同胞捐資重修回山王母宮是經甘肅省人民政府批準，志在保存中華民族優秀歷史文化遺產、聯結海內外華人情誼的浩大工程。這項工程從一片累朝殘碑瓦礫的荒陰達到今天這樣宏大輝煌的規模，已經歷了七個冬春。當初是臺灣鬆[1]山慈惠堂及郭清秀先生的鼎力倡導和在臺發動、帶領捐資，始得西王母主殿落成，繼又得到臺灣鳳德玉寶殿及臺灣上億橡膠有限公司董事長林年雄及其家人的鉅[2]資奉獻，促使二期工程東王公大殿落成。其間，當地和中國臺灣以及菲律賓眾多民間組織及群眾都為此添磚增瓦，最後在縣政府的支持下，才使這處始於漢初，毀於清末的重要遺存內容從此能夠傳給後世。

回山王母宮的遺存是以中國哲學思想通過神話闡述中華民族的淵源、人本身誕生的理論以及對生命永恆的追求。在重修過程中主要是對這些精華遺存進行了研究整理和充分展現。采用的形式仍然是中國北方廟堂建築陳列形式，但在處理手法上以現代建築材料仿石作和木作結構進行了探索，避免了很強的現代感而達到了古樸的歷史感，塑像、壁畫、圖飾也是經過了一個重新研究創造的過程，達到了理想的藝術效果。這份遺產中含有宗教和民俗信仰，這是很正常的事情，因為宗教、民俗是歷史文化能夠傳播至今的一個重要媒體，是無法分離的。這份遺產的整理保存聯結了當地與臺灣以及海外華人的往來和情誼，其成就在於把一處無人問津的即將泯滅的歷史文化遺產已作為中華民族的根，在海內外形成較大影響。

重修工程因受資金困擾，按策劃尚有部分內容未能如願，但經理會已盡了心血和汗水，祇能留待後人作為第三期工程去完善。願以此連結的海內外情誼永存，願由此能夠帶動當地的社會經濟繁榮與昌盛。

涇川縣人民政府
公元一九九九年農曆七月十八日

【题解】

重修回山王母宫之碑，1999年刊立于东王公大殿前南侧。碑石为灰岩质，通高280厘米，宽100厘米，厚14.5厘米。上部碑头高80厘米，双面阳雕二龙戏珠图案，并以双勾线额刻"木公赐福"4字，每字15厘米见方，篆书。碑阳中下部正文17行，满行46字，每字3.5厘米见方，楷书，无撰文、书丹者署名。碑阴仅刻独字书法"福"，行书，104厘米见方，由时任平凉地区行署专员丁国民书丹。录文系编者依据原碑石校勘，断句依原碑，纠正了原碑个别繁简字混用或讹误。

【注释】

［1］鬆：应为"松"。
［2］鉅：同"巨"。

1999年重修泾川回山王母宫东王公大殿碑记

【录文】

重修涇川回山王母宮東王公大殿記

東王公者，天神也！《枕中書》言：乃元始之精與太元玉女之血相生之子。公號玉皇，配位在中華天地之東。東者陽之出，故有元陽父稱，按五行東為木，亦稱木公。西王母乃元始之女，王公之妹，配位在西。王公、王母分主陰陽二氣之運轉而生萬物之靈，母乃稱西華至妙之氣，公乃稱東華至真之氣。後世，東王公寡有人知，而以號玉皇威懾天下。俗言尚有玉皇、王母夫妻之傳，究其理，亦不為過，此天人合一之緣由也。因上古，先人群居而繁衍後為一夫一妻，傳言與時俗相衍之故。

東王公以龍為徽，有言公乃十三頭，亦言公鳥面、虎尾、騎黑熊、居石屋。此傳與黃帝有四面，為有熊氏，後為龍的傳人相映對，個中之情見人神淵源之理。

道書曰：修仙得道須先參見東王公。公亦常使一童在人間引導俗人修行，時人多不識，識者皆成仙道。尚言：公恆與玉女投壺，矢進壺，公乃大笑；不進，則嘆息不已。不知此矢與丘比特之矢何別，恐有殊途同歸之緣，喻愛之箭，人繁衍之道也！《神異經》言：公有壯舉，每歲由大鳥稀有之翼從中華之東遙遙相會西王母，何緣？兄妹之情乎！夫妻之情呼！陰陽二氣之運轉乎！東華西華相融匯乎！皆在其中，憑時人自識。公簡樸，饑食棗，渴飲清風。如此，不知神明饑渴否！然凡人確不知此，有所求皆以美酒佳餚盡獻之，廣施財帛以種福田，信者遍地，不絕於世。

世遺東王公在回山之殿堂與西王母之殿堂，並毀于清同治三年。今幸得臺灣鳳德玉寶殿黃雪香殿主及其師兄妹之關照，尤得臺灣上億橡膠有限公司董事長林年雄先生及其家人鼎力資助，及菲律賓楊江水、丁美琪夫妻之捨施，在當地力主之下，歷時三載，重修之工終於告竣。時己卯七月十八日。

頌曰：回山兮，祥瑞出；玉殿兮，金光爛；王公兮，乾坤轉；功德兮，今世緣；福田兮，兩岸種；情誼兮，同根生；祝願兮，民安康；期盼兮，中華興！

中共涇川縣委書記王建太、涇川縣人民政府縣長劉全裕刊立。

文博館員劉映祺撰文。

公元一九九九年農曆七月十八日

【題解】

重修泾川回山王母宫东王公大殿记碑，1999年刊立于东王公大殿前北侧。碑石为灰岩质，通高280厘米，宽100厘米，厚14.5厘米。上部碑头高80厘米，双面阳雕二龙戏珠图案，并双勾线额刻"木公赐福"4字，每字15厘米见方，篆书。碑阳中下部正文19行，满行50字，每字3.5厘米见方，楷书，由文博馆员刘映祺撰文。碑阴仅刻独字书法"禄"，行书，104厘米见方，由时任平凉地区专员丁国民书丹。录文系编者依据原碑石校勘，断句依原碑，纠正了原碑个别字繁简混用及使用讹误。

【撰者】

刘映祺（1946—2009），平凉市崆峒区人。1968年10月参加工作，历任泾川县文化馆副馆长、文化局副局长、县人大常委会副主任兼博物馆馆长、县政府副县长、县政协副主席。1991年，在台湾《甘肃文献》杂志发表《西王母与泾川回山》一文，第一次对泾川西王母文化进行系统论述，在台湾西王母信众中引起广泛讨论。著有《论西王母》《西王母在泾川回山》《西王母吸引海峡两岸人民的魅力》《泾川人的祖先》《泾川一览》等论文和书籍。

2005年回山瑶池仙乐图碑记

【录文】

回山瑤池仙樂圖題記

古書云：瑤池乃王母寓所。是傳說中天界王母統領眾仙修煉至高至美之界，有十二重玉樓，瑞靄繽紛，有奇花異草，瓊香繚繞，仙娥三千皆美麗絕倫，奇獸無數，皆形態怪異。《枕中書》中說："長生飛化之士升天之初，先覲王母，後謁東王公，然後升三清，朝太上也。"瑤池自古為仙人嚮往的勝地，在中國古代神話中占有十分重要的地位。能被王母邀請瑤池赴會，觀七仙樂舞，賞奇花異草，飲瓊漿玉液，食蟠桃聖果，話天界人間，享此最高禮遇，乃仙之樂事。

回山瑤池仙樂圖，滙集精選了有關西王母神話傳說二十四幅，由遠古時代的盤古開天、琴高騎魚、羿射九日、龍女牧羊、三女投火、老天好當、寶針放光、得道升天、玉女戲雲、麻姑獻壽、瑤池赴會、王母夜浴、眾仙祝壽、蟠桃勝境、蟠桃盛會、禳除瘟疫、修城建都、香稻飄香、小麥變穗、天河察冤、搬山壓泉、時序神話、統一中原、王母賜福構成，集中展示了西王母由人而神，由神而入百姓心中，成為和平、吉祥象徵的中華女神故事。

仙樂圖旁建有日月聖水池，取涇川民俗每年王母宮廟會萬人取聖水，飲聖水之事，可謂回山瑤池之盛會。聖水池旁所建九重瑤臺瀑布疊泉，乃瑤池至高至美仙界，至此遊人脫俗超塵之情油然而生。故回山瑤池之壯觀雖已不存，但今之重建對於更好地發掘西王母文化內涵，開發旅遊產業將起到重要作用。

願西王母文化如涇汭河水源遠流長，永垂千古！

中共涇川縣委、涇川縣人民政府立石
二〇〇五年八月二十五日

規劃：長安大學、中國建築東南設計研究院常州景觀分院；

繪圖：陳龍，中國美術家協會會員、中國美術家江山行畫家組主持畫家、《當代藝術家》雜志主編；

書丹：安定席氏時珞；

雕刻：河北曲陽縣羊平大理石雕刻廠。

【题解】

回山瑶池仙乐图碑勒石于2005年，镶嵌在瑶池圣水池北侧山崖上。碑石为

灰岩石质，由24幅西王母神话传说绘图和题记两部分组成，总长91米，高3米。其中题记部分高3米，长6米。碑文共35行，满行23字，每字10厘米见方。由中国美术家协会会员陈龙绘图，新疆书法家协会副主席席时珞书丹。录文系编者依据原碑石校勘，断句依原碑，纠正了原碑个别繁简字混用或讹误。

【绘图】

陈龙，1967年12月生于甘肃泾川，号葆光、石泽堂主。中国美术家协会会员、中国工笔画学会会员、中国美术家江山行画家组主持画家。

【书丹】

席时珞，江苏吴县人，20世纪50年代初考上西北银行学校，其后留疆支边。为新疆银行学校讲师、中国书法家协会会员、新疆书法家协会副主席，被新疆维吾尔自治区政府授予"德艺双馨"艺术家称号。

后 记

《泾川金石录》将要出版了。在此，我谨向为该书倾尽大量智慧和心血的魏海峰先生表示崇高的敬意！

魏海峰先生长期深耕于文化艺术领域，成果颇丰。曾主持泾川县博物馆工作，尤其在地方历史文化研究方面有着深厚的知识积淀和严谨的治学态度，受到省内外学术界的高度肯定和普遍赞誉。

2019年我接任泾川县博物馆馆长后，因工作之需邀请他担任几个石刻文物项目的学术顾问，其间了解到他在做一本关于泾川金石的书稿。一个无法回避的现实是，泾川的碑石文物多为砂岩质，酥软易化，且除部分馆藏品外，保存现状十分分散。尽管科技不断进步，文保部门竭尽所能，仍难阻其颓废。故而，无论是因为共同的文博情怀，或是出于文保角度考虑，或是为泾川文化事业、旅游产业发展夯实理论之基石，促使我们达成了合作共识，以确保这项意义重大长远、价值潜力无限的工作，不因为外部因素的变化而搁置或废止。

正如我们所期待的那样，在魏海峰先生的担纲主创和县博物馆业务部门的通力配合下，本书完成了既定目标。大家的努力使得本书具有以下几个鲜明特点：一是数量较前人著述实现了翻倍。首次集合了仅存于史籍文献，或藏于博物馆、民间，或置于野外的所有的金石文物信息约260件（组）、逾400篇（则）。二是文字校录最大程度地保留、还原了金石的原载信息。魏海峰先生发挥个人书法创作和计算机操作专长，利用创新性的综合手段大大提高了识别和录文的准确率。三是学术立场客观，既有文化资源方面的新发现，又有对前人错讹的合理勘误。录文中对错字异文均有注解，凡金石原件剥泐漫漶严重、前人录文意见彼此相左者，既保留了各方观点，也释出了作

者个人判断。四是图文并茂，目前尚存的金石文物都配有高清图片，而且大量的图文信息均属首次公开发布。

另外，本书在编辑、校注的过程中，得到了文化学者张怀群等先生以及文化界热心朋友在信息提供、田野踏勘、学术交流等方面的帮助支持。本书有幸通过与茹坚、李世恩先生主持的《甘肃金石录·平凉卷》编辑业务部分交叉，促升了本书的内在质量。本书得到了泾川县博物馆全体同人的密切配合，为确保金石文物应录尽录、信息确凿、真实权威方面提供了充分保障。特别是读者出版集团党委副书记王光辉先生对本书的出版给予了大力支持。对所有人的关心支持和辛勤工作，在此谨表谢忱！

陈景强

2023 年 8 月 16 日